明亡清兴六十年 下

阎崇年/著

1583-1644

1583年，努尔哈赤起兵；
1644年，明朝灭亡。

中华书局

图书在版编目(CIP)数据

明亡清兴六十年.下/阎崇年著.—北京:中华书局,
2007

ISBN 978 – 7 – 101 – 05455 – 2

Ⅰ.明… Ⅱ.阎… Ⅲ.中国 – 古代史 – 明清时代
– 通俗读物　Ⅳ.K248.09

中国版本图书馆 CIP 数据核字(2006)第 164445 号

书　　名	明亡清兴六十年(下)	
著　　者	阎崇年	
责任编辑	宋志军　李洪超	
出版发行	中华书局	
	(北京市丰台区太平桥西里 38 号　100073)	
	http://www.zhbc.com.cn	
	E – mail:zhbc@zhbc.com.cn	
印　　刷	北京未来科学技术研究所有限责任公司印刷厂	
版　　次	2007 年 1 月北京第 1 版	
	2007 年 1 月北京第 1 次印刷	
规　　格	开本/700 × 1000 毫米　1/16	
	印张 16¼　字数 160 千字	
印　　数	1—200000 册	
国际书号	ISBN 978 – 7 – 101 – 05455 – 2/K · 2453	
定　　价	26.00 元	

Contents

第二十五讲　崇祯登极　……………………　1

第二十六讲　平台奏对　……………………　13

第二十七讲　天聪新政　　　　　　　　23

第二十八讲　宁远兵变　……………………　31

第二十九讲　督师蓟辽　……………………　39

第三十讲　　斩毛文龙　……………………　49

第三十一讲　北京危机　……………………　59

第三十二讲　保卫京师　……………………　69

第三十三讲　平台落狱　……………………　79

第三十四讲　阉孽翻案　……………………　87

第三十五讲　崇焕死因　……………………　97

第三十六讲　崇焕精神　……………………　109

第三十七讲　大寿降清　……………………　117

第三十八讲　林丹大汗　……………………　129

第三十九讲　建立大清　……………………　139

第四十讲　　松锦大战　……………………　151

第四十一讲　总督降清　……………………　161

第四十二讲　中原悲歌　……………………　169

第四十三讲　睿王摄政　……………………　181

第四十四讲　闯王进京　……………………　193

第四十五讲　三桂降清　……………………　201

第四十六讲　山海关大战　……………………　213

第四十七讲　顺治迁都　……………………　223

第四十八讲　兴亡之鉴　……………………　235

跋　……………………　245

感谢辞　……………………　249

目录

第二十五讲

崇祯登极

　　正当魏忠贤权力达到顶峰、袁崇焕命运陷于低谷的时候,朝廷发生了重大的政治变局,这就是天启病故,崇祯继位。这个重大朝廷变局,不仅给魏忠贤的命运带来灭顶之灾,而且给袁崇焕的事业带来新的转机。

　　本讲分作三个题目:一、天启病故;二、崇祯继位;三、中兴之梦。

一、天启病故

　　天启皇帝朱由校16岁登极,做了七年皇帝,于天启七年即天聪元年(1627年)八月二十二日,在紫禁城乾清宫死去,年仅23岁。他一生的所为,很像木匠,不像皇帝。天启皇帝之死,对明朝、对后金都是重大的政治事件。

　　那么,天启皇帝为什么会在23岁就过早地死去呢?关于天启帝的死因,有以下两种说法:

　　一说是落水受惊吓后得病而死。我在前面曾经讲过,天启五年即天命十年(1625年)端午节,天启帝在西苑(今中南海、北海)乘龙舟划船,突然风起船翻,两名太监溺水而死,天启皇帝虽被太监们救出,逃过一场灭顶之灾,却呛了水,受了惊,因此患病,使他原本病弱的身体更加衰弱。

　　一说是因生活荒淫无度而死。明朝皇帝有许多荒唐的故事。如正德九年(1514年)正月,乾清宫柱壁悬挂奇巧宫灯,宫人太监纵

明熹宗的德陵

情欢乐。宫中屋檐毡毯里包裹火药，突发大火，乾清宫一片火海。这时，正德帝正往豹房去玩的路上，回头望见皇宫光焰烛天，戏谓左右曰："是好一棚大烟火也！"（《日下旧闻考》卷三四）乾清宫殿，化为灰烬。

天启帝同样是荒淫无度，他迷恋木工活儿到了废寝忘食的地步，而对国家大政却毫不关心，正因如此，以魏忠贤为首的阉党才得以把持权柄。这里讲一个真实的故事：乾清宫月台前丹陛下开辟一个东西通道，俗称"老虎洞"，至今保存完好。洞为拱形，高1.8米，宽1.1米，用石头砌成，两侧有门，可通往来。《天启宫词注》记载："帝（天启）尝于月夕，率内侍赌迷藏，潜匿其内。"陈悰诗云："石梁深处夜迷藏，雾露溟濛护月光。捉得御衣旋放手，名花飞出袖中香。"清朝大学士于敏中等评论道："宫前丹陛下洞道，盖侍从之人，藉以左右往来者。而明之末叶，乃用为嬉娱之地。其兴居无节，政令不修，甚矣！国祚岂能久乎！"就是说，那个老虎洞本来是为了方便宫内侍从通过的，后来竟然也成为天启皇帝胡闹的地方。作为一国君主，如此嬉游无度，不能自重，自然是自戕身体，自短国祚。

总之，天启帝在位这七年，更像个木匠，像个顽童，而不像个皇帝。他死之后皇位怎么办？按照明帝的家法，应当是父死子继。天启皇帝有三个儿子：

皇长子朱慈然，因早产而夭殇。关于这个皇子的生母有不同的说法，《明史·诸王传》说"不详其所生母"；《明史·后妃传》却说："（天启）三年，后有娠，客、魏尽逐宫人异己者，而以其私人承奉，竟损元子。""元子"就是皇长子。这条材料说明这个孩子的生母是正宫张皇后。谈迁的《国榷》也记载说："皇长子慈然生，旋殇（中宫出）。"杨涟疏劾魏忠贤二十四大罪之一是："中宫有庆，已经成男，……传闻忠贤与奉圣夫人（客

白石"大明天子之宝"

氏）实有谋焉……是皇上亦不能保其第一子矣！"就是说，皇后因受客、魏陷害早产，生一男孩，不久夭殇。以上三证可见，皇后是皇长子的生母。

皇次子朱慈焴，生母为慧妃范氏，比长子晚生十天，出生不到一年，又死去。

皇三子朱慈炅（jiǒng），生母为容妃任氏。任氏因诞育皇三子而被册为皇贵妃。天启帝连丧两子之后，对皇三子寄予厚望。但皇三子仅出生八个月，也早殇。

所以，天启帝虽有三个儿子，可到他死的时候，已然绝嗣。无法"父死子继"，那就只有"兄终弟及"，也就是由天启皇帝的弟弟来继承皇位。下面我们看一下天启帝的兄弟，也就是明光宗（泰昌帝）有几个儿子。泰昌皇帝有七个儿子：

皇长子朱由校，就是天启帝。

皇次子朱由㰒，4岁殇，生母王氏，与天启帝同母，追封谥简

怀王。

　　皇三子朱由楫,8 岁殇,生母王选侍,追封谥齐思王。

　　皇四子朱由模,5 岁殇,生母李选侍,追封谥怀惠王。

　　皇五子朱由检,生母刘氏,下面讲。

　　皇六子朱由栩,早殇,生母定懿妃,追封谥湘怀王。

　　皇七子朱由橏,早殇,生母敬妃,追封谥惠昭王。

　　光宗七个儿子,其中五个儿子早殇,都是在 8 岁之前夭折的。长大成人的只有两个:一个是朱由校,就是天启帝;另一个是朱由检,就是后来的崇祯帝。因此,天启皇位继承别无选择,只有传位给皇五弟朱由检。

二、崇祯继位

　　崇祯皇帝,名由检,生于万历三十八年十二月二十四日(1611 年 2 月 7 日)。他比长兄由校(天启帝)小 5 岁。朱由检的生母刘氏,初入太子宫时是淑女(低于才人、选侍),生朱由检后不久,失宠被谴,郁闷而死,才 23 岁。太子朱常洛怕父皇(万历帝)知道,告诫身边近侍不得泄漏此事,命将刘氏悄悄地葬于西山。这时朱由检 5 岁。

　　万历四十四年即天命元年(1616 年),朱由检 7 岁,清太祖努尔哈赤建立后金。他比努尔哈赤小 51 岁。

　　天启二年即天命七年(1622 年)八月二十三日,朱由检 13 岁,被册封为信王,仍住在大内勖(xù)勤宫,其生母刘氏被追封

崇祯皇帝像(清人绘)

为贤妃。这一年,明朝失去广宁。

天启六年即天命十一年(1626 年),朱由检 17 岁,搬出皇宫,居信王藩邸。这一年,明军在袁崇焕指挥下,取得宁远大捷。这年袁崇焕 43 岁,朱由检比袁崇焕小 26 岁,比皇太极小 18 岁。

天启七年即天聪元年(1627 年)二月,18 岁的信王举行婚礼,选城南兵马司副指挥周奎之女为信王妃。

六月,袁崇焕又指挥明军获得宁锦大捷。

八月十一日,天启帝病危,单独召见了朱由检。朱由检这次奉召进入乾清宫,向皇兄请安后,皇兄对他说:"来!吾弟当为尧舜。"这句话暗示要他入继大统。朱由检一听,顿感惶恐,回奏道:"臣死罪!陛下为此言,臣应万死!"天启帝已深思熟虑,慰勉再三,叮嘱他入继大统后,应注意两件事:一是"善待皇后",二是"委用忠贤"。

十二日,天启帝再次召见内阁首辅黄立极等大臣,说:"昨召见信王,朕心甚悦,体觉稍安。"暗示由信王入继大统。

在天启帝病危的时候,皇位的争夺非常之激烈,特别是大宦官魏忠贤,还想继续把持朝政,他显然不愿意由自己无法掌控的信王入承大统。关于魏忠贤觊觎朝政的野心,野记传闻,多有载述。例如:

其一,魏忠贤企图垂帘摄政。就是想立一个傀儡小皇帝,他自己来摄政。魏忠贤与大臣秘议由他垂帘摄政之事,内阁辅臣施凤来明确表示反对,说"居摄远不可考,且学他不得"。魏忠贤虽然很不高兴,但是没有办法,只好打消了这个念头。

其二,阉党中有人向魏忠贤献计,诡称皇后怀孕,暗中以魏良卿之子抱入,企图"狸猫换太子",然后由魏忠贤辅佐,仿效王莽以辅佐孺子婴的方式进而篡位。

其三,天启帝对皇后说:魏忠贤告诉我,后宫有二人怀孕,他日生下男孩就作为你的儿子立为皇帝。皇后以为不可。

其四,《明史·魏忠贤传》记载:"客氏之籍也,于其家得宫女八人,盖将效吕不韦所为,人尤疾之。"就是客氏和魏忠贤想让宫女怀孕产子后,将孩子抱入宫中继承皇位。

其五,魏忠贤策划政变。天启帝刚断气,停灵在乾清宫。群臣哭哀,气氛悲凉。魏忠贤单独在殿内接见阉党骨干、兵部尚书崔呈秀,说要发动政变。崔呈秀以天时不备谏止,此事遂作罢。

其时,皇后张氏坚定支持信王继位,对加速魏忠贤阴谋的破产起到了十分关键的作用。据说魏忠贤曾派人向皇后暗示,希望她能阻止信王继位。皇后表示:从命是死,不从命也是死,一样是死,不从命可以见二祖列宗在天之灵。皇后拒绝与魏忠贤之辈同流合污,密劝天启帝尽快召立信王。天启帝召见信王,要他接受遗命,信王欲推辞,忽见皇后淡妆从屏风后走出,对信王说:皇叔义不容辞,而且事情紧急,恐怕发生变故。信王这才拜受遗命。天启帝指着皇后对皇弟相托说:中宫配朕七年,常正言匡谏,获益颇多。今后年少寡居,良可怜悯,望吾弟善待(《虞初广志》卷一)。

二十二日,天启帝死于乾清宫,年仅 23 岁。皇后立即传遗诏,命英国公张惟贤等迎立信王。魏忠贤无可奈何,不得不在天启帝驾崩次日,向外宣告皇后懿旨:"召信王入继大统!"

所以《明史·后妃传》说:"及熹宗大渐,折忠贤逆谋,传位信王者,后力也!"

天启遗诏说:"皇五弟信王由检,聪明夙著,仁孝性成,爰奉祖训,兄终弟及之,文丕绍伦,即皇帝位。"(《明熹宗实录》天启七年八月乙卯)从此,朱由检成为明朝第十六任皇帝,年号崇祯。他也是明朝最末一位皇帝。

那么,崇祯皇帝朱由检是个什么样的人呢?

崇祯皇帝经历过磨难,他的童年有三大不幸:

第一,生母早逝。朱由检的生母贤妃刘氏,海州(今江苏连云港市)人,后为北京宛平籍。初入宫,为淑女。前面讲过,刘氏在朱由检 5 岁的时候就去世了,所以他对母亲几乎没有什么印象。朱由检幼时常常思念生母,询问近侍太监:西山有刘娘娘坟吗? 近侍答:有。他就悄悄地吩咐近侍前去祭祀。他即位后,追封生母为孝纯皇太后;命画师根据宫中人回忆生母贤妃刘氏的相貌,画像供奉。画像完成之后,从正阳门抬着进皇宫,备了法驾,仪仗非常隆重。崇祯皇帝跪在午门迎接,看到母亲的画像后,"帝雨泣,六宫皆泣"。就是说崇祯皇帝的眼泪像下雨一样,其他的人也跟着哭泣,情景非常之动人。

第二,西李薄情相待。泰昌帝朱常洛登极之后,宠爱两个姓李的选侍,为区分,人称"东李"、"西李"。小由检丧母之后,就由西李选侍抚育。当时,西李选侍已经抚养朱由校,又被指定抚养朱由检。她自然明白由校是皇长子,将来可能继承皇位,对待他们兄弟,自然亲疏有别。所以,小由检不仅遭受丧母之痛,而且遭遇养母薄情。后西李选侍生了一个女儿,于是小由检改由东李选侍抚养。

第三,东李阴郁病死。东李选侍对朱由检很好,使他已经受到伤害的心灵得到某些平复。然而,东李选侍在残酷的后宫争斗中,长期阴郁,心情很坏,久郁成疾,不治而死。这对朱由检幼小心灵又是一个沉重的打击。

这么一个小孩子,亲生母亲死了,第一个养母对他不好,第二个养母虽对他慈爱但不久病死,打击一个接着一个,可以说崇祯帝的幼年是很悲凉、很凄苦的。这样的童年经历对崇祯帝性格的形成有很大影响,他的工于心计、孤僻、刚愎、多疑等性格特点,都可以从这些经历中找到原因。

朱由检颇有心计。《崇祯长编》卷一记载:"帝(指朱由检)初虑不为忠贤所容,深自韬晦,常称病不朝。"就是说,在信王府邸时,为了躲开魏忠贤的

崇祯皇帝手书"九思"

注意,他经常装出身体有病、与世无争的样子,尽量不去上朝。他常"六不"——"衣冠不整,不见内侍,坐不倚侧,目不旁视,不疾言,不苟笑"(郑达《野史无文》卷三)。天启皇帝病危,朱由检担惊受怕,忧心忡忡。他进宫时带着干粮、炒米,不吃宫中一粒米,不喝宫中一口水,对宫中的一切保持高度警惕。夜晚,他秉烛独坐,警戒不测。

朱由检长期韬光养晦,最终躲过了魏忠贤的明枪暗箭,在皇兄授命、皇嫂支持的情况下,终于继承了皇位。

崇祯帝继位,他不知道、也不可能知道自己已经身处末世,相反,他常常做着一个大明皇朝中兴的美梦。他虽然年龄不大,却经历三次朝廷重大变故:亲眼看到祖父万历皇帝死,看到父亲泰昌皇帝死,也看到皇兄天启皇帝死;又亲眼看到祖父万历皇帝怠政,看到父亲泰昌皇帝赍志以没,也看到皇兄天启皇帝时阉党乱政——所以,他要振奋精神,整顿朝纲,实现大明皇朝中兴之梦。

三、中兴之梦

崇祯皇帝一上台,为实现中兴之梦,在内廷与外朝,做了三件大事。

第一,惩治阉党。天启七年即天聪元年(1627年)八月二十四日,朱由检即皇帝位。接着办丧事,办了三九二十七天。

十一月初一日,崇祯帝刚办完皇兄的丧事,就安置魏忠贤于安徽凤阳。有人说了,清朝嘉庆皇帝是在他父亲乾隆帝刚一死就惩治和珅,比崇祯帝快啊。大家注意,崇祯帝和嘉庆帝不一样,因为嘉庆帝到他父亲死的时候已经做了三年零三天的皇帝了,他可以居高临下惩治和珅。崇祯帝不同,他在没有准备的情况下得到了皇位,继位之后马上面临一个大丧,要处理他哥哥天启皇帝的丧事,丧事刚一办完,立即就惩治魏忠贤,应当说是果断、迅速。

怎么惩治?嘉兴贡生钱嘉征劾魏忠贤十大罪:"一并帝,二蔑后,三弄兵,四无二祖列宗,五克削藩封,六无圣,七滥爵,八掩边功,九朘(juān)民,十通关节。"并帝,就是魏忠贤和皇帝并称。蔑后,就是轻蔑皇后。弄兵,就是操纵兵权,还练内操。这里边每一条都够上杀头大罪。崇祯皇帝得到这封奏疏之后,通知魏忠贤前来,让内侍读给他听。魏忠贤吓得魂不附体,不知所措。崇祯皇帝命魏忠贤到凤阳祖陵去烧香,就把他打发走了。

初五日,崇祯帝命将魏忠贤派到各边的镇守太监全部撤回。

初六日,魏忠贤缢死。此前,魏忠贤曾以重金贿赂原来在信王府邸跟随崇祯皇帝的太监徐应元,希望能疏通关节,结果不仅未能奏效,而且惹怒崇祯皇帝,下令逮捕魏忠贤,徐应元也因此遭斥。魏忠贤得到这个消息时刚走到直隶阜城(今河北阜城),他知道死期将至,就上吊死了(也有人说他是被勒死的),年60岁。崇祯皇帝命磔其尸,悬首河间。接着,客氏也被处死。嚣张一时的魏忠贤和客氏就这样归于覆灭。

同日,魏、客的亲属魏良卿、侯国兴、客光先等并弃市,籍其家。

崇祯皇帝的御押

初十日,免天启时魏忠贤逮死诸臣的"赃银",并释放其家属。

二十日,大学士黄立极(阉党)致仕。

崇祯二年即天聪三年(1629年)三月,崇祯帝颁诏书,示天下:

首逆凌迟者2人:魏忠贤、客氏。

首逆同谋决不待时者6人:崔呈秀及魏良卿、客氏子都督侯国兴、太监李永贞、李朝钦、刘若愚。

交结近侍秋后处决者19人:刘志选、梁梦环、倪文焕、田吉、刘诏、薛贞、吴淳夫、李夔龙、曹钦程,大理寺正许志吉、顺天府通判孙如洌、国子监生陆万龄、丰城侯李承祚，都督田尔耕、许显纯、崔应元、杨寰、孙云鹤、张体乾。

结交近侍次等充军者 11 人：魏广微、周应秋、阎鸣泰、霍维华、徐大化、潘汝祯、李鲁生、杨维垣、张讷，都督郭钦，孝陵卫指挥李之才。

交结近侍又次等论徒三年输赎为民者 129 人：大学士顾秉谦、冯铨、张瑞图、来宗道，尚书王绍徽、郭允厚、张我续、曹尔祯、孟绍虞、冯嘉会、李春晔、邵辅忠、吕纯如、徐兆魁、薛凤翔、孙杰、杨梦衮、李养德、刘廷元、曹思诚，南京尚书范济世、张朴，总督、尚书黄运泰、郭尚友、李从心，巡抚、尚书李精白等。

交结近侍减等革职闲住者，黄立极等 44 人。

忠贤亲属及内官党附者又 50 余人。

以上总计 260 余人（《明史·阉党传》）。

魏忠贤得势也皇权，失势也皇权。皇权是皇朝社会一切权力的核心。像魏忠贤这样不可一世的"九千岁"，一旦失去皇权支持，就变得一文不值，狗屎一堆。

第二，重新组阁。原来那个内阁，基本上是阉党的，六部尚书、侍郎等等也大部分都是阉党分子或附和者，这就需要朝廷对内阁进行一个大的改组，清除阉党余孽，换成一批新人。

天启晚期，内阁大学士七人：顾秉谦、黄立极、丁绍轼、冯铨、施凤来、张瑞图、李国楷。崇祯帝继位一年，全部换掉。同时，调任杨景辰、周道登、李标、钱龙锡、刘鸿训、韩爌、来宗道等新贤七人，组成内阁，预机务。他们多是东林党人，或是倾向东林党的人。同时，对七卿——六部尚书加左都御史，也作了调整。曾经甚嚣尘上的阉党就这样遭到致命打击，明朝出现了一个短暂的东林党执政时期，朝野为之一振。

那么，崇祯执政初期这个新内阁是怎么产生的呢？在这里，我讲一个"枚卜阁臣"的故事。"枚卜"就是"占卜"，语出《尚书·大禹谟》："禹曰：'枚卜功臣，惟吉之从。'""阁臣"就是内阁大臣。《崇祯长编》记载：天启七年即天聪元年（1627年）十二月丙辰（二十三日），崇祯帝要朝廷大臣推举内阁大臣，大家共推举出十位候选人，然后从中确定七位。怎样确定呢？崇祯帝采取"枚卜阁臣"的办法。具体做法是：崇祯帝在乾清宫召集大臣，先拜天，然后在小桌上摆设笔砚和十张红纸，将廷推大臣的名字分别写在红纸上，每张纸写一人姓名做阄，团成纸丸，置于几案上小金瓶里，用箸（筷子）夹取纸丸，每夹得一丸，展开遍示众臣，举笔点之就算选中。先夹得钱龙锡、李标、来宗道、杨景辰四人，又夹得周道登、刘鸿勋二人，另一人的纸条夹得后被风吹走找不到了。这样就确定了六人。后来加上韩爌，组成七人内阁。事后发现找不到的那张纸条落到施凤来衣服的后面，上面写的是王祚远的名字。孙承泽《春明梦余录》记载此事。这

崇祯皇帝手迹

些新内阁成员多在乡里，既经认定，立即通知他们到京赴任。这件事，有人认为是儿戏，有人认为是谋术，有人认为是虚应故事，也有人认为是集思广益。这里面说明一个问题，就是崇祯皇帝没有做过皇太子，他对朝政大臣内阁情况了解得不是非常清楚，所以他很难做一个决断。总之，新内阁总算产生了，这个内阁可以说是"新东林内阁"。

第三，注重辽事。十一月十九日，崇祯皇帝起用袁崇焕为都察院右都御史、兵部添注右侍郎事。崇祯元年即天聪二年（1628年）

四月初三日，命袁崇焕为兵部尚书兼右副都御史，总督蓟、辽、登、莱、天津等处军务，移驻山海关。罢蓟辽督师王之臣职。七月十四日，平台召对袁督师。

这时，袁崇焕在广东。他接到任命后，赶到北京，在紫禁城平台接受崇祯皇帝的召对。平台召对的情形，下一节我要讲到。

第二十六讲

平台奏对

崇祯帝登极后,惩治阉党、重组内阁、起用袁崇焕,任命他为兵部尚书兼蓟辽督师。袁崇焕离开广东回到北京,在紫禁城平台接受崇祯皇帝的召对。因此,本讲分作三个题目:一、督辽饯别,二、平台奏对,三、五年复辽。

一、督辽饯别

前面讲过,辽东巡抚袁崇焕取得宁锦大捷后,不仅没有得到应有的奖赏,反遭阉党评告,他愤闷难纾,于是以身体不好为由辞职。得到批准后,遂于天启七年即天聪元年(1627年)七月初二日,离开宁远,经山海关,路过北京,回到老家广东东莞,重温乡情和亲情。

从万历四十六年(1618年)袁崇焕离家到北京参加科考算起,至今已经十年没有回过老家了。这十年中,他的长兄崇灿、堂兄崇茂、亲叔子腾、父亲子鹏先后病故。按照明朝礼制,官员遭父母之丧,称"丁忧"("丁忧"一语出自《尚书·说命上》),要回家"守制",就是为父母守孝。前面讲过,袁崇焕得到父丧讣函时,离任奔丧,刚到丰润,就接到圣

袁崇焕像

旨:"东事殷殷,宁前重地,袁崇焕不准守制,著照旧供职。"袁崇焕
先后上《初乞终制疏》、《再乞守制疏》、《三乞给假疏》,都没有获准。
所以他父亲子鹏病故,他也未能回家守丧。后来他派人把母、妻接
到关外,居住宁远,共同守城。

此番袁崇焕辞职回乡,会亲友,游山水,难得清闲,可以享受久
违的亲情和友情。袁崇焕写了《约同人游拾翠洲》诗:

> 春风十里五羊城,
> 拾翠洲前绿草生。
> 君若来时须并马,
> 一樽同去听流莺。

他的心情轻松而愉快。他还倡议募修广东罗浮山名胜,重修三界
庙。后来回忆说:"去冬,余告归。方谓筑室其中,为终焉之计。"这
说明袁崇焕当时对官场有些心灰意冷,打算退出是非窝,在家乡悠
然隐居。

然而,人算不如天算。袁崇焕离职后整整50天,就是八月二十
二日,朝廷发生重大变故:天启帝病死,崇祯帝继位。我算了一下,
宁远到广州约5000里,按照当时的行程每日以80里计,袁崇焕大
概需要两个月左右时间才能到达广州,也就是说,袁崇焕还没到
家,天启皇帝已经死了。崇祯帝办理完皇兄天启帝的丧事后,从十
一月初一日起,着手惩治阉党。十九日,起用袁崇焕为都察院右都
御史、兵部添注右侍郎事。十二月,崇祯帝命已被贬黜的东林党人
钱龙锡、李标、刘鸿训等为大学士、尚书要职。后又起复并任命东
林党人韩爌为内阁首辅。袁崇焕在朝中的奥援者,逐渐恢复或晋
升了官职。

崇祯元年即天聪二年(1628年)四月初三日,崇祯帝任命袁崇
焕为兵部尚书兼右副都御史,督师蓟、辽、登、莱、天津军务。袁崇
焕的官职,兵部尚书是正二品;右副都御史是虚衔;督师是实职,管

辖蓟(州)、辽(东)、登(州)、莱(州)、天津军务。因蓟州、天津、登莱等地另有巡抚专责,所以袁崇焕实际上主要管辖山海关外辽东地区的军政事务。按照当时的军制与官制,在外带兵的文臣,最高官衔是督师,通常以大学士兼任;其次是总督或经略,由兵部尚书或侍郎兼任;再次是巡抚,由侍郎兼任;巡抚之下才是武官中最高的总兵官。袁崇焕原来不是大学士,也不是尚书,却有了大学士方能得到的辽东最高官衔——督师。这时距他做七品知县只有六年。

朝廷为什么会重新起用袁崇焕呢?根据《崇祯长编》元年四月丙午的记载,推荐袁崇焕的理由其实就是十个字:“不怕死”、“不爱钱”、“曾经打过”。前六个字好懂,“曾经打过”这四个字不好懂。《崇祯长编》是崇祯帝死了之后修的,这时候已经是清朝,清人把这句话作了删改,说全了应该是“曾经与奴打过”六个字,就是说曾经与努尔哈赤和他儿子皇太极打过,并且取胜了。因为这个原因,朝中一些大臣建议崇祯皇帝重用袁崇焕。

朝廷敦促袁崇焕尽快到北京就职,催促使者,络绎道路。

得知袁崇焕升任蓟辽督师、并马上到京赴任的消息后,20 位粤籍名士相聚在广州名刹光孝寺,为他赋诗绘图,宴会送别。这成为广东文坛史上的一段佳话。席间,赵焞(dūn)夫作山水画一幅,诸友题诗,袁崇焕也题了诗,图诗名《肤公雅奏》。《肤公雅奏》这个典故出自《诗经·小雅·六月》:“薄伐猃狁,以奏肤公。”毛传:“肤,大;公,功也。”就是向朝廷奏报大功。这幅《肤公雅奏》图诗当由袁崇焕珍藏,他蒙难后,被民间辗转收藏。清光绪四年(1878 年),王鹏运在北京给《肤公雅奏》作题跋。1921 年江翰携其到天津,罗振玉认为是真迹并作跋。1935 年东莞籍学者伦明、张仲锐、容庚三人集资,以《东莞袁崇焕督辽饯别图诗》为名,影印 50 本,分送各大图书馆。1958 年,原件曾在香港举行的广东历代名家书画展览会上展出,现收藏在港澳民间。

今人汪宗衍、颜广文等对《东莞袁崇焕督辽饯别图诗》的题咏者作了考证,从中可以了解到袁崇焕在广东所交的朋友和所受到的影响。

这21位人士可分为五类。

第一类赵焞夫。画家。这幅《肤公雅奏》图，充满了诗情画意。画中有蓝天、碧水、青山、绿树、丽亭、小舟；小舟寓意给袁督师送行。

第二类袁崇焕和陈子壮。陈子壮，广东南海人，和袁崇焕同科进士，陈为第一甲第三名，是探花。陈子壮在做浙江主考官时出题讽刺魏忠贤，因而被罢官。袁崇焕起复后陈也起复，官至礼部侍郎。后陈在广东起兵抗清，战败被俘，不屈而死。

第三类黎密、欧必元、韩暖、区（ōu）怀年、邝瑞露等。他们出身于广东名门望族，以名流自居，以诗社为聚，或议论朝政，或游历山水，期待着为朝廷重用，一展宏愿。其中，黎密，番禺人，明末清初与万元吉等守赣州，城破殉死。欧必元，顺德人，崇祯末以乡荐任广东巡抚，旋受排挤，还乡修志。其两个儿子后来都死在抗清战场上。韩暖，博罗人，后做过县令，清军南下，"扶义捐躯"。邝瑞露，南海人，出身富家，少年神童，成年后经历坎坷，著书作诗。他在一首诗序中写到：其兄"有扶风越石之志，以骠骑从袁督师，死于边"。区怀年，高明人，与父、叔三人皆负诗名，清初归隐故里。

第四类邓桢、梁稷、傅于亮等。他们出身平民，熟习经史，粗通武略，投身袁崇焕麾下为幕客。其中，邓桢，袁崇焕做辽东巡抚时即为幕客，后再次追随袁崇焕到辽东，曾受袁托返粤募修罗浮名胜。梁稷，后出塞为袁崇焕幕客，袁死后参与复社活动，与黄宗羲结为至交。傅于亮，也做过袁崇焕幕客。

第五类释通炯（光孝寺主持）、释通岸、释超逸，均为广州光孝寺高僧。他们虽身为禅师，却积极参与世俗事务，主动结交广州缙绅，使光孝寺成为晚明广东士子名流吟唱和议论国事的重要场所，也成为广东士人抗清失败后，避世入佛的重要寺庙。

物以类聚，人以群分。朋友是自己的镜子。在光孝寺为袁崇焕饯行的都是他的同乡、朋友，都受到他浩然正气与爱国精神的感染。他们与袁崇焕有许多的共同点:都有热血报国的激情,也都有知识分子的自豪与轻狂。从他们身上折射出袁崇焕的影子。

《袁崇焕督辽饯别图诗》上的题诗,其主旨是:

第一,望他建功立业。以陈子壮"此去中兴麟阁待,燕然新勒更何辞"、释通炯"勋业岂归萧相后,壮图应占祖生先"为代表。

第二,咏他豪爽性格。陈子壮说他"高谈"、傅于亮说他"笑谈"、邝瑞露说他"谈锋",都道出袁崇焕的豪爽性格。

第三,劝他知进知退。诗中有 6 人 11 次提到黄石公、赤松子、素书等,如邝瑞露的"行矣莫忘黄石语,麒麟回首即江湖"的隐诫。这个典故是说张良功成隐退,才避免被刘邦所杀。他们预见朝政昏暗、党争激烈,而对袁督师劝以良言。

在这次饯行宴会上,袁崇焕慷慨赋诗:"四十年来过半身,望中祇树隔红尘。如今著足空王地,多悔从前学杀人。"

袁崇焕辞别饯送的文友、法师等,乘舟登车,急奔北京。

二、平台奏对

崇祯元年即天聪二年(1628 年)七月,袁崇焕到达北京。十四日,崇祯帝在北京紫禁城平台,召对朝廷大臣和蓟辽督师袁崇焕。

有的书或电视剧说:平台是一座依宫而建半边向阳的阁台,凭栏处日可观花看景,夜可邀风赏月云云。这都是艺术家们的想象。我们在前面

紫禁城一侧,这里是明代的平台

曾经讲到过,皇宫建极殿(今保和殿)以北居中为云台门,其两侧为云台左右门,又名平台。这里没有一泓池水,也没有可赏之花。明朝皇帝"召对"群臣制度,从万历中期怠政便中断。泰昌、天启两朝,没有进行"平台召对"。崇祯帝继位以后,崇祯元年(1628年)从正月到八月,崇祯帝在平台频繁召对群臣,商讨国事。因在平台召对廷臣,所以叫"平台召对"。而袁崇焕是在平台召见时,"奏对"崇祯帝,所以我称作"平台奏对"。

七月十四日,崇祯帝在北京紫禁城平台,召对大学士刘鸿训、李标、钱龙锡等和蓟辽督师袁崇焕。崇祯帝这时登极还不到一年,就在平台召见袁崇焕,可见他对辽东战局和袁崇焕本人的重视。

袁崇焕的"平台奏对"展现了他的豪情和悲慨。《崇祯长编》记载:"召廷臣及督师袁崇焕于平台。帝慰劳崇焕甚至。崇焕锐然以五年复辽成功自许,慷慨请兵械、转饷,凡吏部用人、兵部指挥、户部措饷、言路持论,俱与边臣相呼应,始可成功。帝是之。命即出关,纾辽民之望。"(《崇祯长编》崇祯元年七月癸酉十四日)《明史·袁崇焕传》也记载,袁崇焕向崇祯皇帝表态说:"方略已具疏中。臣受陛下特眷,愿假以便宜,计五年,全辽可复。"而且具体阐述了复辽的策略:"恢复之计,不外臣昔年以辽人守辽土,以辽土养辽人,守为正著,战为奇著,和为旁著之说。法在渐不在骤,在实不在虚。"

崇祯帝谕曰:"复辽,朕不吝封侯赏。卿努力解天下倒悬,卿子孙亦受其福。"

崇祯帝同袁崇焕对答完之后,稍事休息。

休息之后,崇祯帝又回到平台,继续议事。袁督师即再奏言:"东事本不易竣。陛下既委臣,臣安敢辞难。但五年内,户部转军饷、工部给器械、吏部用人、兵部调兵选将,须中外事事相应,方克有济。"就是说,辽东的事情很难,实现五年复辽的目标,需要户部、工部、吏部、兵部给予支持和配合。崇祯帝当即"饬(chì)四部臣,如其言"。就是当即指示户、工、吏、兵四部,在粮饷、器械、用人、兵将方面,都要事事给予支持。

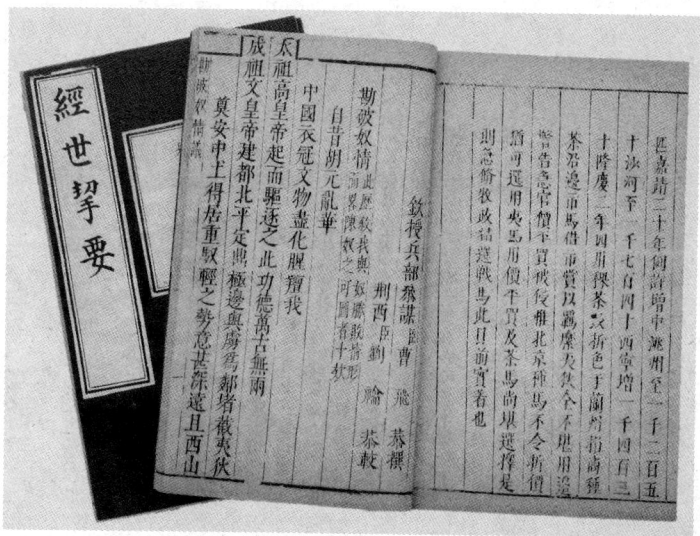

崇祯刻本《经世挈要》之"钦授兵部恭谋"

袁崇焕又提出："以臣之力,制全辽有余,调众口不足。一出国门,便成万里。忌能妒功,夫岂无人?即不以权力掣臣肘,亦能以意见乱臣谋。"就是担心有人进谗言,从中掣肘。

崇祯帝倾听袁崇焕的讲话。然后,谕袁崇焕曰:"卿无疑虑,朕自有主持。"崇祯帝优诏慰答袁崇焕。

这次崇祯帝平台召见袁督师,主要内容是:

第一,崇祯帝对袁崇焕示慰劳,赐尚方剑,以示重用。

第二,袁崇焕向崇祯帝表示:五年时间,恢复辽东。

第三,袁崇焕为五年复辽,提出五项具体请求——户部粮饷、工部器械、吏部用人、兵部调兵、言官舆论,特别是兵械与粮饷方面,要给予支持、配合。崇祯帝答应了袁督师的上述请求。

兵部尚书、蓟辽督师袁崇焕,受命后带着尚方宝剑,乘骑出关。其《再出关》诗云:"马自趋风去,戈应指日挥。臣心期报国,誓唱凯歌归。"

从袁崇焕的平台奏对可以看出,他有舍身报国、恢复辽东的豪情,也有忧谗畏讥的顾虑,豪迈中带着悲慨。而对袁崇焕提出的"五年复辽"的规划,历来存在争议,下面作简要分析。

三、五年复辽

袁崇焕的"五年复辽"四个字，是否大话、空话？是否失言、诳言？从当时，到现在，有不同声音、不同评说，下面作简要分析。

有人认为袁崇焕"五年复辽"是"漫对"，是"自失"，是袁崇焕"聊以是相慰"崇祯皇帝的"焦虑圣心"。这段话出自《明史·袁崇焕传》记载："帝退少憩，给事中许誉卿叩以五年之略。崇焕言：'圣心焦劳，聊以是相慰耳！'誉卿曰：'上英明，安可漫对！异日按期责效，奈何？'崇焕怃（wǔ）然自失。"怎样看待这段记载与论断？有加以考据与分析的必要。

第一，仔细一查，事有出入。《崇祯长编》、《今史》都没有记载这件事；《明史·袁崇焕传》说事情发生在"召对"休息时间；《崇祯实录》又说此事是在"召对"后袁崇焕出了午门发生的对话。因此，这段记载是实是虚，值得再考证。

第二，事属推论，证据不足。有人认为："事已到此，还有话说"云云。袁崇焕以前任熊廷弼、孙承宗都遭到朝廷小人、奸人、阉人、庸人的嫉妒，遭人排斥与陷害，而不得竟其志，甚至于被杀害。于是，袁崇焕再上言："至用人之人，与为人用之人，皆至尊司其钥。何以任而勿贰，信而勿疑？盖驭边臣与廷臣异，军中可惊可疑者殊多，但当论成败之大局，不必摘一言一行之微瑕。"《崇祯长编》将此事记于平台召对后的两天，即十六日，而不是奏对的当日。

第三，时差两天，移花接木。有人认为袁崇焕奏对时又沉重地说："事任既重，为怨实多。诸有利于封疆者，皆不利于此身者也。况图敌之急，敌亦从而间之，是以为边臣甚难。陛下爱臣知臣，臣何必过疑惧，但中有所危，不敢不告。"这条也是七月十六日的上疏，而不是平台召对的话。《明史·袁崇焕传》却将这件事记载于平台奏对。这或有"移花接木"之嫌，需要进一步考证。

第四，早有准备，态度认真。其实，袁崇焕的平台奏对，态度应

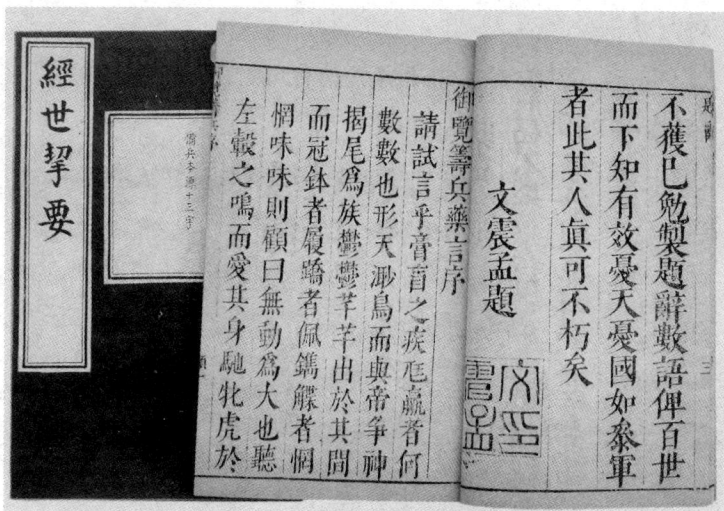

《经世挈要》之"御览筹兵药言序"

当是认真的,酝酿应当是很久的,设想应当是慎重的,计划应当是可行的。崇祯元年即天聪二年(1628年)四月初三日他受命为兵部尚书兼督师蓟辽,到七月十四日平台奏对,中间98天,三个多月的时间。特别是在来北京的路上,他想得最多的是"复辽"的问题。袁崇焕受召后,扶病兼程,疏陈方略。初七日,行至阜城,看到邸报中崇祯帝对自己奏疏的批示。我认为,"五年复辽"不是"漫对",也不是"失言",更不是满足崇祯皇帝的"焦虑圣心",而是基于他对当时形势的分析与判断。

第五,五年复辽,为其追求。正如后来袁崇焕在杀毛文龙奏疏中所说:"臣五年不能平奴,求皇上亦以诛文龙者诛臣。"至于后来"五年复辽"的事实成为泡影,于是就有"事后诸葛亮"者以"失败"来推论"当初"。

应当指出:当时明朝人对于辽东形势有悲观派和乐观派两种分析。悲观派如王在晋,主张在山海关外八里铺再修一座城护卫关城;乐观派如袁崇焕主张"五年复辽"。袁崇焕是乐观派,他对"彼"与"己"的分析是:

对"己"——

(1)皇帝　英睿(对他超乎寻常信任);

(2)内阁　新东林内阁;

(3)七卿　六部尚书和左都御史主要是东林党人;

(4)统帅　自任兵部尚书兼蓟辽督师;

(5)户部　供应粮饷;

(6)工部　供应器械;

(7)吏部　遴选官员;

(8)兵部　作战协调;

(9)言官　不乱弹劾;

(10)兵略　有宁远、宁锦两次大捷的经验。

对"彼"——

(1)老汗努尔哈赤败死在自己手下;

(2)后金汗位交替,内部不稳;

(3)皇太极在宁锦也曾败在自己手下;

(4)辽民对后金普遍不满与反抗。

对"友"——

(1)蒙古林丹汗有盟约支持明朝;

(2)朝鲜李朝国王李倧(zōng)也对后金不满。

以上16条因素,如果最佳组合,"五年复辽"是可能的。认为袁崇焕"五年复辽"是"斗胆在君前'戏言'"的论断,缺乏史据,值得商榷。然而,袁崇焕的悲剧在于,他对"己"、"彼"、"友"关系的变数考虑不周,对明朝痼疾认识不够,对后金新政估计不足,对政治与军事全局判断失误,从而留下隙缺——皇太极的"天聪新政"出了一个奇招,就是"出其不意,攻其心脏"——突然袭击,攻打北京。于是,整个一盘棋全被搅局了,酿成了袁崇焕"五年复辽"化作泡影的悲剧。

第二十七讲
天聪新政

在明朝与后金对弈的棋盘上,明朝政局发生了巨变,主要是崇祯帝采取重大措施,强化皇权;后金政局也发生了巨变,主要是天聪汗皇太极调整治国政策,固本鼎新——这些对袁崇焕督师蓟辽既有正面影响,也有负面影响。因为袁崇焕的主要对手是皇太极,而皇太极又是袁崇焕的克星,所以要进一步了解袁崇焕必须了解皇太极,而了解皇太极要从其人其政入手。

一、天聪其人

天聪汗皇太极是努尔哈赤的第八子。努尔哈赤共有 16 个儿子,其中杰出的有:长子褚英、次子代善、五子莽古尔泰、八子皇太极、十四子多尔衮;还有两个侄子(舒尔哈齐之子)——阿敏和济尔哈朗也较出色。天启六年即天命十一年(1626 年)八月十一日,清太祖努尔哈赤死。努尔哈赤的死和天启皇帝的死,只差一年;同样,崇祯帝继位和天聪汗继位,也只差一年。

努尔哈赤死后的汗位继承,实行的是八和硕贝勒共议推举新汗的制度。在努尔哈赤的子侄中,褚英已死,多尔衮太小,以四大贝勒权势最大,最有希望继承汗位。他们是:大贝勒代善、二贝勒阿敏、三贝勒莽古尔泰和四贝勒皇太极。但阿敏的父亲舒尔哈齐因罪被圈禁至死,他本身也犯过大错,实际已经没有资格争夺汗位。三贝勒莽古尔泰的生母富察氏,因夫君战死而改嫁给努尔哈赤。富察氏有过错,莽古尔泰便亲手杀死他的生身母亲。这件事

天聪汗皇太极像

虽博得他父亲的信任，但使他在兄弟、大臣中威望下降。所以，莽古尔泰在汗位争夺中也没有什么竞争力。

最有希望继承汗位的大贝勒代善，在汗位争夺中，也败给了皇太极。《满文老档》记载，天命五年即万历四十八年（1620年）三月，努尔哈赤小福晋德因泽告发代善与继母大福晋关系暧昧："大福晋曾二次备办饭食，送与大贝勒，大贝勒受而食之。又一次送饭食与四贝勒，四贝勒受而未食。且大福晋一日二三次差人至大贝勒家，

如此往来，谅有同谋也！福晋自身深夜出院亦已二三次之多。"德因泽又讦告，每当诸贝勒大臣在汗的家里宴会时，大福晋饰金佩珠、锦缎妆扮，倾视大贝勒，彼此眉来眼去。努尔哈赤派大臣去调查，后查明告发属实。努尔哈赤对大贝勒同大福晋的暧昧关系极为愤慨，但他既不愿加罪于儿子，又不愿家丑外扬，便借口大福晋窃藏金帛，勒令离弃。小福晋德因泽因告讦有功，被荣升与努尔哈赤同桌吃饭。有学者认为：大福晋送皇太极饭食而皇太极未吃，德因泽身在深宫何以晓得？可见德因泽告讦之谋出自皇太极。皇太极借此施一箭双雕之计：既使大福晋被废，又使大贝勒声名狼藉，从而为自己继位准备了重要条件。

皇太极又伙同代善等逼着多尔衮的母亲大妃阿巴亥为努尔哈赤殉葬。多尔衮与多铎兄弟年龄幼小，母亲又殉葬死，彻底失去继承汗位的可能。

皇太极经过15年的厮杀、争夺，最后取得大位。可以说，皇太极是在后金猛将如云、战火拼搏中脱颖而出的，是历史的选择，时代的选择。皇太极父汗努尔哈赤的特点是"开创"与"坚韧"，而皇太极的特点则是"文治"与"谋略"。

皇太极继承大位之后，气魄很大，雄心勃勃，对内要"固本维新"，对外要"断翼攻心"——实现统一中原的霸业。

二、实施新政

皇太极比努尔哈赤高明之处，在于他既继承父汗的基业，又看到父汗的弊政，从而固本维新，进行改革。

第一，固本维新。 天聪汗政策的基本点是"固本"，就是巩固后金社会与军政制度的根本，同时又进行维新。有人可能会说，"维新"这个词是不是太现代了？皇太极那会儿怎么还能维新呢？其实，"维新"一词最早见于《诗经·大雅·文王之什》："周虽旧邦，其命维新。"就是变旧法而行新政的意思。皇太极的"固本维新"，既固本，又维新，维新为了固本，固本必须维新。

盛京皇宫大政殿

皇太极的固本维新，采取了政治、军事、经济、民族、八旗、外事等多方面的措施，这里主要介绍他调整对汉人的政策——汉民、汉官、汉军、汉儒、汉制的"固本维新"之策。

汉民 努尔哈赤时期对汉民有一系列错误政策。譬如将辽西的汉民一律迁到辽东,没有房子住,没有地可耕,没有耕牛用,没有粮食吃,怎么办?他采取一个措施,让辽西的汉民到辽东之后,和辽东汉人房同住,地同耕,牛同用,饭同吃。这不是社会秩序大乱吗?你住上三天两天还行,常年住下去怎么可以?还有一些汉民被编到满洲人的庄子里面去,受满洲贵族的奴役,成为"阿哈",也就是农奴。

有些汉人不堪忍受这种奴役就逃跑了,但一旦被抓回来,就要杀头!而且周围的邻里还要连坐。这种残酷的统治,并没有带来社会安定,相反,激起一些汉民更强烈的反抗,他们往井里投毒,在猪肉里放毒,袭击零散出来的满洲人。那个时候满汉矛盾十分尖锐。

皇太极提出"治国之要,莫先安民",强调满洲、蒙古、汉人之间的关系"譬诸五味,调剂贵得其宜"。他决定:汉人壮丁,分屯别居;汉族降人,编为民户;攻陷城池,不杀降民;善待逃人,放宽惩治——"民皆大悦,逃者皆止"。

汉官 汉官原从属满洲大臣,自己的马不能骑、畜不能用、田不能耕;官员病故,妻子要给贝勒家为奴。皇太极优礼汉官,以此作为笼络汉族上层人物的一项重要政策。对归降的汉官给予田地,分配马匹,进行赏赐,委任官职。皇太极重用汉官,以范文程为例。"太宗即位,召直左右"。入对时,"必漏下数十刻始出;或未及食息,复召入"。每议事,总是问:"范章京知否?"如有未当,说:"何不与范章京议?"有一次范文程在皇宫里进食,看着满桌佳肴美味,想起老父亲,停筷不食。皇太极明白他的心思,立即派人把这桌酒席快马送到范文程家里。后来,范文程做到内秘书院大学士,这是清朝汉人任相之始。

汉军 皇太极逐步设立八旗汉军,创建重(zhòng)军。宁远之战、宁锦之战失败后,皇太极明白了一个道理:战败的重要原因是没有最新式武器——红夷大炮。此炮为西洋人制造,满洲忌讳

"夷"字而谐音为"衣",称作"红衣大炮"。天聪五年(1631年)正月,后金仿制的第一批红衣大炮在沈阳造成,定名为"天佑助威大将军"。这是八旗兵器史上划时代的大事件,也是八旗军事史上的一座里程碑。皇太极在八旗军设置新营"重军",就是以火炮等火器装备的新兵种。从此,清军有的强大骑兵明军没有,明军有的红夷大炮清军也开始拥有。

汉儒 努尔哈赤对明朝生员屠杀过多,对所谓通明者"尽行处死",其中"隐匿得免者"约有300人,都沦为八旗包衣下奴仆。皇太极下令对这些为奴生员进行考试,各家主人不得阻挠。这是后金科举考试的开端,结果得中者共200人。他们从原来为奴的身份,尽被"拔出",获得自由,得到奖赏。后又举行汉人生员考试,取中228人,从中录取举人,加以重用。这项举措,反响强烈,"仁声远播"。"士为秀民,士心得,则民心得矣"《清史稿·范文程传》,谁占有更多的优秀人才,并发挥其才能,谁就能战胜对手。大明人才济济,却不能用;大顺没有鸿儒俊彦,牛金星不过是个举人;而决定大清能否在这场龙虎斗中取胜的关键,则在于能否大量地占有人才——皇太极重视人才是其取胜的一个法宝。

汉制 皇太极对后金的政权架构,仿效明制,设立内三院(内国史院、内秘书院、内弘文院)、六部(吏、户、礼、兵、刑、工)、两衙门(都察院、理藩院),形成所谓"三院六部二衙门"的政府架构,基本

大政殿内宝座

完善了政府组织的体制和架构。

这样,皇太极的新政纠正了他的父亲晚年犯下的错误,使得后金军政事业有了新的发展。通过固本维新的多项政策和措施,皇太极初步完成满洲从牧猎文化向农耕文化的过渡。

第二,断翼攻心。皇太极先断明朝的右翼朝鲜和左翼蒙古,再攻明朝的腹心——京师与中原。

断明右翼朝鲜　天启七年即天聪元年(1627年)正月,皇太极命二大贝勒阿敏等率军东征朝鲜。阿敏统率大军,过鸭绿江,占领平壤。三月,双方在江华岛杀白马、黑牛,焚香、盟誓,订下"兄弟之盟"。崇祯九年即崇德元年(1636年)皇太极称帝大典时,朝鲜使臣拒不跪拜,双方撕扯,仍不屈服。皇太极认为:这是朝鲜国王效忠明朝、对清不从的表现。十二月,皇太极以此为借口,亲自统率清军渡鸭绿江,前锋直指王京汉城(今首尔)。朝鲜国王李倧逃到南汉山城。皇太极也率军到南汉山城驻营。第二年正月,李倧请降,奉清朝正朔,向清帝朝贡。于是,皇太极在汉江东岸三田渡设坛,举行受降仪式,确立了清同朝鲜的"君臣之盟"。皇太极用兵朝鲜,割断明朝的右翼,解除了进攻明朝的东顾之忧。

断明左翼蒙古　漠南蒙古即内蒙古,漠北蒙古即外蒙古,漠西蒙古即厄鲁特蒙古。漠南蒙古位于明朝和后金之间,其察哈尔部同明朝定有共同抵御后金的盟约。漠南蒙古察哈尔部林丹汗,是元太祖成吉思汗的后裔。他势力强大,自称是全蒙古的大汗。明廷每年给林丹汗大量"岁赏",使其同后金对抗。察哈尔部成为漠南蒙古诸部对抗努尔哈赤父子的坚强堡垒。皇太极即位后,西向三次用兵,其主要目标是察哈尔部的林丹汗。经过征讨,察哈尔部众叛亲离,分崩瓦解。林丹汗逃至青海打草滩,出痘病死。林丹汗的儿子额哲率部民千户归降,并献上传国玉玺。据说这颗印玺,从汉朝传到元朝,元顺帝北逃时还带在身边。他死之后,玉玺失落。200年后,一个牧羊人见一只羊三天不吃草,而用蹄子不停地跑地。牧羊人好奇,挖地竟得到宝玺。后来宝玺到了林丹汗手中。皇太极得到"一统万年之瑞"的宝玺,如同自己的统治地位得到上天的认可,自然大喜过望。他亲自拜天,并告祭太祖福陵。昔日为敌 20余年的察哈尔举部投降,广阔的漠南蒙古归于清朝,从而割断明朝的左翼,解除了进攻明朝的西顾之忧。

捣明心脏京师　皇太极连遭宁远、宁锦之败后,不敢直接攻打袁崇焕守御的宁远城,也不敢进攻袁崇焕防守的关宁锦防线,而采取奇招:攻打明朝的政治心脏——北京。崇祯二年即天聪三年(1629 年),皇太极亲自带领大军,绕道蒙古地区,攻破大安口和龙井关,下遵化,过顺义,围攻北京城。皇太极的这一步棋,是明朝上下官员谁也没有想到的。袁崇焕虽然曾上疏说遵化防御薄弱,八旗军可能突入,但他没有想到皇太极会亲自率领大军攻打北京。尔后,八旗军又四次破塞入内,掳掠中原。如,一次多罗郡王阿济格等率军入关,到延庆,入居庸,取昌平,逼京师。接着,阿济格统军下房山,破顺义,陷平谷,占密云,围绕明都,蹂躏京畿。此役,清军阿济格奏报:凡 56 战皆捷,共克 16 城,俘获人畜17 万。他们凯旋时,"艳服乘骑,奏乐凯归",还砍木书写"各官免送"四个大字,以戏藐大明皇朝。另一次多尔衮率军入关,兵锋直到济南。在长达半年的时间里,多尔衮转战 2000 余里,攻克济南府城暨 3 州、55 县,获人、畜 46 万。皇太极五次大规模入塞,攻打北京,掳掠中原,陷落济南,皇太极之气魄、之胆识、之睿智、之谋略的确是雄奇的。

明朝左右两翼都被皇太极折断,其政治心脏又遭到皇太极的沉重打击。这里,我们对朱由检与皇太极两位皇帝加以比较。

三、两帝比较

崇祯帝与天聪汗是在同一时代军事政治舞台上的两位主角,下面对这两位主角做一比较。

崇祯帝与天聪汗相同方面：

第一，幼年丧母（朱由检5岁丧母，皇太极12岁丧母）；

第二，同时在位（前后相差一年）；

第三，都在位17年；

第四，都怀有抱负（崇祯帝做"中兴祖业之梦"，天聪汗做"迁都北京之梦"）。

崇祯帝与天聪汗不同方面：

第一，论年龄：崇祯帝继位时18岁，尚未成熟；天聪汗继位时35岁，正当盛年。

第二，论阅历：崇祯帝生长在宫中，周围是宫女、太监；天聪汗成长在疆场，战马驰骋，拼命厮杀，经历人生最残酷的烤炼。

第三，论文化：崇祯帝受过儒家文化的教育；天聪汗通晓满文，且极力吸收汉文化。

第四，论登极：崇祯帝是兄终弟及，自然接替；天聪汗则兄弟争夺，优中选优。

第五，论体制：明朝官僚体制相互掣肘，彼此矛盾；后金军政一元化，大汗直接掌控。

第六，论将领：崇祯帝残杀忠臣良将，天聪汗珍惜爱将勇士。

第七，论谋略：崇祯帝之愚——变友为敌，天聪汗之聪——化敌为友。

第八，论朝廷：崇祯朝党争激烈，自我消耗，缺乏整体行动；天聪朝没有党争，决策迅速，执行果断。

最后，产生两种截然相反的结果——明亡清兴。

袁崇焕就是在这样大背景下，走上督师蓟辽战场的。

第二十八讲

宁远兵变

　　袁崇焕重新得到朝廷信任,被任命为兵部尚书兼总督蓟、辽、登、莱、天津等处军务,此时他正当45岁盛年,可以说是走上了命运的一个高峰。平台奏对后,袁崇焕带着"五年复辽"的梦想,乘骑出关,豪情满怀,赋《再出关》诗云:

> 重整旧戎衣,行途赋采薇。
> 山河今尚是,城郭已全非。
> 马自趋风去,戈应指日挥。
> 臣心期报国,誓唱凯歌归。

　　从这首诗可以看出袁督师充满信心、情绪乐观。然而,和一年以前袁崇焕离开宁远时相比,辽东局势更加严重,他一到山海关,便被迎头浇上一盆冷水——宁远发生兵变。

一、官逼兵反

　　宁远对于袁崇焕而言具有非同一般的意义,他在这里先后取得过宁远大捷和宁锦大捷,可以说,宁远是袁崇焕崛起的地方。这里的军队本来是训练有素,纪律严明,具有很强战斗力的,为什么竟然会发生兵变?宁远兵变是各方面矛盾逐渐积聚的结果,所以事情还要从头讲起。

　　在袁崇焕离开宁远的一年多时间里,辽东防务由王之臣负责。

王之臣属阉党,他的经历前面曾经介绍过,他是明万历二十三年(1595年)三甲第一百一十一名进士,陕西潼关人。袁崇焕做辽东巡抚时,王之臣是辽东经略,二人因事不合,闹到朝廷。朝廷遂让袁崇焕负责关外,王之臣负责关内,不久又把王之臣调任兵部尚书,而以袁崇焕尽掌关内外事务。王之臣任兵部尚书时为天启七年(1627年)正月,正是魏忠贤阉党猖獗之时。同年七月初二日,袁崇焕被批准回籍养病。初三日,兵部尚书王之臣便任蓟辽督师兼辽东巡抚,再次执掌辽东军政事务。不久,辽东巡抚改由毕自肃担任。崇祯元年即天聪二年(1628年)三月十一日,因为朝廷要重新起用袁崇焕,遂命王之臣回籍待用。四月初三日,袁崇焕以兵部尚书兼督师蓟辽,移驻山海关。

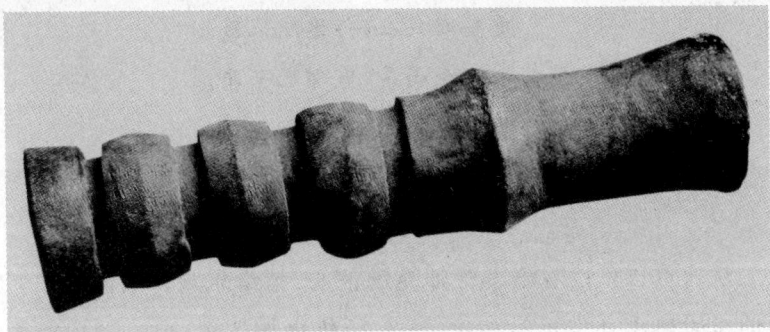

崇祯年造"神机营四营三司头队二号"铁炮

这个期间,辽东局势日趋恶化,各种矛盾日趋尖锐,最终导致爆发兵变。兵变的具体原因可以从六个方面进行考察:

第一,朝廷:天启帝病死,崇祯帝继位。崇祯帝为天启帝办完丧事后,紧接着又进行一系列人事安排上的变动:惩治阉党,重组内阁,六部换人,一时无暇顾及边事,辽东防务因此逐渐懈弛。

第二,督臣:王之臣督师蓟辽半年多,没有大的建树,基本上在维持。因为朝廷惩治阉党,人事变动很大,他也不安其位,更无心整饬辽东防务。

第三,巡抚:巡抚毕自肃,是万历四十四年(1616年)进士,山东淄川(今山东淄博市)人。这个人为官勤恳、廉洁,工作非常认真,曾经在宁远之战和宁锦之战中立有战功。在他任辽东巡抚这段时间里,朝廷因为财政拮据,对辽东军饷拖延不发。他向朝廷屡次催饷,没有结果,他自己手上也没有银子,干着急没办法。

第四,军纪:军队纪律,极度混乱。举一个例子。天启七年(1627年)十月初七日,宁远前屯大火,烧毁民居6300余间,烧死平民249人,火药器械,荡然一空。

第五,兵饷:辽军兵饷短缺。先是,天启后期,魏阉当权。"忠贤乱政,边饷多缺"(《明史·毕自严传》)。如崇祯元年(1628年),户部尚书毕自严奏称:岁入银326万两,实际收入不满200万两,边饷银327万两,入不敷出,赤字太大。再加上军官克扣,不发饷银,普通军兵,生计困难。拖欠守军四个月粮饷不发。

第六,官员:本来下级军官和士兵生计已经非常困难,如果中高级军官能同他们同甘共苦,大家也能互相扶持着度过难关,不至发生兵变。而事实却是,一些官员的贪污腐败毫不收敛,结果是雪上加霜。比如辽东推官苏涵淳、通判张世荣,一酷一贪,使得官兵激愤,蓄势待发。

以上矛盾,错综复杂,多因一果,最终于崇祯元年即天聪二年(1628年)七月二十五日,在宁远发生兵变。

二、歃盟哗变

辽东宁远的士兵,过去取得过宁远大捷和宁锦大捷,在袁崇焕的指挥下,有着光荣的历史。但是,他们生计唯艰、饱受盘剥又奏告无门,忍无可忍,最终歃血会盟,激愤哗变。

宁远军队哗变,首先是由从四川、湖广调来的部队发起,以杨正朝、张思顺等为首。他们先秘密串联,再集中到广武营,会盟歃血,率先兵变。接着,事态不断扩大,影响迅速蔓延,其余十三营起而响应。哗变的官兵涌入巡抚衙门,将辽东巡抚毕自肃、总兵官朱梅、通判张世荣、推官苏涵淳等人,从衙门拉出来,加以捆绑,囚于谯楼。

谯楼,有两种解释:一说是城门上的瞭望楼(周祈《名义考》),另一说是"世之鼓楼曰谯楼"(曹昭《格古要论》卷五)。

就是说可能将辽东巡抚毕自肃、总兵官朱梅等,捆绑在宁远城中心的鼓楼上,逼迫发饷,喊骂乱打。当时巡抚毕自肃银库里没有银子,一时难以筹措。哗变官兵,情绪激烈,局面失控,"捶楚交下",手捶棍打。毕自肃满脸流血,伤势严重。衙署里面的敕书、旗牌、文卷、符验等,散碎狼藉,荡然无存。

这时,兵备副使郭广赶来。他一边用身体护翼巡抚毕自肃,一边同哗变首领谈判——主要是保证尽快发放拖欠的兵饷。

郭广先设法筹措了2万两银子发给士兵,哗变兵士不答应,还是平息不下。郭广又向商民借贷3万两银子,凑足5万,分发下去。哗变官兵情绪才稍稍缓和,混乱局面才暂时稳住。趁兵士散去,郭广等救出巡抚毕自肃。但是,哗变的官兵分发完银两后,乱走乱窜,情绪依旧亢奋。这时,十三营的营房,仍然高度警惕,戒备森严,日夜守备。问题没有从根本上得到解决。副将何可纲典领的中军,在平息哗变时发挥了重要作用。

当事主官宁远巡抚毕自肃,在宁锦之战时曾作为副使,协助袁崇焕守卫宁远,督率将士奋力守城,立下战功。崇祯元年即天聪二年(1628年)正月十七日,毕自肃任辽东巡抚。其兄毕自严,时任户部尚书。兵变爆发后,毕自肃上疏引罪,到中左所,

明军作战时使用的石雷

自缢而死。

此事,《明史·袁崇焕传》中作了记载。特别是《崇祯长编》中载录了袁崇焕关于宁远兵变的奏疏。今天主要靠这两种史料了解当时宁远兵变的情况。

《明史·袁崇焕传》记载文字如下:

> 是月,川、湖兵戍宁远者,以缺饷四月大噪,余十三营起应之,缚系巡抚毕自肃、总兵官朱梅、通判张世荣、推官苏涵淳于谯楼上。自肃伤重,兵备副使郭广初至,躬翼自肃,括抚赏及朋桩二万金以散,不厌,贷商民足五万,乃解。自肃疏引罪,走中左所,自经死。

袁崇焕一到山海关,立即着手平息哗变,进行善后处理。

三、迅速平息

蓟辽督师袁崇焕是怎样处理宁远兵变,使得处理结果既能让崇祯皇帝满意,又能获得哗变官兵同意呢?此事,《崇祯长编·袁崇焕奏疏》的记载较详,很有意思,全录如下:

> 督师袁崇焕于到任次日,单骑出关,至宁远,未入署,即驰入营。宣上德意,各兵始还营伍。为首者虽川、湖兵,而是时十三营俱动,诸魁散处众兵中,犹日夜为备。崇焕与道臣郭广秘图,召首恶杨正朝、张思顺至膝前,谕以同党能缚戎首,即宥前罪之旨。令报诸逆者名擒之赎死,二凶唯唯。然是时已逃去伍应元等六人。十八日,而首恶田汝栋、舒朝兰、徐子明、罗胜、贾朝吹、刘朝、奇大邹、滕朝化、王显用、彭世隆、宋守志、王明等十二名,与先一日行道所拿之宋仲义及李友仁、张文元俱

至。崇焕令郭广当堂认识，俱当日向前首恶，即令枭示。随出手示，谕抚各营云：朝廷止诛渠魁，今首恶正法，此外不杀一人，诸营肃如。诸兵将变，集广武营，会盟歃血。参将彭簪古、中军吴国琦，知而实纵之，于是斩国琦而责治簪古以待处分。至车左营加衔都司王家桢、车右营加衔都司左良玉、管局游击杨朝文、总镇标营都司金书李国辅，皆分别轻重治革，宥杨正朝、张思顺之死，发前锋立功，以其虽倡乱而有擒叛之功也。时抚院敕书、符验、旗牌、历来文卷，碎无复存，及总兵符验亦失去，惟印无恙。抚臣关防，已贮前屯库，总兵旗牌止失三杆，咸不问。推官苏涵淳、通判张世荣，一酷一贪，致激此变，降责有差。宁城十三营俱乱，惟都司祖大乐一营不动，命奖之。(《崇祯长编》崇祯元年八月乙未)

整个过程如下：

第一，单骑出关。袁崇焕于"到任次日，单骑出关"。就是说，袁崇焕八月初六日到达山海关，次日（初七日）就马不停蹄，单骑出关，不带随从，驰往宁远。这表现出袁督师的果断、干练、勇敢与侠气。请注意，这时的袁崇焕，已经不是过去七品的知县袁崇焕，也不是六品兵部职方司主事的袁崇焕，而是堂堂二品兵部尚书兼蓟辽督师的袁崇焕。袁崇焕单骑出关，难能可贵。

第二，迅驰入营。袁崇焕到宁远后，没有到巡抚衙门，没有会见同僚，没有会见朋友，也没有了解兵变情况，而是"至宁远未入署，即驰入营"。就是驱骑急进，直入兵营，要取得迅雷不及掩耳的效果。

第三，攻心为上。做政治思想工作——"宣上德意，各兵始还营伍"。袁崇焕迅速赶到兵营后，利用原来的威望与情感，安抚士兵，宣抚慰劳，使得骚动官兵各回营伍。

第四，密定计划。制定秘密计划——"崇焕与道臣郭广秘图"，就是袁崇焕与掌握实际情况的郭广等秘密商量，制定计谋，采取措施。

第五，宽宥事首。一般做法是先找出"首恶"，加以惩处；但此时可能引发更大的骚动。袁崇焕高明之处在于："召首恶杨正朝、张思顺至膝前，谕以同党能缚戎首即宥前罪之旨，令报诸逆者名，擒之赎死。二凶唯唯。"宽宥事首张正朝、张思顺，先瓦解哗变官兵上层内部。

第六，剪除"次恶"。将"次恶"田汝栋等十五人捉获，"崇焕令郭广当堂认识，俱当日向前首恶，即令枭示"，将他们戮于市，进行震慑。

第七，擒叛立功。杨正朝、张思顺两位哗变的首领，因为"擒叛有功"，经奏报朝廷，将他们"发前锋立功"。

第八，分别处理。中军吴国琦斩首；参将彭簪古受斥责；都司左良玉等四人被黜免；通判张世荣、推官苏涵淳因贪虐引起哗变，受到降职斥责；总兵官朱梅解职。

第九，奖励祖营。都司祖大乐所率一营官兵，没有参加哗变，受到奖励。在这里说明一点：《明史·袁崇焕传》作"程大乐"，《崇祯实录·袁崇焕奏疏》作"祖大乐"，应以"祖"为是。

第十，奏报朝廷。袁崇焕向朝廷详奏宁远兵变经过、原因、处理及善后事宜，并得到崇祯皇帝的批准。

袁崇焕干净利索、迅速漂亮地平息了这场宁远兵变，稳定了辽东明军局势。

以上十条，有些是一般性处理的，有些是特殊性处理的。其中，有三条是违背常规而不容易做到的：

第一，到任次日，单骑出关；

第二，未入衙署，即驰入营；

第三，宽大首恶，正法次恶。

当时，形势危急："是时十三营俱动"；局势复杂："诸魁散处众兵中"；瞬息万变："犹日夜为备"；危在旦夕：处理不当，便会身陷其中。利用"首恶"，严惩"次恶"，区别处理，稳定局面。

以上三条,表现出蓟辽督师袁崇焕过人的胆略、超人的智慧、出奇的谋略和坚强的信心。

然而,一波刚平,一波又起。十月初一日,锦州守兵也发生哗变。但是很快得到解决。

袁崇焕平息兵变后,回到山海关,见到部下诸将官兵,相忆旧事,重申兵法,检阅军容,激励向前,不禁感慨万分,他赋《关上与诸将话旧》诗云:

> 隔别又经年,今来再执鞭。
>
> 相看人未老,忆旧事堪怜。
>
> 兵法三申罢,军容万甲前。
>
> 诸公同努力,指日静烽烟。

宁远、锦州接连的哗变,主要原因是长期拖欠粮饷,兵不聊生,反映出辽东的明军军心涣散,官兵矛盾尖锐。这样的军队怎能抵御后金铁骑的战斗力呢!这就需要整顿。因此,袁崇焕在平息兵变之后,立即着手整顿关宁锦防线。

第二十九讲

督师蓟辽

袁崇焕做蓟辽督师的实际时间并不长,从崇祯元年即天聪二年(1628年)七月,到崇祯二年即天聪三年(1629年)十一月,只有一年多时间。这个期间,他的注意力集中在一点,就是为实现"五年复辽"的目标进行各项准备。

一、全面部署

蓟辽督师袁崇焕在辽东战守全局中,主要走了前、后、东、西、中五步棋:(1)前线——整顿关宁锦防线;(2)中间——节制东江毛文龙;(3)后方——防守蓟镇;(4)左翼——争取蒙古;(5)右翼——联络朝鲜。

第一步棋:整顿关宁锦防线,这是袁崇焕整个战略的核心。孙承宗与袁崇焕曾于天启二年即天命七年(1622年)正月,初建关(山海关)宁(宁远)锦(锦州)防线,后袁崇焕凭借坚城大炮取得宁远大捷;天启六年即天命十一年(1626年)四月,袁崇焕重建关宁锦防线,又在与皇太极的对垒中取得宁锦大捷。可见这条防线在明朝抵御后金铁骑进攻方面,发挥了极其重要的作用。

因此,袁崇焕升任蓟辽督师、进驻山海关后,立即着手整顿与再建关宁锦防线。他从硬件(物)和软件(人)两个大方面主要做了五件事:一是修缮城池;二是催发粮饷;三是整顿军纪;四是更定军制;五是选任将领。

这里特别值得一提的是,袁崇焕提请朝廷任用三员大将,即赵

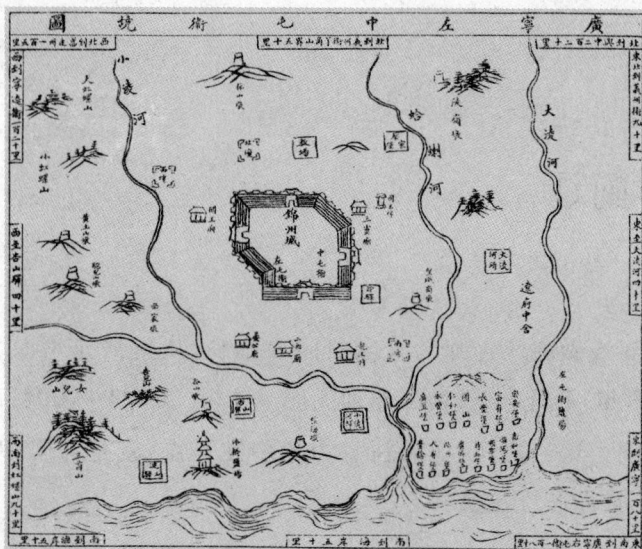

明《全辽志》之"广宁左中屯卫(锦州)境图"

率教、祖大寿、何可纲。赵率教,"为将廉勇,待士有恩,勤身奉公,劳而不懈"《明史·赵率教传》。何可纲则"仁而有勇,廉而能勤,事至善谋"《明史·何可纲传》,他协助袁崇焕更定军制,岁省饷120余万。赵率教挂平辽将军印,驻关内;祖大寿挂定辽将军印,驻锦州;何可纲为中军,驻宁远。袁崇焕向朝廷上疏说:"臣妄谓五年奏凯者,专仗此三人之力,用而不效,请治臣罪。"可见他对这三员大将的信任和倚重。

此外,这里交代一下满桂。满桂也是孙承宗调到辽东的,曾跟随袁崇焕身历宁远、宁锦大战,是一位身经百战的将领。但他在宁远之战后与赵率教不和,后来又与袁崇焕不和。虽然袁崇焕仍然重用满桂,但还是结下了矛盾。在袁崇焕离开辽东后,王之臣重用满桂,镇守宁远。崇祯帝即位后,诏责王之臣,撤了他的职,满桂也被任为大同总兵,后来在北京保卫战中找袁崇焕的麻烦。最后满桂战死在北京永定门外。后面我要讲到。

袁崇焕在崇祯皇帝面前承诺"五年复辽"。那么,复辽的方略是什么呢?就是他对崇祯皇帝奏报的:以辽人守辽土,以辽土养辽人；以守为正著，战为奇著，和为旁著；法在渐不在骤，在实不在虚；任而勿贰，信而勿疑，当论成败之大局，不必摘一言一行之微瑕。

第二步棋：节制东江毛文龙，这是中路。我下面专门说。

第三步棋：建议加强蓟镇防守。蓟镇，就是现在河北蓟县这一带。这个地方很重要，既是辽东前线的后方，又是京师的前大门。蓟镇属九边之一，另有官员负责。袁崇焕有一个估计，就是他重建的关宁锦防线，皇太极很难突破，想由此进山海关攻打北京，几乎不可能。但是，蓟镇防守比较单弱，皇太极极有可能从这里的长城隘口打进来骚扰塞内。为此，他专门上疏提醒崇祯皇帝，但是没有引起朝廷的重视，也没有引起蓟镇的重视。后来果然皇太极从这儿破大安口、龙井关，破遵化，直接攻打北京。

第四步棋：抚赏蒙古。漠南蒙古察哈尔等部，同后金存在矛盾。袁崇焕力主"抚西虏以制东夷"，并使"东无得与西合"，就是利用蒙古，牵制满洲，阻止东边的满洲同西边的蒙古合成一股强大的势力。具体措施：一是抚赏。经崇祯帝允准，督师王象乾与袁崇焕一起负责抚赏蒙古事宜。每年对蒙古赏银高达 14 万两《明史·毕自严传》，袁督师还曾亲自宣谕蒙古哈喇慎 36 家首领。二是市米，就是在蒙古遇到饥荒时，在边上马市卖米，以助其度过困境。袁崇焕的策略无疑是正确的，但他的主张因后来局势变化未能实现，反而因此遭到诟訾。

第五步棋：联络朝鲜。朝鲜处于后金的背部，可以牵制后金，并使皇太极有后顾之忧。特别是日本侵略朝鲜的壬辰战争，明朝出兵相助，朝鲜国王感恩不尽。袁崇焕想借助朝鲜同明朝的历史与文化的关系，并想利用朝鲜同后金的利害冲突，争取朝鲜站在明朝一边，东西联手，夹击后金。虽然此时的朝鲜已经在平壤被迫同后金订下了"兄弟之盟"，但朝鲜国王还是在心里头向着明朝，所以袁崇焕争取和朝鲜结盟来共同抵御后金。因为时间的关系，袁崇焕最终没有完全实现这个目标。

从上述部署可见，袁崇焕的这五步棋，无非是两个大的方面，一是想方设法调动一切积极因素,二是想方设法遏制和消除不利因素。而在东江的毛文龙,成为袁崇焕五年复辽战略布局中的一颗难以调动的棋子。

二、文龙其人

毛文龙(1576～1629 年),浙江仁和(今杭州)人,少年丧父,随母亲寄住舅父沈光祚家。毛文龙不喜经书,不事产业,给人看相测字,勉强维持生活。直到天启元年(1621 年)毛文龙 45 岁之前,关于他的人生轨迹,历史记载很少,又相互矛盾,有以下三说:

第一种说法,毛文龙小时候不用功读书,但是对《孙子兵法》很有兴趣。他父亲死得早,他的舅舅沈光祚在兵部当一个六品的主事,他和母亲一起住在舅舅家。后来沈光祚把毛文龙推荐给辽东总兵李成梁,补内丁千总。曾经考过武举,名列第六。后辽东巡抚王化贞招纳武材,毛文龙补练兵游击。游击是一个中级军官,大体上就相当于现在的校级军官。

第二种说法,毛文龙小时候很淘气,又没有父亲管教,赌博、走狗、游手好闲。后来为躲赌债,自己只好藏匿起来。他母亲看这孩子实在没办法了,就交给他舅舅管教。他舅舅沈光祚当时做山东布政使,认得王化贞,就把毛文龙交给了王化贞,想让他在军营里受些约束。王化贞受了嘱托,授毛文龙都司职务。

第三种说法,毛文龙自小就是个游手好闲的无赖,后来他游逛到北京,看看无法安身,就到了辽东。在行伍之间混迹了一二十年,天启元年(1621 年)被友人推荐给辽东巡抚王化贞,成为标下游击(张岱《石匮书后集·毛文龙列传》)。

毛文龙的起家,算是一桩历史疑案吧。不过,以上三种说法虽然细节不同,但有一个共同点,就是毛文龙借助他舅父,并利用其同辽东巡抚王化贞的关系而起家。

王化贞任辽东巡抚期间，辽东 70 多个城堡被后金夺占，又接连丢掉了沈阳、辽阳，王化贞只好驻守广宁。

由于努尔哈赤实行镇压和屠杀的民族政策，激起辽东人民的强烈不满，有的在肉里面下毒，有的在井里头投毒，有的拦路截杀后金的散兵游勇。王化贞利用辽东汉人对后金的不满，派毛文龙到辽东

广宁前卫中前所瓮城遗址旧影

收集流民，策动组织反抗后金的活动。

明天启元年即天命六年（1621 年）五月，毛文龙奉命率军丁 200 余名，赴河东招降投附后金的辽民，恢复失陷疆土。七月初，毛文龙侦知后金镇江（今辽宁丹东市九连城乡）城中空虚，决定偷袭。

镇江是紧靠鸭绿江的一座城，此时守城游击叫佟养真。佟家可不得了，有个人叫佟养性，是帮着皇太极制造红夷大炮的人。成立八旗汉军，佟养性就被任命为乌真超哈（重军）的都统。佟家有个女儿后来嫁给顺治皇帝，生了康熙帝，所以佟家在康熙朝做官的人很多，被称作"佟半朝"，意思是说，满朝文武有一半是佟家的人。

毛文龙买通镇江中军陈良策为内应，约定七月二十五日黎明里应外合攻打镇江城。毛文龙率新旧家丁、屯民等，至镇江城外 20 里登岸。二十五日鸡鸣时，明兵抵达城下，一齐登城，喊声大振。陈良策等从城内杀出，内外夹击。佟养真率兵 70 余名迎战，但寡不敌众。佟养真被活捉，其子佟丰年等被杀，镇江军士 400 余名投降。

镇江既复，汤站、险山一带城堡相继降明，数百里内望风归附，老幼降者络绎不绝。

但好景不长。努尔哈赤得知这个消息，命贝勒阿敏、皇太极领兵三千往剿镇江沿海。毛文龙求救于王化贞，化贞未援应。毛文

龙逃往朝鲜。阿敏也随后领兵五千渡镇江入朝鲜地,攻剿毛文龙兵。共斩杀明官兵 1500 人,其中一名刘姓游击。毛文龙仅以身免。

后毛文龙率部据守皮岛。皮岛,在鸭绿江口东之朝鲜湾,也称东江。东西 15 里,南北 10 里,不生草木,并不算大。但是,皮岛位于辽东、朝鲜、后金之间,北岸海面 80 里即抵后金界,其东北海即朝鲜,关联三方,位置冲要。皮岛,在朝鲜写作椴岛,又作椵岛。"椵",汉文音"假"(jiǎ),朝鲜文音"皮"(pī),所以明人称之为皮岛。

毛文龙在皮岛集流民、建房舍,采人参、行贸易,备器用、编营伍,朝廷调拨粮饷,成为一块基地。毛文龙的势力日渐强大,自踞一方。明朝擢毛文龙为平辽总兵官,因为皮岛也称东江,所以称毛文龙为东江总兵,还有人称他为"毛帅"。天启三年(1623 年),毛文龙率部将张盘等攻下金州(今辽宁金州市),朝廷提升他为左都督挂将军印,赐尚方剑,设军镇于皮岛,号"东江镇"。毛文龙以东江为基地,曾经发动小股军队,袭扰后金城寨。大的袭扰计有六次:

第一次,天启四年即天命九年(1624 年)五月,毛文龙遣将沿鸭绿江越长白山,进攻后金东部辉发地方,全军覆没(《清太祖高皇帝实录》卷九)。

第二次,同年八月,毛文龙遣兵从义州城西渡江,以入岛中屯田,被后金发现,遭到偷袭,被斩 500 余级,岛中粮悉被焚(《清太祖高皇帝实录》卷九)。

第三次,天启五年即天命十年(1625 年)六月,毛文龙派兵 300 人,夜入耀州城南官屯寨,被后金总兵杨古利率兵击败(《清太祖高皇帝实录》卷九)。

第四次,同年八月,毛文龙派兵夜袭海州张屯寨,兵败(《清太祖高皇帝实录》卷九)。

第五次,天启六年即天命十一年(1626 年)五月初五日,毛文龙派兵偷袭鞍山驿,被后金城守巴布泰击败,后金称:"杀其兵千余,擒游击李良美。"(《清太祖高皇帝实录》卷十)

第六次,同月十二日,毛文龙又派兵偷袭萨尔浒城,夜攻城南门，被守军发炮击退（《清太祖高皇帝实录》卷十）。

作为明朝在后金后方惟一的一支力量，毛文龙骚扰后金，连战连败，连败连扰，起到一定牵制作用。毛文龙的存在就好像后金身上的"一只跳蚤"，使之倍感不快。天启七年即天聪元年（1627年）正月，后金以朝鲜帮助毛文龙蹑后为由，出兵朝鲜，就是一证。

东江形势虽足牵制后金，但毛文龙并不称职。直到崇祯二年即天聪三年（1629年），毛文龙镇守东江八年，并没有获得一次大捷，也没有恢复辽东寸土。毛文龙热衷于"广招商贾，贩易禁物，名济朝鲜，实阑出塞"，就是通过投机倒把、走私，获取大量私利。他先后对后金发动六次军事行动，都以失败告终。在后金两次倾力进攻宁远和宁锦时，毛文龙也没有乘虚进攻后金后方。另一方面，毛文龙独树一帜，不受节制，而又向朝廷要粮要饷，给国家经济带来极大负担；同时，他投附阉党，以为奥援，在东江为所欲为，无所顾忌。

朝中对毛文龙的看法不一：有人认为他牵制后金，作用很大；也有人认为他飞扬跋扈，无益抗金；还有人认为他成事不足，败事有余。

历任明辽东的军事长官，熊廷弼也好，高第也好，王在晋也好，孙承宗也好，都不怎么管毛文龙这个地方。袁崇焕就任蓟辽督师后，因为要实现"五年复辽"的战略目标，所以他要把东江纳入整个战略布局来考虑。

三、节制东江

崇祯元年即天聪二年（1628年），袁崇焕离京前夕，大学士钱龙锡亲自到袁崇焕寓所，咨询袁崇焕"五年复辽"的方略。袁崇焕说："当自东江始。文龙用则用之，不可用则处之，易易耳。"也有书记载,袁崇焕对钱龙锡说:"入其军,斩其帅,如古人作手,某能为也。"暗示自己可以设谋,处置毛文龙。这些记载是否属实,还有待进一步研究,但是说明一个问题,就是袁崇焕刚刚上任,就和朝廷重臣商量过毛文龙之事。

明广宁中屯卫杏山驿遗址旧影

袁崇焕要实现五年复辽,为什么要动毛文龙呢?据朱彝尊《曝书亭集·钱龙锡传》记载,袁崇焕曾向大学士钱龙锡说:"譬如弈然,局有四子,东江其一也。"就是说,辽东之局,有四颗关键的棋子,东江这颗棋子插入后金项背,可进攻,可袭扰,也可牵制。但如果按照毛文龙原来路子经营东江,则起不到它的战略作用。袁崇焕希望将东江真正纳入辽东战守的棋盘中,让这颗棋子发挥出应有的作用。

袁崇焕到辽东后,更了解到毛文龙的真面目,对其愈加不满,以至厌恶有加。他在《谢升荫疏》中说:"且武人奔竞,少竖立,便欲厚迁;稍不合,辄思激去;要挟朝廷,开衅同类,令边疆始终不得一人之用。吾最疾之。"袁崇焕最疾恶的武人,就是毛文龙。

袁崇焕从统一指挥权开始,采取措施,节制毛文龙:

第一,建议朝廷监理东江粮饷。袁崇焕疏请朝廷派出文臣,监理皮岛粮饷,想从朝廷监督上节制毛文龙。但毛文龙"抗疏驳之",而未能实现。

第二,改变朝鲜贡道。原朝鲜贡道经登州到北京,改为不经登州而经宁远到北京,这样既保证朝廷与朝鲜往来畅通,又切断了毛文龙同朝鲜的政治联系,并切断其来自朝鲜的财路。

第三，登莱实行海禁。先是，万历四十七年（1619 年），辽东用兵，开海运，自登州达盖州，岁运粮豆 200 余万石，银 300 余万两《明史·李长庚传》）。崇祯二年即天聪三年（1629 年）四月，袁崇焕在《策画东江事宜疏》中，题请兵部在登州、莱州实行海禁，通往东江的海上私船，不许一帆出海。获得朝廷批准。

第四，宁远转发军需。凡是运往东江的钱粮器用，不再由登州、莱州直接运往东江，而是从山海关起运至觉华岛，经过蓟辽督师衙门挂号，再登舟转运至东江。这样，凡是朝廷运往东江的钱粮器用，都必须受蓟辽督师衙门的节制、转发和核查，从而控制了毛文龙的粮饷、军器。

第五，更定东江营制。东江毛文龙的军队，官兵多改姓毛，副将、参将、游击等官未经朝廷任命，成为一支漫无纪律、只忠于毛文龙个人的"毛家军"，一向不受督师、经略、巡抚的节制。因此，袁崇焕决定从更定营制入手，对之加以整顿，使"毛家军"成为一支朝廷的军队，使东江成为复辽的一块基地。

袁崇焕这五招棋很厉害，杜绝了毛文龙在政治、外事、经济、军事方面的任意所为，特别是掌控了毛文龙的经济命脉。原来朝廷拨给东江毛文龙的饷银、粮料，大多不出都门，便转手被一些官员侵吞。这样一来，切断了中间贪污、侵吞的渠道和海上贩运、走私的通路，自然要引起京师、东江那些既得利益者的不满与反抗。

对此，毛文龙上疏抗辩，说：这是给我拦喉一刀！他不仅拒绝接受袁崇焕的节制，而且以岛兵将要哗变相威胁。声言要提兵进登，索饷要挟。

毛文龙差人到宁远，袁崇焕故意高声当庭喊道："既缺粮饷，何不前来？"然后将从天津运来的粮食，拨给毛文龙十船，且手书相慰。并给其属下金银、猪羊、酒面相犒劳。袁崇焕用这种办法，想把毛文龙激到宁远来谒见。

毛文龙果然来到宁远，但不过是虚应故事，一二话语而别，表现出桀傲不逊和拒受节制的狂妄态度与军阀恶习。

尽管如此，袁崇焕对毛文龙还是以礼相待，想尽力争取正常地解决东江问题，把这颗棋子纳入到五年复辽的棋局里。后来，袁崇焕决定亲自深入东江，对毛文龙当面耐心规劝，视情况再临机处置——可用则用之，不可用则杀之。

斩毛文龙

袁崇焕贯彻朝廷节制东江的措施，受到抵制，无法实现。他决心巡视东江，毛文龙附则用之，逆则斩之，以便统一事权，整编东江军队。

一、巡视东江

崇祯二年即天聪三年（1629 年）五月二十五日，袁督师一行从宁远海上扬帆起航，二十八日，抵达旅顺口外 40 里的双岛。

二十九日，袁督师慰问岛上官兵，赏赐酒食。当晚，毛文龙从皮岛乘船来到双岛，因夜已晚，没有相见。

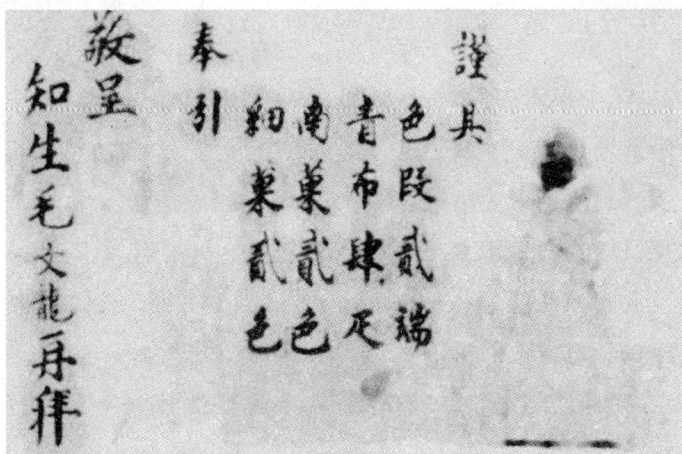

毛文龙礼单

六月初一日，东江总兵毛文龙拜谒袁督师，进礼单，设茶饭。袁崇焕拒收礼单，但同意与毛文龙共进茶饭。二人在毛文龙帐中茶饭间，有如下对话：

袁崇焕说："辽东海外，止我两人之事，必同心共济，方可成功。历险至此，欲商进取大计。"表达了团结毛文龙，希望同心协力、共谋进取大计的愿望。

毛文龙说："某海外八年，屡立微功。因被谗言，粮饷缺乏，少器械马匹，不能遂心。若钱粮充足，相助成功，亦非难事。"对钱粮器械提出了要求。

袁崇焕告辞时，对毛文龙说：船上不便举行宴会，需借毛帅帐房，在岛岸宴饮。毛文龙应允。

袁崇焕和毛文龙在岛岸上宴饮，边饮边聊。酒席间，袁督师说："皇上神圣，与尧、舜、汤、武合为一君。臣子当勉旃疆场。"称赞当今万岁崇祯皇帝圣明，因此，作为臣子应当尽力国事。毛文龙快快不乐，只说熹宗（天启）恩遇之隆，言外之意是并不认同袁崇焕对崇祯皇帝的评价。袁崇焕十分惊讶，但是压下心头的不快，又进一步询问复辽方略。毛文龙答道："关、宁兵马俱无用，止用东江二三千人，藏云隐雾，一把火遂灭了东夷！"这口气可太大了，直截了当地告诉袁崇焕，你手下的千军万马都没有用处，有我这两三千人就够了。实际上根本没有把袁崇焕放在眼里。袁崇焕当然很不高兴，但还是把这口气忍下去了，继续同毛文龙推心置腹地慢慢交谈，一直谈到二更天才结束。

初二日，毛文龙请袁崇焕登岛。袁崇焕上岛后，接受东江官将行礼毕，赏部分兵丁每人银一两、米一石、布一匹。毛文龙侍从佩刀环绕，袁督师命他们退下。袁崇焕和毛文龙又秘密交谈，三更方散。内容无非还是东江要受朝廷节制，共同为实现五年复辽目标努力之事。

初三日，毛文龙请袁督师登岛赴宴。这已经是两人第四回合的交锋，看来，袁督师前面的努力并未奏效。袁崇焕这次对毛文龙说的话已经比较直接了："久劳边塞，杭州西湖，尽有乐地。"毛帅你这些年在边塞很辛苦了，我劝你回你们老家杭州，那儿风景很好，你养老去吧。话里有话，绵里藏针。言外之意就是，你毛文龙要不就接受朝廷节制，要不就辞职回你的老家杭州吧。毛文龙道："久有此心，但灭了东奴，朝鲜文弱，可袭而有之！"毛文龙显然不愿交出兵权，并不买袁督师的账。这天夜里，袁崇焕传副将汪翥（zhù）密语，直至二更。

初四日，袁督师颁赏东江官兵 3570 员，官每员 3 两至 5 两、兵每名一钱，又将饷银 10 万两交卸给东江。袁崇焕传令徐旗鼓（敷奏）、王副将、谢参将（尚政）叙话。并出行文：旅顺以东行毛总兵印信，以西行袁督师印信。又定营制等。袁崇焕又作了一次让步，他希望达成一个折中协议：旅顺以东归东江总兵毛文龙节制，以西归袁督师节制。但毛文龙依旧不肯遵依。

事已至此，袁督师只好采取断然措施，要实施计斩毛文龙的举措。

初五日，袁督师崇焕传令：登岸摆围，较射颁赏。毛文龙来到袁督师帐房，问道："老大人何日起行？"袁崇焕告诉他第二天就返回，今天要在岛上观兵较射。也就是比赛射箭，优者给赏。毛文龙同意了。谢参将传号令，命各营兵四面摆围。毛文龙及其随行官百余员，都被绕在围内，随行兵丁被截在营外。

袁崇焕问东江各官姓名，都说"姓毛"。毛文龙说："俱是敝户小孙。"袁崇焕说："岂有俱姓毛之理？你们海外劳苦，每名领米一斛，且家口分食，你们受本部院一拜！为国家出力，自后不愁无饷！"各官感泣叩首。

袁崇焕问文龙曰："本部院节制四镇，请严海禁，恐天津、登、莱，受腹心之患，今请设东江饷部，钱粮由宁远达东江，亦无不便。昨与贵镇相商，必欲取道登、莱，又议移镇、定营制，分旅顺东西节制，并设道厅，稽兵马钱粮，俱不见允。岂国家费许多钱粮，终置无用？本部院披沥肝胆，与你谈了三日，望你回头是岸，那晓得你狼

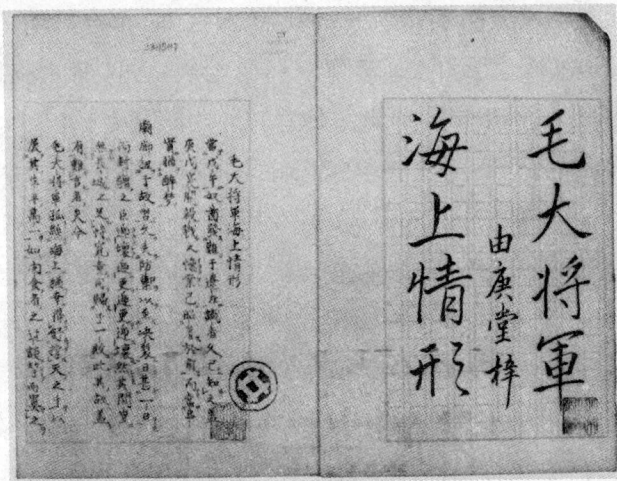

记录毛文龙海岛拥兵情况的《毛大将军海上情形》

子野心，一片欺诓，目中无本部院犹可，方今圣天子英武天纵，国法岂能相容!"袁崇焕要立斩东江总兵毛文龙。

二、计斩文龙

袁督师西向叩头请皇命，拿下文龙，剥去冠裳。毛文龙尚倔强，不肯就缚。袁督师又云："你道本部院是个书生？本部院乃是朝廷一员大将，你这毛文龙有应斩十二罪。"袁督师宣布毛文龙的十二条罪状是：

第一，兵戎重任，祖制非五府官不领兵，即专征于外，必请文臣为监。文龙夜郎自雄，专制一方。九年以来，兵马钱粮，不受经、抚管核，专恣孰甚! 一当斩!

第二，文龙自开镇来，一切奏报，有一事一语核实否？捕零夷，杀降夷，杀难民，全无征战，却报首功。刘兴祚忠顺奔来，止二十余人，而曰率数百众，当阵捉降，欺诳孰甚! 二当斩!

第三，文龙刚愎撒泼，无人臣礼。前后章疏，具在御前。近且有"牧马登州，取南京如反掌"等语。据登莱道申报，岂堪听闻？大臣不道，**三当斩！**

第四，文龙总兵以来，每岁饷银数十万，无分毫给兵，每月止散米三斗五升，侵盗边海钱粮，**四当斩！**

第五，皮岛自开马市，私通外夷。**五当斩！**

第六，命姓赐氏，即朝廷不多行。文龙部下官兵，毛其姓者数千人。且以总兵而给副、参、游、守之札，不下千人。其走使、舆台，俱参、游名色，亵朝廷名器，树自己爪牙，犯上无等。**六当斩！**

第七，由宁远回，即劫掠商人洪秀、方奉等，取其银九百两，没其货，夺其舡，仍禁其人，恬不为怪。积岁所为，劫赃无算，躬为盗贼。**七当斩！**

第八，收部将之女为妾，凡民间妇女有姿色者，俱设法致之，或收不复出，或旋入旋出。身为不法，故官丁效尤，俱以虏掠财货、子女为常，好色诲淫，**八当斩！**

第九，人命关天。文龙拘锢难民，不令一人渡海，日给之米一碗，令往夷地掘参，遭夷屠杀无算。其畏死不肯往者，听其饿死岛中，皮岛白骨如山。草菅人命，**九当斩！**

第十，疏请内臣出镇，用其腹爪陈汝明、孟斌、周显谟等，辇金长安，拜魏忠贤为父，绘冕旒（liú）像于岛中。至今陈汝明等一伙，仍盘踞京中。皇上登极之赏，俱留费都门，是何缘故？交结近侍，**十当斩！**

第十一，奴酋攻破铁山，杀辽人无算。文龙逃窜皮岛，且掩败为功。**十一当斩！**

第十二，开镇八年，不能复辽东寸土，观望养寇，**十二当斩！**（《蓟辽督师袁崇焕题本》）

督师袁崇焕历数毛文龙十二大罪状后，毛文龙神丧气夺，口不能言，惟叩头求生。袁督师严厉地说："尔不知国法久了，若不杀尔，东江一块土，非皇上有也！"然后问东江各官等道："文龙罪状明否？"各官唯唯，没人敢说话。又问众兵，同样也唯唯无辞。只有几个毛文龙门下私人，称其数年劳苦。袁崇焕厉声斥责说："毛文龙，不过就是一个匹夫罢了！因他守卫边疆，官至都督，满门封荫，酬劳足够了吧？他竟然敢欺骗朝廷，无法无天！我们要五年平奴，就要奉行列祖列宗制定的国法，今日不斩文龙，何以惩后？皇上赐给我尚方宝剑，正是这个原因。"这些人吓得唯唯诺诺，不敢仰视。

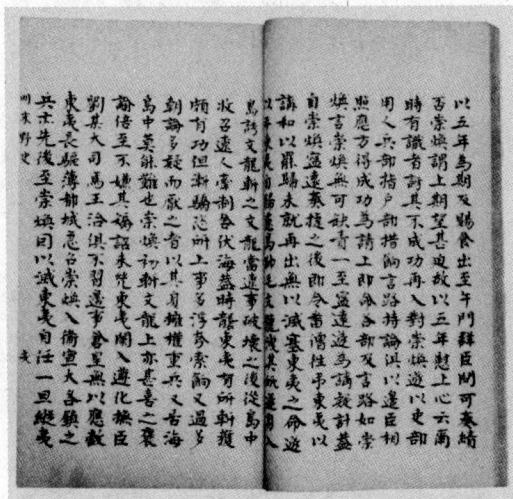

夏允彝《幸存录》关于袁崇焕斩杀毛文龙的记述

袁督师叩头请旨道："臣今诛文龙，以肃军政。镇将中再有如文龙者，亦以是法诛之。"又说："**臣五年不能平奴，求皇上亦以诛文龙者诛臣！**"袁督师宣谕后，立即取下尚方剑，令水营都司赵不忮、何麟图监斩，令旗牌官张国柄执尚方剑，斩毛文龙于帐前。这时毛文龙的兵将在帐外汹汹，但袁崇焕军威严肃，且事出意外，这些兵将还不敢挑起正面冲突。

袁崇焕计斩毛文龙后，做了几项善后工作：

第一，埋葬文龙遗体。命将毛文龙的遗体，装棺安葬。袁崇焕亲自到毛文龙灵柩前拜祭，祭奠其亡灵。祭词云："昨日斩尔，乃朝廷大法；今日祭尔，乃僚友私情。"遂下泪祭拜。

第二，安抚东江各官。只杀毛文龙一人，其余不问，照旧任职。这样就稳住了东江的局势。

第三，整合皮岛部伍。皮岛的副、参、游、都、守等官员，不下千员，既多又滥。如旅顺参将毛永义所管3600员名，经过袁崇焕亲自点核，能为兵者，不过千人。因此，对毛文龙的部众，进行核查整编。分东江2.8万官兵为四协：用毛文龙之子承祚管一协，用旗鼓徐敷奏管一协，另二协由东江各官举游击刘兴祚、副将陈继盛二员分管。将毛文龙的印与剑、以及东江的事权，令副将陈继盛代管。

第四，分赏东江官兵。将带来饷银 10 万两，分给各岛官兵。

第五，遣散无辜民众。安抚各岛军民，释放狱中无辜。

第六，题请裁撤总兵。袁督师核查，毛文龙虽曾经夸口说有众数十万，其实官兵不过 2 万人，不需设一"赘帅"，因此上疏请求皇上，应停此缺，"省縻费而杜隐忧"。

第七，移咨朝鲜国王。向朝鲜国王李倧，通报此事。

第八，立即奏报皇上。上《蓟辽督师袁崇焕题本》（崇祯二年六月二十一日到覆）。

袁督师处理完东江事后，于五月初九日，扬帆回航宁远。

袁崇焕计杀东江总兵毛文龙一事，在朝廷上激起轩然大波——毛文龙该不该杀？袁崇焕此举是同室操戈，还是为民除害？众说纷纭。直到今天，学术界仍然见仁见智，争议不休。

三、评说不一

对于袁崇焕计斩毛文龙之事，朝廷和辽东都在争论，当时和后世也在争论，论是论非，难得共识。概括说来，有两种截然不同的看法：

一种看法是：毛文龙该杀；另一种看法是：毛文龙杀错了。

认为毛文龙该杀的，还分为三种意见：

第一种意见认为，毛文龙该杀，杀得好。梁启超《袁督师传》引述程本直的话："辱白简，挂弹章，可数百计也。是左右诸大夫皆曰可杀，国人皆曰可杀也。其不杀也，非不杀也，不能杀也，不敢杀也，是以崇焕一杀之而举国快然！"他认为："夫以举国不能杀、不敢杀之人，而督师毅然去之。"

第二种意见认为，毛文龙可杀，但应先奏后斩，而不应先斩后奏。但先奏后斩在当时是否具有可行性？袁崇焕在《奏报》中说："臣于是悉其狼子野心终不可制。欲擒之还朝，待皇上处分。然一擒则其下必哄然，事将不测，惟有迅雷不及掩耳之法，诛之顷刻，则众无得为。文龙死，诸翼恶者，念便断矣。"可见，其先斩后奏，也是迫不得已之事。

第三种意见认为，毛文龙有十二条罪状，可以借别的碴儿将毛文龙杀掉。查继佐《罪惟录》评论曰："或曰调文龙御险，如矫抗，可杀也！"他说袁崇焕可以派毛文龙到最危险的地方担任防御任务，假如毛文龙不服从军令，你就可以杀掉他。但实际上，假如毛文龙就赖在皮岛，你派他他不去，你怎么杀他啊？你到皮岛你也杀不了他，他还有几万军队呢。所以这个意见也不可行。

认为毛文龙不该杀的，也分为三种意见：

第一种意见认为，毛文龙抗御后金有功，不该杀，杀错了。

第二种意见认为，毛文龙有功有过，其过没有死罪，可严惩而不可杀头。

第三种意见认为，毛文龙即使无功有过，"十二条罪"也不该杀，杀毛文龙是"同室操戈"。

不管怎样，袁崇焕斩杀毛文龙，是越权之举。因为尽管袁督师有尚方剑，但是朝廷并没有授予他杀总兵、杀左都督将军的特权，何况毛文龙也有尚方剑！这使人联想起在七年以前，初到辽东的袁崇焕也是越权，直接奏告首辅叶向高营筑宁远之议，当时得到大学士、帝师孙承宗的支持。现在袁自己是蓟辽督师，这次的越级，只能依靠皇帝的支持才可以过关了。

袁崇焕回到宁远后，立即将斩杀毛文龙一事详细奏报崇祯帝，阐明这么做的理由，最后说："但文龙大帅，非臣所得擅诛。便宜专杀，臣不觉身蹈之。然苟利封疆，臣死不避，实万不得已也。谨据实奏闻，席藁待诛，惟皇上斧钺之，天下是非之。臣临奏不胜战惧惶悚之至。缘系云云，谨题请旨。"

崇祯帝虽对袁崇焕先斩后奏的举动不满，但因重用袁崇焕，要依靠他实现复辽的宏愿，所以旨批："毛文龙悬踞海上，糜饷冒功，朝命频违，节制不受。近复提兵进登，索饷要挟，跋扈叵测。且通夷有迹，犄角无资，掣肘兼碍。卿能周虑猝图，声罪正法。事关封疆安危，阃外原不中制，不必引罪。一切处置

毛文龙墓

事宜，遵照敕谕行，仍听相机行。"这里说到毛文龙的罪状，糜饷冒功是其一，不听朝廷命令、不受节制是其二，索饷要挟是其三，尤其值得注意的是，崇祯帝的批示中说毛文龙"通夷有迹"。后来这件事得到证实，明东江总兵毛文龙暗通后金。

崇祯元年即天聪二年（1628年），毛文龙先后给天聪汗皇太极八封书函：第一封为正月，第二封、三封为二月，第四、五封为四月，尔后有第六、第七、第八封。毛文龙在给天聪汗皇太极的书信中说："汗凡有旨来，我皆领受，无不遵行。""尔取山海关，我取山东，若从两面夹攻，则大事可定矣！"他还表示："尔牵兵前来，我为内应，如此则取之易如反掌。"这些书信不见于明朝的《东江疏报节抄》，而见于后金的《满文老档》。

关于东江后事，这里还要讲一下孔有德和尚可喜。这两个人都曾经是毛文龙的部下，在毛文龙死了四年之后，叛明降清，后来成为清朝的藩王，为清军入关、统一中原立下汗马功劳。有人认为他们叛明降清是袁崇焕杀毛文龙的结果。而实际上，后来叛明降清的洪承畴、吴三桂等，都没有做过毛文龙的部下。孔有德和尚可喜叛明降清的原因很复杂，恐怕不能简单推断是袁崇焕杀毛文龙之后的必然直接结果。

我的看法是：

第一，袁崇焕杀毛文龙是出于"五年复辽"的全局考虑，而不是出于个人之意气。

第二，袁崇焕杀毛文龙并不是要撤掉东江这个基地，而是要将这个基地置于蓟辽督师的统一指挥之下，使其真正发挥基地作用。但是由于三个月后袁崇焕就入狱，还没有来得及整编东江部伍，后来该部降的降、散的散，成为政敌攻讦袁崇焕的口实。

第三，袁崇焕曾经对毛文龙多方争取和劝解，晓之以理，动之以情，苦口婆心，凡五回合，然毛文龙骄横跋扈，无视王法，拒受节制，于是将其斩于帐下，是为无奈之举。毛文龙已经"通夷有迹"，杀之不为"同室操戈"。

第四，袁崇焕先斩后奏，是擅杀毛文龙。虽有其不得已之处，但是留下口实，后来成为自己罹难的一条罪状。

从袁崇焕擅杀毛文龙这件事，也可以换一个角度审视，从中可以看出袁崇焕的性格和处事风格。袁崇焕是条汉子，敢做敢为，当机立断，聪明睿智。

正当袁崇焕斩杀毛文龙，为实现五年复辽的战略目标，重新进行战略布局之时，后金方面也走了一招很高明的棋。皇太极见关宁锦防线坚固，宁远城不可攻，袁崇焕不可胜，于是不再正面强攻锦州、宁远，而是绕过关宁锦防线，取道蒙古，破塞入内，进攻明朝的首都北京。一场北京保卫战即将展开。

第三十一讲
北京危机

明朝的首都北京，先后有两次大的危机：第一次是英宗正统十四年(1449年)，己巳年，蒙古瓦剌部首领也先率军进攻北京，这次明英宗做了蒙古军的俘虏，于谦成为保卫北京的英雄，后来又惨遭杀害。第二次是崇祯二年即天聪三年(1629年)，也是己巳年，后金皇太极率军攻打北京。这一年，朱由检19岁，皇太极38岁，袁崇焕46岁。这次北京危机，关系到明朝的生死存亡。

一、突袭北京

皇太极继承努尔哈赤汗位之后，实行天聪新政，调整内外政策，权力初步巩固，出现新的气象。他东向用兵，同朝鲜结下"兄弟之盟"；西向用兵，同蒙古多部联姻结盟；北向用兵，进军黑龙江流域，取得重大成果；南向用兵，发动宁锦之战，吃了大亏，无功而返。

皇太极南向用兵，正面对着的是袁崇焕防守的关(山海关)宁(宁远)锦(锦州)防线。先是，天命十一年即天启六年(1626年)，皇太极的父汗努尔哈赤败在宁远城下，不久命丧九泉；天聪元年即天启七年(1627年)，皇太极不服输，又亲率大军进攻锦州和宁远，结果也失败了！

此时，皇太极怎么办？在他面前至少有三个方案可以选择：

第一，强攻宁锦防线。即用最大的力量攻破袁崇焕守卫的宁锦防线，但是不行！皇太极说："昔皇考太祖攻宁远，不克；今我攻锦州，又未克。似此野战之兵，尚不能胜，其何以张我国威耶！"(《清太宗实录》卷三)就是说皇太极父子一攻宁远失败,二攻宁锦不克,事情可一、可二,不可三啊,他再攻宁锦失败了怎么交待?

第二,暂时按兵不动。也不行。假如皇太极对明朝不采取攻势,稍微示弱,后果会更加严重。因为后金是一个军事政治国家,靠不断的战争胜利来巩固权力,充实财富,壮大力量,不进攻宁锦防线,没有战绩,怎么巩固新取得的汗位?

清人绘《直隶长城险要关口形势图》之"喜峰口"

第三,绕道突袭北京。就是绕过宁锦防线,取道蒙古,直接叩打长城的薄弱环节,然后直驱北京。这个办法,或胜或不胜。如果得胜,皇太极就威望大震,同时给明朝致命一击;即使不胜,也可以趁机掳掠财富。

皇太极是个聪明人,他既未采取"强攻"策略,也未采取"不攻"策略,而是采取了第三个方案。

努尔哈赤在兵法上有一条重要的经验,叫做"释坚攻脆"。皇太极正是继承了努尔哈赤这样一种战术思想,暂时放弃进攻关宁锦防线,出其不意,突袭明朝看似强固、实则脆弱的首都北京。

皇太极采取绕道蒙古突袭北京的策略,可以说是新招,也是险招。大家想想看,他居然敢从沈阳绕道蒙古来打北京,这在过去从未有过，除了袁崇焕谁都没有想到，当然是新招了；这又是一个险招，一旦失利，人家把后路截了，把老家给你抄了，连回都回不去。皇太极这一招在军事上来说的确是不得了，我看过台湾的《中国古代军事史》，是蒋介石做主编，一些退役的将军来写的，那些将军有丰富的战争经验，他们很赞赏皇太极这一招，说这是非常高明、出乎常人预料的一招。

崇祯二年即天聪三年（1629 年）十月初二日，后金天聪汗皇太极，以蒙古喀喇沁部骑兵为向导，亲率八旗大军，避开袁崇焕防守的关宁锦防线，不打锦州，不打宁远，也不打山海关，而是绕道蒙古地区，突袭明长城蓟镇防区的脆弱隘口——龙井关和大安口，破墙入塞，进攻北京。

这是后金一方。那么，明朝一方怎么办呢？

蓟辽督师袁崇焕对后金此举，已有所料。为此，袁崇焕曾正式向崇祯皇帝上疏，说："臣在宁远，敌必不得越关而西；蓟门单弱，宜宿重兵。"说得很清楚，蓟门比较薄弱，应当设重兵把守。不仅如此，袁崇焕又上了一道奏疏，说："惟蓟门陵京肩背，而兵力不加。万一夷为向导，通奴入犯，祸有不可知者。""夷"指的是蒙古，"奴"指皇太极。因为宁锦防线坚固，皇太极打不破，就会以蒙古为向导，突破长城，来威胁北京。但是，袁崇焕的两次上疏，都没有引起崇祯皇帝的足够重视，不幸的后果被袁崇焕言中了。

这时，袁崇焕怎么办？在他面前至少也有三个方案可以选择：

第一，"围魏救赵"。战国时期，有一个著名的战役叫"桂陵之战"，当时魏国围攻赵国都城邯郸，赵向齐求救。齐王派田忌、孙膑率军去救援。孙膑以魏国精锐在赵，而内部空虚，就引兵进攻魏国都城大梁（今开封），诱使魏将庞涓赶回保卫首都；又在桂陵（今河南长垣西北）设伏，大败魏军，并生擒庞涓。这就是著名的"围魏救赵"的典故。在皇太极打北京的情况下，袁崇焕可以率军直捣后金都城沈阳，迫使皇太极回兵，或设伏截击之，以解京师之危。我称之为"谋略智慧"之策。

第二，观望待机。就是袁崇焕带兵或派兵进关，在京东某地，驻扎观望，探听消息，待机而动，选择谋略——可攻则攻，可守则守，可退则退，见机而动。我称之为"可进可退"之策。

第三，率兵勤王。就是亲自率领军队，日夜兼驰，入关勤王，直奔北京，保卫京师。我称之为"赤胆忠心"之策。

以上三种方案中，袁崇焕依据自己的理念、经验、性格，选择了第三方案：就是亲自率领骑兵，千里入援京师。

二、千里入援

千里入援是个概数，实际上不到 1000 里。我算了一下，北京到山海关 700 里，袁崇焕这时在中后所，中后所离山海关大约 100 里，袁崇焕实际所在的地方到北京大约 800 里。

崇祯二年即天聪三年（1629 年）十月二十六日，八旗军东、西两路，分别进攻长城关隘龙井关、大安口等。时蓟镇"塞垣颓落，军伍废弛"，后金军没有遇到任何强有力的抵抗，顺利突破长城，于三十日，兵临遵化城下。遵化在京师东北方向，距离京师 300 里。十一月初一日，京帅戒严。

虽然按照朝廷分工，袁崇焕主要分管山海关外防务，蓟辽总督刘策分管关内防务。但是，袁崇焕作为蓟辽督师，对整个蓟辽地区的防务都是责无旁贷，况且后金铁骑正是从山海关外而来。

先是，十月二十九日，袁崇焕从宁远往山海关，途经中后所，得报后金军已破大安口。袁崇焕做出以下军事防御部署：

其一，严守山海关。因为山海关总兵赵率教已经调到关内，宁远总兵祖大寿也带精锐随袁崇焕入关，所以袁崇焕命前总兵朱梅、副总兵徐敷奏守山海关，防止后金乘机夺关。

其二，严守京师要道。袁崇焕命参将杨春守永平，游击满库守迁安，都司刘振华守建昌，参将邹宗武守丰润，游击蔡裕守玉田。

其三，**严守京畿地区**。在靠近京师东北方向的蓟州、三河、密云、顺义严密布防，防止后金从东北路入京。袁崇焕命保定总兵曹鸣雷等驻蓟州遏敌，自率大军，以总兵祖大寿作先锋，驻蓟州居中调度策应。命宣府总兵侯世禄守三河，保定总兵刘策守密云。

袁崇焕一面进行总体部署，一面阻截后金军南进，其措施是：

第一，遵化阻截。因为皇太极的军队突破了龙井关和大安口，直接指向遵化，遵化是京东的重镇，袁崇焕想把后金的军队阻截在这里，他急令平辽总兵赵率教率四千兵马，驰救遵化。

赵率教，陕西人，军旅生涯曲折神奇，是袁崇焕最为得力的三大部将之一。他屡立战功也屡犯错误，但是袁崇焕对他信用有加，特别是在宁锦之战的时候，赵率教守卫锦州，取得了辉煌的战果。袁崇焕在宁锦战线布防的时候把祖大寿放在锦州，他自己和何可纲在宁远，派赵率教驻守山海关，组成了关宁锦防线。赵率教曾经任蓟镇总兵，熟悉蓟镇情况。他率部急驰三昼夜，行 350 里，到达遵化以东的三屯营。但三屯营总兵朱国彦不让入城，赵率教只好纵马向西，驰向遵化。十一月初四日，赵率教率援军至遵化城外，与后金贝勒阿济格等所部满洲左翼四旗及蒙古兵相遇，误入埋伏，中箭坠马，力战而亡，全军覆没。他的军旅生涯，从怯阵潜逃，到拼死守城，至血战阵亡，终于成为当时威震辽东的良将。《明史·赵率教传》评价说："率教为将廉勇，待士有恩，勤身奉公，劳而不懈。"赵率教战死，是明军的重大损失，袁崇焕失去了最得力的大将，失去了救援京师的最佳时机。

当日，后金军进攻遵化城。后金先劝降，遭到拒绝。后四面攻城，明巡抚王元雅凭城固守，顽强抵抗。第二天，遵化"内应纵火"，遵化城陷落。巡抚王元雅走入衙署，自缢而死。城中官兵人民，反抗者皆被屠杀。接着，后金军进攻遵化东面的三屯营，副总兵朱来同等潜逃，总兵朱国彦把逃跑将领的姓名在大街上张榜公布，然后偕妻张氏上吊自尽。初七日，后金军破三屯营。明朝丧失了将后金军堵在遵化的机会。

遵化失陷,驰报明廷,人心大震,朝野惊恐。时"畿东州县,风鹤相惊,人无固志"《崇祯长编》卷二八）。皇太极命留兵八百守遵化,亲统后金军接着南下,向北京进发,逼近蓟州。这时,袁崇焕亲自带领九千兵马,急转南进,实施其第二步想法:就是把后金的军队阻截在蓟州。

第二,蓟州阻截。袁崇焕于十一月初五日,督总兵祖大寿、副将何可纲等率领骑兵,亲自疾驰入关,保卫北京。至此,袁崇焕在关外的三员大将——赵率教、祖大寿、何可纲,全部带到关内,可见袁崇焕已经下定决心,不惜任何代价,誓死保卫京师。初十日,袁军驰入蓟州。蓟州是横在遵化与通州之间的屏障,距离北京东郊通州约140里。袁军在蓟州阻截,"力为奋截,必不令越蓟西一步"《崇祯长编》卷二八）。皇太极也是个很聪明的人,他知道袁崇焕在蓟州阻截他。有句俗话,叫做"一朝被蛇咬,十年怕井绳",皇太极曾两次败在袁崇焕手下,这次就没有同袁崇焕军队硬碰,而是从东北方向通过顺义往通州进发。这样袁崇焕在蓟州拦截皇太极军队的计划又落空了。

第三,通州阻截。通州离北京只有40里,袁崇焕紧急率领军队往通州进发,力图把皇太极军队拦截在通州。十二月初一日,袁崇焕的军队到达河西务。河西务在天津和北京之间,大约离北京120里。这时候皇太极军队已接近通州,他揣测到了袁崇焕的军事意图,不打算在通州跟袁崇焕决战,而是取道顺义、三河绕过通州,直奔北京。这样,袁崇焕在通州拦截的军事意图又落空了。

从以上部署可以看出:袁崇焕这时的战略目标是将后金挡在京师以外,并部署军队依托城池来防守抵御。因为袁崇焕与后金征战多年,深知后金骑兵野战的优势,明军唯有依城作战,才能取胜。赵率教的四千骑兵在平原野战,全军覆没,就是明证。

虽然袁崇焕决意要"背捍神京,面拒敌众",堵塞八旗军入京师之路。但是,袁崇焕设计的三个阻截都没有成功,这样战线就推到了北京。

那么,北京的情况怎么样呢?

三、仓促布防

北京城从明正统十四年(1449 年),己巳年,到崇祯二年(1629 年),还是己巳年,中间经过了三个甲子,180 年整,没有经过战争,一片和平景象。这种情况下,后金军队突然攻打北京,朝廷上下一片惊恐,紧急布防。在此主要讲三点,分别看看崇祯皇帝、孙承宗、袁崇焕是怎样布防的。

崇祯帝:乱了方寸。 一个 19 岁的年轻皇帝,没有经过战争,突然遇到皇太极的军队攻打北京,他该怎么部署?我概括为四个字:乱了方寸。

首先,启用年届七旬、已经退休在籍的孙承宗做统帅,负责京畿地区的防务。但是,遭到前任兵部尚书王在晋的反对。前面已经讲过,王同孙因是否兴筑宁远城而有旧怨。京城危机,众臣力荐,崇祯帝还是决定启用孙承宗。孙承宗从老家高阳(今河北高阳)赶到北京,崇祯帝任命他为兵部尚书、中极殿大学士,督理军务,派他前往通州督理兵马钱粮。

北京外城城墙

怎么说崇祯帝乱了方寸呢?他在一日一夜之间,谕令三改:先让孙承宗负责通州地区的防卫,因为皇太极从通州打来;旋即命他总督京城防守并参预帷幄;孙承宗刚巡视完京师防务,崇祯又改了命令,再命他前往通州,视师保卫京师。孙承宗赶紧到了通州,但城门紧闭不许进。堂堂大学士,兵部尚书,负责这一次战争的统帅,居然进不了城。孙承宗只带了27个人,中途少了3个,只有24个人到通州。这时,皇太极的军队已经到了北京的近郊。经过周旋,孙承宗才入了通州城。

其次,崇祯帝谕袁崇焕调度各镇援兵,相机进止。这时共有四个镇的明军前来勤王。除袁崇焕驻蓟州外,昌平总兵尤世威驻密云,大同总兵满桂驻顺义,宣府总兵侯世禄驻三河。

再次,加强北京城防。崇祯帝下令,在京官员、皇亲国戚、功臣宿将,带着自己的家丁到城墙巡逻和守卫。同时,还让太监来守城。这些人哪会打仗啊。有个叫金声的翰林院官员,向崇祯皇帝推荐了一个叫申甫的游僧,也就是和尚,说这个人有本事,会制造战车。崇祯帝很高兴,赏他副总兵官衔,让他制造战车。北京城已经被敌兵包围了,现造战车怎么来得及啊? 更有意思的是,申甫还招了很多乞丐、群氓,组成一支叫花子部队来保卫京城。结果可想而知,同皇太极的八旗军队一触即溃,全军覆没。

孙承宗:彻夜巡城。孙承宗在平台受召见后,深夜出宫,"周阅都城,五鼓而毕。复出阅重城"(《明史·孙承宗传》)。孙承宗年近七旬,接到命令已经是夜里,就登上了北京的内城巡视,到天亮,接着再巡视外城,研究部署京城的防守。孙承宗做了一些部署和布防下面还要讲到。

袁崇焕:三截未成。袁崇焕部署的蓟(州)三(河)密(云)防线,并没有挡住后金铁骑的前进。皇太极率后金骑兵避开袁崇焕所在的蓟州,接连攻破三河、香河、顺义等地,于十一月十五日抵达北京东郊四十里的通州。袁崇焕把后金军挡在遵化的军事意图落空了;把后金军挡在蓟镇并加以拦截的军事意图又落空了;把后金军挡在通州的预想也落空了。在袁崇焕与皇太极的较量中,袁崇焕连失三步棋。京师形势,更加严峻。怎么办?

同一天,袁崇焕在河西务举行军事会议,议商进取。会上,副总兵周文郁提出："大兵宜趋敌，不宜入都。且敌在通州，我屯张家湾，相距十五里，就食河西务，敌易则战，敌坚则乘，此全策也。"（《明史纪事本末·补遗》）就是说，未奉明旨，不宜入京！ 袁崇焕说："周君言是。弟恐逆奴狡诈异常，又如蓟州，显持阴道，不与我战。倘径通都城，则从未遇敌之人心，一旦动摇，其关系又不忍言"。"君父有急，何遑（闲暇）他恤？ 苟得济事，虽死无憾。"（周文郁《边事小纪》卷一）

从军事上看，周文郁的建议并不可取，因为后金军队已经到了通州，勤王军却在观望，等待谕旨，无异于纵虎下山。但是从政治上看，周文郁的建议不无道理。按照明制，入京勤王，必有皇帝谕旨，否则要治重罪。而这时，袁崇焕并没有接到进京的谕旨。

但是，袁崇焕心肠颇热，赤胆忠心，他没有采纳周文郁的建议，根本不考虑个人的安危，他担心后金军不日即可兵临京师城下，所以只有一个心思，就是率军进京，保卫京师，保卫社稷。

河西务会议之后，袁崇焕率领九千关宁铁骑，日夜兼驰，行120里，由间道急奔，抢在皇太极之前，于十九日抵达北京外城广渠门外。其实，袁崇焕统兵入蓟时，明朝官员中就传说他有引导后金兵进京之嫌，故崇祯帝下令袁崇焕不得越蓟州一步，而他竟然毫无察觉。现在他又擅自率部进京。所以，从他抵达京师的那一刻起，袁崇焕实际上已经身陷腹背受敌的局面，只是他还不很清楚，或者根本顾不得关注自己。

同时，明大同总兵满桂、宣府总兵侯世禄率兵，也来到北京城德胜门外扎营。

第二天，即十一月二十日，八旗军兵临北京城下。明朝北京保卫战即将开始。

第三十二讲

保卫京师

袁崇焕率领关宁九千骑兵,于十一月十九日,赶在皇太极之前驰抵京师城下。第二天,保卫京师的战斗就打响了。

一、京门初战

京师保卫战的几仗都是在北京城门前打的,这里首先需要把北京的内城九门、外城七门简单介绍一下。北京内城共有九门,其南城中为正阳门(前门)、东为崇文门、西为宣武门,东城南为朝阳门、北为东直门,西城南为阜成门、北为西直门,北城东为安定门、西为德胜门;外城七门,其南面中为永定门、东为左安门、西为右安门,东面为广渠门(沙窝门)、东便门,西面为广宁门(清朝道光皇帝叫旻宁,为避皇帝的名讳,改广宁门为广安门)、西便门。己巳之役即北京之战,主要在德胜门、广渠门、左安门和永定门四门进行。

北京德胜门箭楼

当时,外镇赶来的勤王重兵,袁崇焕的军队是从东面过来的,屯驻在广渠门外;大同总兵满桂、宣府总兵侯世禄是从西北方向来的,驻扎在德胜门外。八旗

北京东便门外护城河与石桥

兵从北面进抵京师后,皇太极驻幄在城北土城关以东,其两翼兵分别安营在德胜门外至安定门外一带。

那么,战前明朝北京城防是怎样的呢?

第一个举措:京城守备,加强防御。

崇祯帝任命多位官员,协理京营戎政,练兵筹饷,料理守御。北京城作为明朝的都城,按理自然应当防守严密,固若金汤。但北京已有180年没有经历过战争(见上一讲),这导致城防疏薄单弱,达到令人震惊的程度。《崇祯长编》二年(1629年)十一月戊戌(十七日)记载兵科给事中陶崇道检查京城火器防备的报告,称:"昨工部尚书张凤翔亲至城头,与臣等同阅火器。见城楼所积者,有其具而不知其名,有其名而不知其用。询之将领,皆各茫然;问之士卒,百无一识。有其器而不能用,与无器同;无其器以乘城,与无城同。臣等能不为之心寒乎?"(《崇祯长编》卷二八)明军守城,所长在火器,所倚也在火器。而守城的将领、军士,连火器的名称都不知道,火器的发射都不会。

第二个举措:设官募兵,备械筹粮。

于官兵:"各直省在京官员愿自捐资置器带领家人在官军外分堵","勋戚重臣等守皇城,以卫宸居"(《崇祯长编》卷二八)。

于募兵:翰林院庶吉士金声推荐游僧申甫为副总兵,声称能自造战车,招募"城市乞丐"为兵(《崇祯实录》册一),后一败涂地,自己也战死。

　　就是说派在京官员的家人携带器械守内城和外城,派公侯伯子男和外戚等各率领壮丁守卫皇城,甚至于派无赖、和尚凑一帮乞丐群氓应景。这两点在上讲提到过。

　　于武器:武器不够,怎么办? 有人在朝廷会议上提出:凡进京城九门者,每人带一块石头,丢在城门里,方许进城,然后运到城上备用。

　　于粮饷:史书记载称"太仓无宿储,民间无盖藏"(《崇祯长编》卷二八),就是说朝廷的粮库连隔夜的粮食都没有,老百姓那里也颗粒无多。

　　京门初战首先在德胜门外打响,城外明军,主要是大同总兵满桂和宣府总兵侯世禄的勤王部队,另外参加战斗的还有城上的卫戍部队。

　　德胜门之战　十一月二十日,皇太极亲率大贝勒代善和贝勒济尔哈朗、岳讬、杜度、萨哈廉等,统领满洲右翼四旗,以及右翼蒙古兵,向满桂和侯世禄的部队发起猛攻。后金军先发炮轰击。发炮毕,蒙古兵及正红旗护军从西面突击,正黄旗护军从旁冲杀。后金两军冲入,边杀边进,拚搏厮斗,追至城下。城上明军,奋勇弯弓,又发火炮,轰击敌军。不久,侯世禄兵溃,满桂率军独前搏战。城上明兵,发炮配合,但误伤满桂官兵,死伤惨重。满桂身上多处负伤,带败兵一百多人在城外关帝庙中休整。第二天,守军打开德胜门的瓮城,供满桂的残兵休养。就在德胜门之战的同一天,广渠门也发生激战。

　　广渠门之战　当天,蓟辽督师袁崇焕、锦州总兵祖大寿率骑兵在广渠门外,迎击后金军的进犯。皇太极派大贝勒莽古尔泰及贝勒阿巴泰、阿济格、多尔衮、多铎、豪格等,带领满洲八旗左翼兵和恩格德尔、莽古尔泰等率领左翼蒙古骑兵数万人,向广渠门袁崇焕军扑来。袁督师仅有九千骑兵,令祖大寿在南,王承胤在西北,自率兵在西,结成"品"字形阵,兵含枚,马勒口,隘处设伏,严阵待敌。

北京广渠门旧影

后金满洲、蒙古骑兵,分为六队,涌向袁军。后金军的前锋护军,先向南直扑祖大寿阵。祖大寿率兵奋死抵御,后金军前锋受挫。后金军接着又向北直冲王承胤阵,也失利。后金军左、右两次冲锋,都没有达到预期目的,再集中三路骑兵,向西闯袁崇焕军阵。袁崇焕率领将士,英勇抵御,奋力鏖战。后金阿济格贝勒所乘马受创而死,本人身受箭伤,几乎丧生;阿巴泰贝勒中了袁军的伏击,进攻受挫。蒙古额驸恩格德尔等骑兵驱马骤进,也被击败,退却溃走。八旗军失利败退,明军乘胜追击。袁崇焕军游击刘应国、罗景荣,千总窦浚等追击后金军,直到通惠河边。八旗兵溃退,仓皇拥渡。大约有一千左右的骑兵连人带马跌落到护城河里,连冻带淹,死伤惨重。袁军沿着通惠河一带追了30里路,后金军队大败而回。朝鲜史书记载:"贼直到沙窝门(广渠门),袁军门、祖总兵等,自午(11~13时)至酉(17~19时),鏖战十数合,至于中箭,幸而得捷。贼退奔三十余里。贼之不得攻陷京城者,盖因两将力战之功也。"

(《李朝宣祖大王实录》)

这场广渠门血战，袁崇焕军与八旗军，自巳（巳正 10 时）至酉（酉正 18 时），炮鸣矢发，激战 8 小时，转战 10 余里，明军终于克敌获胜。督师袁崇焕在广渠门外，横刀跃马，冲在阵前，左右驰突，中箭很多，"两肋如猬，赖有重甲不透"，就是说身上中的箭像刺猬一样，因身着重甲，而没有被穿透。他在与八旗兵搏斗中，马颈相交，奋不顾身。后金的骑兵挥刀猛冲，"刀及崇焕，材官袁升高格之，获免"。就是说，后金骑兵的战刀砍向袁崇焕时，被部下袁升高用刀挡回，才免于死伤。在督师袁崇焕的指挥下，经过辽军将士的浴血奋战，取得广渠门之捷。

战斗刚刚结束，双方仍处于紧张状态。当夜，袁崇焕不顾伤痛和疲劳，亲往营地，对受伤官兵"一一抚慰，回时东已白矣"！而此时的皇太极正为失败气急败坏，处分了几个主要将领，特别是他的弟弟阿巴泰。皇太极对广渠门之败慨叹道：十余年来，未尝有此劲敌也！

广渠门之战两天后，即十一月二十三日，崇祯帝在平台召见了袁崇焕等将领。就在同一天，兵部尚书王洽下狱，这是否预示着袁崇焕未来的命运呢？

二、平台召对

十一月二十三日，崇祯帝命将兵部尚书王洽下狱。《明史·王洽传》记载：王洽，山东临邑人，万历三十二年（1604 年）进士，"仪表颀伟，危坐堂上，吏民望之若神明"。王洽的廉洁与能干，为一方之最。由知县、巡抚、侍郎，到崇祯元年（1628 年）十二月任兵部尚书。后金军进围京师，兵部尚书王洽进行紧急部署。崇祯帝见敌军兵临城下，心情忧烦。侍郎周延儒等奏言："世宗斩一丁汝夔，将士震悚（sǒng），强敌宵遁（dùn）。"周延儒讲的是嘉靖二十九年（1550 年）的事，当时蒙古俺达军队进逼北京，还没有攻打北京城，嘉靖帝就下令处斩了兵部尚书丁汝夔。周延儒隐喻请崇祯帝仿照嘉靖帝的做法,惩治兵部尚书王洽,以安定军心、民心。崇祯皇帝颔(hàn)首,将王洽下狱,后王洽死于狱中。王洽任兵部尚书才11个月,就遇上皇太极攻打北京,而下狱丧命。这是崇祯帝临危处置朝廷大臣的开始。在京师之役中,崇祯皇帝迁怒于重臣,接连重惩多位重臣,继兵部尚书王洽之后,第二位遭到重惩的就是袁崇焕。第三位是工部尚书张凤翔。不久,又将总理蓟、辽、保定军务的兵部侍郎刘策下狱、弃市。此是后话。

在兵部尚书王洽下狱的当日,崇祯帝于紫禁城平台召见袁崇焕、祖大寿、满桂、黑云龙等,以及新任兵部尚书申用懋。袁崇焕穿青衣戴玄帽进宫。见了皇上,他强调局势危急。崇祯帝对袁崇焕等人深加慰问,并把自己身上的貂裘大衣解下来,给袁崇焕披上,随即向他征询战守策略。袁督师向皇上提出,连日征战,士马疲惫不堪,请求援引满桂所部进入德胜门瓮城的先例,准予所部官兵进到城内,稍事休整,补充给养。崇祯帝毫不犹豫地拒绝了他的请求,不准辽军一官一兵进城,就是兵部尚书、蓟辽督师袁崇焕也不许住到城里(《国榷》卷九十,二年十一月甲辰)。袁崇焕军只得继续在北京城外露宿,同皇太极军进行野战。

这是崇祯帝在平台第二次召对袁崇焕,第一次召对时袁崇焕向崇祯承诺"五年复辽",而这次距离上次刚刚过去一年多,不仅没有复辽,而且后金竟然兵临城下。可以想见,无论崇祯帝还是袁崇焕当时是怎样一种心境!从崇祯帝不允许辽军进入京城来看,崇祯帝始终对袁崇焕存有戒心和怨意。袁崇焕顾不了这些,仍然倾全力于督战歼敌。

严格说来,这次平台召对没有解决任何问题,也没有提出任何具体的退敌措施。而此时皇太极正在积极筹划,准备再战。二十四日,皇太极因在广渠门作战失利,发表"养精蓄锐"的自慰话语后,移军南海子(南苑),在此一面休养一面牧放马匹,伺机再攻。不久,左安门之战爆发。

三、京门再战

左安门之战　皇太极在广渠门之战失败,但他不服气,稍微休整之后就在左安门同袁崇焕军队再次交战。二十七日,双方激战于左安门外。袁崇焕、祖大寿率军竖立木栅,布阵守城;后金军也列兵布阵,逼之而营。因取得广渠门之战的胜利,袁军官兵信心大增,但是也有很多困难。从十一月十九日到北京,已经过去了七八天,粮食、草料更缺,而天气却更加寒冷,战士都很疲劳。皇太极的军队可以掳掠,抢粮食,可以砍树木点火取暖,而袁崇焕的军队则不可以。在饥馁严寒交加的情况下,袁崇焕鼓励他的官兵同后金军搏战。皇太极亲自督率左右翼八个旗的军队同袁军在左安门外展开争斗,袁崇焕一如既往率领官兵英勇奋战,杀退了皇太极的进攻。后金军曾先后在宁远、宁锦、京师三次败于袁崇焕手下,皇太极虽督军奋战,却不敢浪战。看到自己的军队死伤惨重,皇太极不得已收兵回营,但故做镇静,掩败为胜,跟部下说了一番话:

北京左安门旧影

> 上与诸贝勒率轻骑往视进攻之处,云:"路隘且险,若伤我军士,虽胜不足多也。此不过败残之余耳,何足以劳我军!"遂还营。(《清太宗实录》卷五)

这明显是皇太极的自我解嘲,既然袁崇焕军队是残败之卒,为何不乘胜追击,聚而歼之呢?不过是为罢兵找一个比较体面的借口罢了。

二十八日,皇太极牧马于南海子。袁崇焕用向导任守忠策,"以五百火炮手,潜在海子,距贼营里许,四面攻打,贼大乱",随后皇太极移营出南海子。

明军与后金军已经有了三次交锋,左安门之战后,接下来还要打第四仗,即永定门之战。但此前,袁崇焕已经被捕了,为了叙事的完整性,先交代一下这次战役的情况。

北京永定门旧影

永定门之战　崇祯帝任命满桂做总理,统率保卫北京的兵马。明四位总兵——满桂、孙祖寿、黑云龙、麻登云,率领4万军队,在永定门外"四方结栅木,四面列枪炮"(王先谦《东华录》卷五),精心部署,进行防御。皇太极在十二月十七日,率领八旗军进攻永定门。明四员总兵,满桂和孙祖寿战死,黑云龙和麻登云被俘,明军失败。但后金军也死伤惨重,没能攻破城门。

京门这四仗,明军两次失利两次得胜,失利的是满桂等五总兵,其中两个阵亡,两个被俘,一个战败;袁崇焕的军队则两战两胜,击退了皇太极军队的进攻,保卫了首都北京。

袁崇焕率领关宁骑兵接连取得广渠门和左安门两次胜利,这是十年来非常少见的特例——明军与后金军野战争锋而取得胜利。在此之前的宁远大捷和宁锦大捷,明军主要是依托坚城和利用火炮来击退后金的骑兵。而在保卫北京的战斗中,袁崇焕的部队不仅不能进入城中依托城池作战,而且要在寒冬中露宿野外,士马冻馁,人缺饷,马缺料。袁崇焕军纪严明,规定:"不许一兵入民家,即野外树木,亦不得伤损。"有一兵士曾"擅取民家饼,当即枭示"。此外,城中的兵民误认为后金兵是辽军引来的,向城下的辽军扔砖块。袁崇焕就是在这种情况下,忍辱负重,浴血奋战。

皇太极对袁崇焕不能战胜,便施用"反间计",陷害袁崇焕。而崇祯皇帝也认为惩治袁崇焕的时机到了。结果,胜军之将却没有好结果,袁崇焕竟在平台被崇祯皇帝下狱。

平台落狱

在京师面临生死存亡的紧急关头,袁崇焕率领关宁兵马,英勇奋战,接连取得广渠门和左安门两次胜利,迫使后金军往城南撤去,终于缓解了京师的燃眉之急。

但是,军事胜利不但没有为袁崇焕赢得任何奖赏,相反却把众多仇神召唤到了他的周围,概括起来说,他引起了六恨:一,天聪汗皇太极恨他;二,打了败仗的同僚恨他;三,经济利益受到损害的达官贵人恨他;四,阉党余孽恨他;五,京城不明真相的百姓恨他;六,特别是破灭了中兴之梦的崇祯皇帝更恨他。这六恨的综合作用,使悲剧性的命运将要降临在袁崇焕的身上!

一、反间毒计

皇太极和袁崇焕有解不开的仇恨:宁远之战,皇太极父子吃了败仗,努尔哈赤抑郁而终;宁锦之战,皇太极又打败了;广渠门和左安门之战,皇太极再次失利。

军事上打不赢,皇太极就在政治上设法来除掉袁崇焕,他想出了一条反间毒计。大家知道,皇太极熟悉《三国演义》的故事,他的反间计就是仿照《三国演义》中蒋干盗书来设计的。

皇太极在左安门兵败的第二天,就设下一个政治圈套。

先是,后金大军屯南海子时,俘虏了明朝提督大坝马房太监杨春、王成德。据《崇祯长编》记载:大清兵驻南海子,提督大坝马房太监杨春、王成德,为大清兵所获,口称"我是万岁爷养马的官儿"。

后来把杨春等人带至德胜门外,指派副将高鸿中、参将鲍承先、宁完我、巴克什达海等监守。

高鸿中、鲍承先按照皇太极的旨意,夜里回营,坐在两个太监卧室的隔壁,故作耳语,秘密谈话。他们在谈话中明示袁崇焕已与皇太极有密约,攻取北京,很快便可成功。太监杨春等假装躺卧窃听。二十九日,高鸿中、鲍承先又故意纵释了杨太监。杨太监回到紫禁城,将窃听到高鸿中、鲍承先的密谈,奏报了崇祯皇帝。

此事在《清史稿·鲍承先传》中有记载:

> 翌日,上诫诸军勿进攻,召承先及副将高鸿中授以秘计,使近阵获明内监系所并坐,故相耳语云:"今日撤兵,乃上计也。顷见上单骑向敌,有二人自敌中来,见上,语良久乃去。意袁经略有密约,此事可立就矣。"内监杨某佯卧窃听。越日,纵之归,以告明帝,遂杀崇焕。

由上可见,反间计是导致袁崇焕悲剧命运的直接原因。但学术界对此有不同的看法,有的学者认为,根本就不存在反间计。

我个人认为,反间计是有的。早在"己巳之变"前,汉人降金副将高鸿中就向皇太极奏言:"他既无讲和意,我无别策,直抵京城,相其情形,或攻或困,再作方略。"所谓方略,疏未言明。康熙朝大学士李霨写的《内秘书院大学士范文肃公墓志铭》,里面有这样的记述:时为章京的范文程,从跰入蓟州、克遵化后,见督师袁崇焕重兵在前,即"进密谋,纵反间"(《清碑传集》),就是说这个计谋是范文程进献给皇太极的。《满文老档》、《清太宗实录》、《清史稿·鲍承先传》等史料,则都说是皇太极授的秘计。总之,虽然反间计的提出者存在不同的说法,但后金确实为除掉袁崇焕设计了这个阴谋。

崇祯帝既惑于阉党的蜚语,又误中后金的反间,遂决定在平台召见袁崇焕"议饷"。

二、平台入狱

十二月初一日，崇祯帝做了一系列布置，特别是任命司礼监太监沈良佐、内官监太监吕直，提督九门及皇城门；司礼监太监李凤翔总督忠勇营、提督京营。把京城及皇城的警卫通过太监，置于自己的直接控制之下。

经过一番布置后，崇祯帝在紫禁城平台召见督师袁崇焕、总兵满桂、黑云龙、祖大寿等"议饷"。

这时，袁崇焕正在指挥副总兵张弘谟等率部追踪敌军。听到来使传旨说皇上要召见他议饷，袁崇焕非常高兴，以为粮饷问题可以解决了。他不假思索，"縋（zhuì）城而入"。大明皇朝堂堂的兵部尚书、蓟辽督师袁崇焕，到紫禁城内商议军机大事，却不得从城门进入，而是坐在筐子里，从城下吊到城上，进入城内，再到宫城，接受崇祯帝的平台召见。

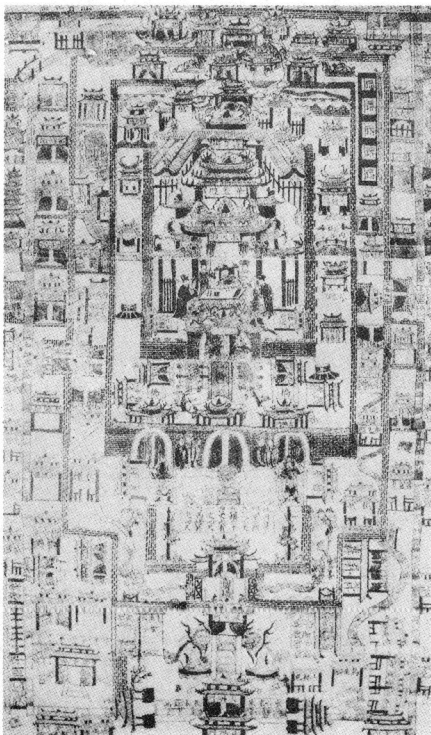

明人绘《北京宫殿图》

袁崇焕到了宫城平台，觐见崇祯皇帝。崇祯帝一脸阴沉，非常严肃，没等袁崇焕说话，更没有议军饷，而是直截了当地责问袁崇焕杀毛文龙、致使敌兵犯阙、射满桂等三件事。袁崇焕对于这突如其来的责问，竟一时语塞，无言以对。崇祯帝以为他默认了，便命满桂脱去衣服验示身上的伤痕，指责袁崇焕是蓄谋而为。其实，满桂是在城西北德胜门外负伤,而袁崇焕战斗在城东南的广渠门外,根本不可能伤着满桂。这显然是不实之词,但已容不得袁崇焕分辩了。袁崇焕当即被逮捕,下锦衣卫大狱。《明季北略》这样记述:

> 上问杀毛文龙、致敌兵犯阙及射满桂三事,崇焕不能对。上命桂解衣验示,著锦衣卫挐掷殿下。校尉十人,褫其朝服,杻押西长安门外锦衣卫大堂,发南镇抚司监候。

在平台下令逮捕袁崇焕时,东阁大学士兼礼部尚书成基命,已经70岁了,"独叩头,请慎重者再"(《明史·成基命传》),请求皇帝慎重从事。但崇祯帝不信士流,而信内臣,拒不理会。成基命又叩头说:"敌在城下,非他时比。"(《明史·成基命传》)崇祯帝仍执迷不悟,一意孤行。

崇祯帝把袁崇焕下狱,命总兵满桂总理关、宁兵马,并命总兵祖大寿、黑云龙会同马世龙等抗敌立功。

袁崇焕平台落狱,其部将锦州总兵祖大寿目睹了全过程,不禁大吃一惊,以至战栗失措。现在督师竟遭这种下场,他在惊愕之外,也不禁为自己和数千辽军担忧起来。

三、大寿出走

祖大寿回到部队后,向三军宣读袁崇焕被捕下狱的御旨。辽军将士一片惊惶,彻夜痛哭。

袁崇焕入狱后,他带来保卫北京的辽军受到歧视。城上的明军用石头打,甚至用箭射广渠门外的辽军,致使不少人死伤。袁军夜里巡逻的兵士被抓起来杀了,说他们是引敌入城的奸细,极尽诬蔑之词。还有一个负责巡查的兵士被抓,要他拿60两银子来赎命。

崇祯皇帝任命满桂来统率从各地前来守卫北京的部队。满桂跟祖大寿过去在辽东时曾经有矛盾。他的军队因为没有粮食就在京郊地区抢掠，却谎称是袁崇焕的军队，使得京师百姓多误认为是袁崇焕军来抢他们的粮食。在这种情况下，祖大寿决定率部出走。十二月初四日清晨，祖大寿带着余部一万五千人离开京师，向山海关进发。

其实，就在袁崇焕下狱的第二天，即十二月初二日，当时也在平台受召的兵部职方司官员余大成就提醒兵部尚书梁廷栋："敌势甚炽，辽兵无主，不败即溃耳。今日之策，莫若出崇焕以系军心，责之驱逐出境自赎。既可以夺深入者之魄，又可以存辽左之兵。"下面就是梁余二人的对话：

梁：辽兵有祖大寿在，岂遂溃哉！

余：乌有巢倾鸟覆，而雏能独存者乎？焕始就狱，寿初意其必释，今日则庶几有申救而出之者。至三日，则知上意真不可回，而廷议果欲杀焕矣。寿与焕，功罪惟均者也，焕执而寿能已耶？不反何待？（《剖肝录》）

果然，事情被余大成说中了。

祖大寿出走的消息引起了很大的震动。兵部尚书梁廷栋立即奏报崇祯帝，并说："臣司官余大成能先见，乞诏问之。"余大成受召，对崇祯帝说："寿非敢背反朝廷也。特因崇焕而惧罪耳，欲召寿还，非得崇焕手书不可。"崇祯帝没有别的办法，只好命余大成请袁崇焕写亲笔信，召祖大寿回来。但是，袁崇焕说："寿所以听焕者，督师也，今罪人耳，岂尚能得之于寿哉！""未奉明诏，不敢以缧臣与国事。"就是说自己现在既不是兵部尚书，也不是蓟辽督师，而是个罪人，没有权力下这个命令。余大成就劝他说："公孤忠请坦，只手擎

白石"皇帝密旨"

辽,生死惟命,捐之久矣! 天下之人,莫不服公之义,而谅公之心。苟利于国,不惜发肤,且死于敌,与死于法,孰得耶? 明旨虽未及公,业以示意,公其图焉!"劝他以江山社稷为重,写信请祖大寿回来。在反复劝说下,袁崇焕考虑还是要以国家、江山社稷为重,就亲笔写了一封信,劝祖大寿顾全大局,让他回来继续同皇太极的军队作战,言辞极其诚恳。

十二月十四日,兵部派人把这封信从狱中取出,孙承宗命由马世龙把信立即送给祖大寿。马世龙原来也是袁崇焕手下的一个总兵,和祖大寿有私交。马世龙带了少量人马赶往山海关,但此时祖大寿已回锦州。马世龙等又追到山海关外,出示袁崇焕手书。祖大寿下马捧信而泣,全体将士跟着都哭了。祖大寿是个孝子,对母亲的话言听计从。他80岁的老母果断地对他说:"所以致此,为失督师耳。今未死,尔何不立功为赎,后从主上乞督师命耶?"劝大寿应该回去把后金军队打退,立功为督师赎罪,就可以救出督师。随后,祖大寿率领军队入关。后来,后金军队占领了关内四城,就是永平、遵化、滦州、迁安。孙承宗和祖大寿、马世龙等,率军队收复四城。可以看出,在关键时刻,袁崇焕的部将祖大寿还是以江山社稷为重,继续同皇太极的军队作战,保卫京师。

皇太极得知明崇祯帝将袁崇焕下狱,便亲统大军回师城西南的芦沟桥。十二月十七日发动永定门之战,这次战役的情况在上讲已说过,此不赘述。下面讲一下北京之战的重大影响。

四、重大影响

第一,庙社震惊,根本动摇。后金不仅占领辽东,而且进入辽西;不仅肆行关外,而且攻打京师。北京因受到塞北少数民族武装攻打而进行的保卫战,共有两次:一次在正统十四年(1449 年),蒙古瓦剌部也先率军攻打北京;另一次在崇祯二年(1629 年),女真一

紫禁城城墙

满洲皇太极率军进攻北京。两次之间,三个甲子,整 180 年。这场战争,标志着崇祯帝中兴之梦彻底破灭。明朝京畿地区的防御体系,辽东镇、蓟镇、宣府镇、大同镇遭到重创或破坏,失去(阵亡或被俘)总兵赵率教、满桂、孙祖寿、麻登云、黑云龙、朱国彦六员,兵部尚书王洽、工部尚书张凤翔、蓟辽督师袁崇焕、遵化巡抚王元雅、总理蓟辽保军务刘策等或死或下狱。明朝的江山社稷受到巨大震动,国本受到动摇,元气大伤。

第二,阉党余孽,掌控阁部。后金军撤退之后,明廷没有认真地总结经验教训,而是借机倾轧,进行党争,自我残杀,自毁长城。崇祯帝没有从全局分析北京己巳之役的历史经验和教训,而是以杀袁崇焕出气、泄愤。袁崇焕成了崇祯帝的一只替罪羔羊。阉党余孽借机翻逆案,打击东林党。东林党内阁大学士韩爌、钱龙锡、成基命、李标等去职,而代之以周延儒、温体仁等佞臣入主内阁。六部七卿也相应变更。这标志着崇祯新政结束。国家兴旺,用忠臣、能臣;国家衰亡,用庸臣、佞臣。崇祯皇帝在关键时刻,杀忠臣,用佞臣。这表明大明皇朝气数将尽。

第三,京师城防,守备虚懈。在此战之前,北京人过了 180 年的和平生活,战争突然降临,没有任何实际准备。守城官兵既不知道火器的名称,也不知道火器的使用。北京城险些丧于皇太极之手。但是,明朝没有接受这个教训,没有居安思危,常备不懈。所以,14年后被李自成农民军攻陷北京城,明朝灭亡。

第四,财富被掠,生民涂炭。京畿、京东地区遭到掳掠。占领永平的后金贝勒阿敏撤退时,进行屠城。总之,战争殃及地区,生民涂炭,百业凋零。这些都加剧了社会矛盾,加速明朝灭亡。

袁崇焕下狱后,朝廷上下,京城内外,围绕袁崇焕案发生了不少政治斗争。特别是阉党余孽进行翻案,企图掌控内阁和六部。

第三十四讲
阉孽翻案

袁崇焕从崇祯二年(1629年)十二月初一日平台落狱,到次年八月十六日惨遭磔刑,在这八个半月的时间里,明朝的形势在发生着变化。其外,明军结束了北京保卫战,又收复了关内被后金军占领的永平、迁安、滦州、遵化四城。其内,朝廷上下,激烈纷争。正义之士、奸佞之臣、无耻小人、阉党余孽,围绕袁崇焕案,都在表现。

一、阉党余孽谋翻逆案

围绕袁崇焕的斗争,远远超过案件的本身。袁崇焕的案子被置入阉党余孽翻案的阴谋之中。蓟辽督师袁崇焕虽不是东林党人,但已经成为他们所倚重的长城。这种关系,阉党余孽也是心知肚明。因此,阉党余孽、朝廷奸臣借袁崇焕案诬劾钱龙锡,制造钱龙锡案;又以钱龙锡案来铁定袁崇焕案,并借此打击东林内阁,翻案夺权,重掌朝纲。

话还要从崇祯帝打击阉党说起。自崇祯帝严惩魏忠贤阉党后,"忠贤虽败,其党犹盛",阉党余孽,遍布京城。遭到惩罚的阉党分子及其余孽们,对正直的朝臣,既恨之入骨,又日图报复。京师被难,崇焕下狱,正好给他们一个"欲以疆场之事翻逆案"的机会,打击东林党人,以图东山再起。为此,他们以袁崇焕案诬劾钱龙锡,制造钱龙锡案。

为什么阉党余孽要制造钱龙锡案呢?因为钱龙锡是首辅大学士,东林党魁,曾经协助崇祯帝处理魏忠贤阉党案,也给予袁崇焕

锦衣卫朝参官牙牌(拓片正面)   锦衣卫朝参官牙牌(拓片背面)

很大的支持。袁崇焕落狱之后,钱龙锡自然成为阉党余孽攻讦东林党的首要目标。《东林始末》记载:"初定魏(忠贤)、崔(呈秀)逆案,辅臣钱龙锡主之。"阉党余孽借袁崇焕以打击钱龙锡,并由此打开缺口,网罗东林诸臣,以便借此翻案。

阉党余孽同东林党人斗争的焦点是争夺内阁。崇祯元年(1628年)内阁成员主要有:周道登、李标、韩爌、钱龙锡。袁崇焕入狱时的内阁大学士,除韩爌晋太傅外,仅李标、钱龙锡、成基命和孙承宗四人,均为东林党人。六部尚书也多为东林党人或倾向东林党人。当时阉党余孽官职低、实力弱,声名狼藉、不得人心。

但是,阉党余孽紧紧地抓住崇祯帝,依靠崇祯帝,来打击东林党人。阉党的主要代表人物是温体仁和周延儒。夏允彝《幸存录》说:"当袁崇焕之狱起,攻东林之党,欲陷钱龙锡以编织时贤,周(延儒)、温(体仁)实主之。"

那么,打击钱龙锡的理由是什么呢?阉党余孽给"钱龙锡案"罗织的罪名主要有三:

其一,钱龙锡是袁崇焕通敌和祖大寿出走的挑唆者。袁崇焕下狱后的第五天,御史高捷即疏劾:钱龙锡与袁崇焕相倚,钱龙锡是袁崇焕"诡计阴谋发纵指示"者,是祖大寿敢于率兵出走"挑激之妙手"。钱龙锡一疏再疏,自行申辩:"崇焕初在城外,阁中传奉圣谕、往来书札,多从城头上下,崇焕既拿之后,孰敢私通?祖大寿两重严城,谁能飞越,施挑激之妙手?"由此可见,高捷这些话纯属不实之词,诬陷之言。不过,这种流言蜚语在那个特殊时期却具有相当的杀伤力,钱龙锡被迫引疾辞职。但阉党余孽并不会就此罢手,而要致钱龙锡于死地。

其二,钱龙锡应为袁崇焕斩帅、谋款(即与后金讲和)负责。锦衣卫掌印官刘侨以斩帅、主款二事审问袁崇焕。"据崇焕所供:'斩帅一事,则龙锡与王洽频以书问之崇焕,而崇焕专断杀之者也。主款一事,则崇焕频以书简商之洽与龙锡,而洽与龙锡未尝许之也'。即袁崇焕把"斩帅"、"讲款"二事的责任全由自己承担,不牵涉大学士钱龙锡和兵部尚书王洽。看来,这一罪状证据也不足。

其三,接受袁崇焕的贿赂。崇祯三年(1630年)八月初六日,山东道御史史蒉上疏,造谣说钱龙锡曾接受袁崇焕数万两银子的贿赂。这条罪状可是要致人于死地!当年熊廷弼传首九边,其中一条就是熊廷弼贿赂别人,后来事实证明这纯属诬告。崇祯帝闻之大怒,令有关衙门五日内查明。

崇祯三年(1630年)八月十六日,崇祯在平台召对群臣,宣布处死袁崇焕,同时谴责钱龙锡私结边臣,蒙隐不举,令廷臣议罪。

九月初三日,事下中府九卿科道会议,与会者有吏部尚书王永光、户部尚书毕自严、礼部尚书李腾芳、兵部尚书梁廷栋、刑部尚书胡应台、工部尚书曹珖及都察院等60余人。议定结果上疏崇祯帝:"斩帅虽龙锡启其端,而两次书词有处得妥当、处得停当之言,意不

"内使"牙牌（拓片）

专在诛戮可知,则杀之自属崇焕过举。至讲款,倡自崇焕,龙锡虽不敢担承,而始则答以在汝边臣酌量为之,继则答以皇上神武,不宜讲款。总之,两事皆自为商量,自为行止。龙锡以辅弼大臣,事关疆场(yì)安危,而不能抗疏发奸,何所逃罪。但人在八议,宽严当断之宸衷。"奏疏既肯定钱龙锡的责任,又对其进行开脱。

崇祯帝命人把钱龙锡从松江府华亭县家中逮捕,押到京师,下锦衣卫狱。有关衙门议定:钱龙锡在西市斩立决,连刑场都准备好了。就在千钧一发之际,崇祯帝好像有所醒悟,突然降旨:钱龙锡"无逆谋,令长系"。"无逆谋"就是说钱龙锡叛逆没有证据,"令长系"即下令把他长期监禁起来。这样,钱龙锡才免于一死。但事情并没有结束,崇祯四年(1631年)五月,钱龙锡被遣戍浙江定海卫。

袁崇焕案牵出钱龙锡案,使东林党受到阉党余孽毁灭性的打击。崇祯二年(1629年)十一月,孙承宗出镇山海关;十二月,首辅大学士钱龙锡罢职;三年(1630年)正月,首辅大学士韩爌致仕;三月,大学士李标致仕;九月,首辅大学士成基命辞职。而在这个过程中,阉党余孽周延儒、温体仁等先后入阁,开始形成以周延儒、温体仁为首的反东林内阁。这标志着东林内阁垮台,奸党余孽重新掌控内阁和六部。从此,崇祯新政结束,中兴之梦破灭。

透过钱龙锡案可以看出,袁崇焕和钱龙锡都是党争的牺牲品。而在这场你死我活的党争中,崇祯帝站在了阉党余孽的立场上。阉党余孽如果没有崇祯帝的支持,是成不了气候的。

在此期间,有一个人崭露头角,并成为小人的领军人物,这人就是温体仁。

二、奸佞小人落井下石

我们都会有这样的经验:一个人在困难的时候,朋友慷慨相助,小人则落井下石。袁崇焕原来是兵部尚书兼蓟辽督师,很多人攀援他,待袁崇焕失势被逮下狱了,甚至被寸磔而死时,那些奸佞小人是什么态度呢? 四个字:落井下石。温体仁就是这样一个人。

温体仁,字长卿,浙江乌程(今湖州)人。万历二十六年(1598年)进士。改庶吉士,授编修,官至礼部侍郎。崇祯三年(1630年)六月,为东阁大学士。为人外曲内猛,机深刺骨。崇祯帝杀袁崇焕,事牵钱龙锡,论死。温体仁与周延儒、王永光主持此事,将兴大狱。

温体仁与毛文龙同乡,因文龙之死深衔袁崇焕;又曾贿赂崔呈秀,诗颂魏忠贤,被御史毛九华弹劾。当时崇祯帝厌恶党争,"体仁揣帝意",标榜自己为"孤臣",这使他更加得宠。温体仁既受到崇祯帝的信任,又得到阉党余孽的支持,因此,"魏忠贤遗党日望体仁翻逆案,攻东林"。他权欲熏心,亟谋入相,所忌惟大学士韩爌与钱龙锡二人。尔后,温体仁便藉袁崇焕事,挤去韩爌和钱龙锡而居其位。

在袁崇焕案中,温体仁主要做了三件事:

第一,五次上疏,加以陷害。机深刺骨的温体仁,诬奏袁崇焕,"敌逼潞河,即密参崇焕"。潞河,即今北京通州。温体仁在给其幼弟的书信中就说:"崇焕之擒,吾密疏,实启其端。""体仁五疏,请杀崇焕。"(《鸥陂渔话》)

第二,安排假证,进行诬陷。下面举两个例子。

（1）山西人张思栋暗执火片进仓，要烧仓库，说是袁崇焕家人周彪指使干的。此时，袁崇焕正在广渠门外指挥作战，哪会顾得上这些事情，纯属诬陷。

（2）以节钺（即符节和斧钺，古代授予将帅，作为加重权力的标志）为诱饵，让辽将谢尚政揭发袁崇焕。谢尚政是袁崇焕的同乡，曾受到袁崇焕的关照、提拔和信用，但他见利忘义，为小人。

第三，对申辩者，进行打击。凡是为袁崇焕申辩的人，都遭到严惩。御史罗万爵为袁崇焕申辩，被削官。布衣程更生被下狱论死。御史毛羽健曾和袁崇焕讨论过五年方略，被罢官充军。

温体仁凭借阿谀逢迎崇祯帝，陷害忠良，不断钻营，由侍郎到尚书，入内阁。前面讲到的周延儒也是如此。

但是，历史是公正的。屈原《天问》里有一句话："何所不死，长人何守？"就是说君子不得其死，小人也同归于尽，不得好报。周延儒后来自尽，死得很惨。温体仁的下场也不好。两人都被列入《明史·奸臣传》，被钉在历史的耻辱柱上，受到千秋万代的唾骂。

阉党余孽图谋翻案，奸佞小人落井下石，正义之士在做什么呢？

三、正义之士奔走鸣冤

袁崇焕入狱后，一些正直的人士为他奔走鸣冤。下面讲四个真实的故事。

第一个故事：钱家修为袁崇焕鸣冤。

钱家修是兵科给事中（言官），上《白冤疏》说：袁崇焕"义气贯天，忠心捧日"，并说袁督师有六大冤屈：

崇焕以八闽小吏，报效而东，履历风霜，备尝险阻，上无父母、下乏妻孥，夜静胡笳，征人泪落，焕独何心而堪此哉！今奇

（原抱奇）等谓焕果有异心，则何不起于当年而在今日也？此焕之冤一。

锦州之捷，初袭锦衣，次荫中书，朝廷报功常典也，崇焕三辞始受，今奇等谓焕子弟冒滥黄盖五十余人，臣不知所滥何官、所冒何职？此焕之冤二。

都督毛文龙镇守朝鲜，耗兵亏饷，兼之私通出塞，阳修阴诱，罪本不赦。今奇等谓其忌功故杀，致外敌乘机内入。然当日毛文龙反迹，副都御史朱童蒙已力言之。假令不杀文龙，以伺消息相通，奸生日久，天下事尚忍言哉？此焕之冤三。

江西道御史曹永祚捉获奸细刘文瑞等七人，面语口称焕附书与伊通敌，原抱奇、姚宗文即宣于朝，谓："焕构通虏为祸，志在不小。"次日，皇上命诸大臣会鞫明白。臣待罪本科，得随班末，不谓就日辰刻，文瑞［等］七人走矣。嗟嗟！锦衣何地，奸细何人，竟袖手而七人竟走耶？抑七人具有翼而能上飞耶？此焕之冤四。

身居大将，未尝为子弟求乞一官。臣查袁崇焕自握兵以来，第宅萧然，衣食如故，犹更加意寒生，恩施井邑，恤贫扶弱，所在有声。今奇等谓动造圣旨，白昼杀人，非独所在骇闻，长安士庶无不愿以百口相保者也。此焕之冤五。

臣思曹谷为御史时尝对臣言，焕得大将风，士卒同甘苦。皇上前日逮焕下狱时，祖大寿统兵二十余万奋激欲叛，何之璧率家四十余口诣阙代监。今奇等谓减耗军粮、擅挞兵将，臣不知何以得此人心也。此焕之冤六。（钱家修《白冤疏》）

下面简单说一下其中的第四件冤屈：阉党余孽施刑威逼一个木匠，让他诬告袁崇焕为奸细。袁崇焕下狱之后，其中一条罪状说刘文瑞拿了袁崇焕的亲笔信，让他送给皇太极。刘文瑞是个木匠，大家想想看，袁崇焕是堂堂兵部尚书、蓟辽督师，即使有这样绝密的大事，也要找其非常亲信的人，怎么会找个木匠来通信呢？这显然是诬蔑。此事上报崇祯帝,崇祯帝要求调查。就把刘文瑞等七人关在锦衣卫的监狱等候审查。

第二天开庭审问刘文瑞等人。钱家修是言官,也随班参加审问这个案子。将要开庭审讯的时候,刘文瑞等七人突然逃跑了。钱家修就上疏崇祯帝说,锦衣卫是何等地方? 刘文瑞等人都是带着枷锁的囚犯啊,怎么会逃走呢? 难道他们是长了翅膀从天上飞走的吗? 可见,这些人明显是在做伪证。为了诬陷袁崇焕,阉党余孽不惜利用一切卑鄙手段。姚宗文早在天启时就依附阉党,与原抱奇表里为奸,为打击袁崇焕而设置政治陷阱。

第二个故事:程本直为袁崇焕而死。

程本直,史料记载他的身份为布衣。他自称跟从袁崇焕在队伍里,亲身参加了保卫京师的战斗。有人推断他是袁崇焕的幕僚或侍从。后来,崇祯帝下令将他处死。还有一说,他是在袁督师蒙难后自杀的。《东莞县志》记载张次溪写过《程本直墓记》:今京师袁督师墓右有一茔,无碑碣,相传为从督师死者,姓名不传,此当为程本直墓。程本直曾经目睹袁崇焕的英勇行为,所以他写的为袁崇焕鸣冤的文字《漩声记》声泪俱下,十分感人。文曰:

> 犹忆其自言曰:"予何人哉? 十年以来父母不得以为子,妻孥不得以为夫,手足不得以为兄弟,交游不得以为朋友。"……掀翻两直隶,踏遍一十三省,求其浑身担荷,彻里承当如袁公者,正恐不可再得也。此所以惟袁公值得程本直一死也。虽然死则死也,窃有愿也。愿余弃市之后,复有一程本直者,出而收予尸首,并袁公遗骨合而葬之。题其上曰:一对痴心人,两条泼胆汉!

这就是袁崇焕的真正朋友,在最困难的时候肝胆相照,以死相随。

第三个故事:余大成为袁崇焕鸣冤。

《东莞县志·余大成传》记载:余大成,字集生,号石衲,江宁人。万历三十五年（1607 年）进士，官兵部职方司主事。崇祯帝曾亲书"清执"二字赐给他。崇祯八年（1635 年）被贬谪广东电白，迂道至东莞，吊祭督师，慷慨呜咽，见者声泪俱下。他既是袁崇焕的继任者，又是袁崇焕的崇拜者。

余大成曾气愤地说道："奈何使功高劳苦之臣，蒙不白之冤乎？"于是往见兵部尚书梁廷栋。余大成和梁廷栋有下面的对话：

余："兵临城下，而自坏万里长城，岂计乎？"

梁："此上意也。"

余："焕非但无罪，实有大功。今日围城中，舍此，谁堪御敌者？朝廷置兵部官何用？使功罪倒衡，若此，公宜率合部争之。"

梁："人皆言焕畜逆。"

余："兵由蓟入，焕自辽来，闻报入援，誓死力战，不知所逆何事？所畜何谋也？"

梁："焕杀文龙与王遵抚（遵化巡抚王元雅），非逆耶？"

余："焕斩文龙是已；王遵抚死于敌者，而谓焕杀之，何以掩天下人之口乎？"

梁廷栋不悦。后来，余大成被贬官充军。

紫禁城鸟瞰

  第四个故事：何之璧愿为袁崇焕代坐监狱。何之璧带着全家老少 40 多口人到庭阙叩头，请求代袁督师坐牢。

  由于有这样的大义之士，冒死疏谏；再加上祖大寿在孙承宗的统率下，带领辽军陆续收复了关内的失地；而满桂等辽军以外的勤王军则一再战败，永定门之战身死。崇祯帝逐渐冷静下来，于是又打算任用袁崇焕主辽事。崇祯帝在钱家修的《白冤疏》上旨批："览卿奏，具见忠爱，袁崇焕鞫问明白，即著前去边塞立功，另议擢用。"但崇祯帝后来反复，决定杀袁崇焕。

  袁崇焕的磔死，东林内阁的垮台，说明邪恶战胜正义，乌云遮住晴空，表明"崇祯新政"的结束。《明史·袁崇焕传》说："自崇焕死，边事益无人，明亡征决矣！"在这里，不能理解为因为袁崇焕死而导致明朝灭亡。这句话的意思很明确，袁崇焕死了之后，"边事益无人"，边事更加没有人；同样，自东林内阁垮台，朝廷也更加没有人。所以，明朝的灭亡，就是不可避免的了。那么，崇祯帝为什么要杀袁崇焕？袁崇焕死的真正原因又是什么？

第三十五讲

崇焕死因

　　袁崇焕被判死刑,究竟犯了何罪? 他为什么由论死、到必死、再到磔死? 袁崇焕含冤而死,已经 300 多年。关于他的死因,众说纷纭。明末清初的文人,多从袁崇焕个人责任去找答案;民国以来的学者,多从崇祯帝、明奸臣和天聪汗的个人恩怨去找答案。这一讲我重点剖析袁崇焕悲剧的原因,先从钦定罪状说起。

一、钦定罪状

　　崇祯三年(1630 年)八月十六日未刻(13～15 时),崇祯帝御平台,召辅臣并五府、六部、都察院、通政使司、大理寺、翰林院记注官,吏科等科、河南等道掌印官及总协、锦衣卫堂上等官俱入,宣谕:"以袁崇焕付托不效,专恃欺隐,以市米则资盗,以谋款则斩帅,纵敌长驱,顿兵不战,援兵四集,尽行遣散,及兵薄城下,又潜携喇嘛,坚请入城,种种罪恶,命刑部会官磔示,依律家属十六以上处斩,十五以下给功臣家为奴,今止流其妻妾子女及同产兄弟于二千里外,余俱释不

袁崇焕石刻像(拓片)

问。"(《崇祯长编》卷三七)

崇祯皇帝为袁崇焕定下的罪名,共有九条。这九条罪状,把袁崇焕送上了刑场。对这九条罪状,袁崇焕本人怎么看,有没有进行申诉,到现在还没有发现史料详细记载。那么,让我们对这九条罪状逐一分析。

1. 所谓"付托不效"。是指崇祯皇帝命袁崇焕为蓟辽督师,指望他五年复辽;而他辜负了皇帝的嘱托,致使后金军队长驱直入,攻打京师,给明朝带来极大的震动和损失。

面对后金铁骑长驱直入,作为兵部尚书、蓟辽督师,袁崇焕应当承担自己的责任。先是,嘉靖二十九年(1550年),蒙古俺达兵薄北京,还没有攻打北京城,嘉靖皇帝就下令将兵部尚书丁汝夔杀了。此次皇太极攻打北京城,崇祯皇帝迁怒于重臣,接连重惩多位重臣,先命将兵部尚书王洽下狱,第二天又谕令将工部尚书张凤翔下狱,把负责城防工事的官员廷杖八十,有三人毙于杖下。不久,又将总理蓟、辽、保定军务兵部侍郎刘策下狱、弃市。袁崇焕受明帝付托,诚心竭力,任事封疆,于朱明社稷,可谓"义气贯天,忠心捧日"。他提醒过要重视蓟镇的防守,而且他的防区主要在关外而不在蓟镇。但是,袁督师"付托不效"之责还是有的,而将后金入犯京师全部责任加到他一人身上,以显示主上圣明,这对袁崇焕则是不公平的。

2. 所谓"专恃欺隐"。是指责袁崇焕依恃崇祯帝的信任而行欺骗和隐瞒。他欺骗隐瞒了什么呢?没有明说。崇祯帝责其"专恃欺隐",或指袁崇焕"五年复辽"的目标。但是,崇祯帝若以此事指责袁崇焕,实属不妥。因为:第一,不能实现目标,有各种各样的原因,不是袁崇焕一个人可以左右的;第二,袁崇焕督辽才一年多的时间,五年期限未到,不应以此相责。或许崇祯帝所谓"专恃欺隐"另有所指。

3. 所谓"市米资盗"。这件事指的是,崇祯二年(1629年),漠南蒙古东部闹饥荒:"夷地荒旱,粮食无资,人俱相食,且将为变。"就是说蒙古哈喇慎等部，室如悬磬，聚高台堡，哀求备至，乞请市粟。
这件事怎么办？在明朝与后金的辽东争局中，蒙古是双方都要争
取的力量。袁崇焕坚持团结拉拢蒙古，来对抗后金。袁崇焕先言：
"人归我而不收，委以资敌，臣不敢也。"蒙古各部首领，闻将市粟，
指天立誓，不忘朝恩。所以袁崇焕疏言："臣以是招之来，许其关外
高台堡通市度命，但只许布米易柴薪。"奏上，奉旨："著该督抚，严
行禁止。"奉旨严禁，皆失所望，哈喇慎诸部背离明朝，纷投后金。
可见，蒙古诸部台吉，附己不纳，委以资彼，其责任在崇祯皇帝。所
以，袁督师"市粟"之事有，而"资盗"之罪无！

4. 所谓"谋款诱敌"。是指责袁崇焕以议和来引诱后金攻打北
京。其实，谋款即议和之事，袁崇焕任蓟辽督师后明确疏言"和为
旁著"，目的在于缓其兵攻而争取时间以固边防。崇祯帝对此"悉
听便宜从事"，或"优旨许之"。何以"擅主"！崇祯二年即天聪三年
（1629 年），袁崇焕与皇太极往来书简凡 10 封，其中皇太极致袁崇
焕 6 封，袁崇焕致皇太极 4 封。袁崇焕的第一封复信指出：印玺之
事，未降封号，不能妄行。第二封复信又指出：辽东原为明朝土地，
且有汉人坟墓，则不应归其占有。第三封复信解释："使者来时，因
在海上航行，而让其久居。"第四封复信明确表示：战争长达 10 年，
不能一朝停止，不是数人所能为，数语所能定。对袁崇焕的 4 封复
信，日本著名满学家神田信夫教授有一个评价："它强烈地反映出
袁崇焕在与皇太极交涉中忠于明廷的责任感，他强烈地主张议和
必须按照中国即明朝所提送的典制方案，并严戒其未经降封，不准
随意用印。"所以，袁督师"谋款"之事有，而"诱敌"之罪无！

5. 所谓"斩帅践约"。是指责袁崇焕与后金约定而杀毛文龙。
史料已经证明，袁崇焕与皇太极书信往来，既无默契，更无议约。
倒是毛文龙通款后金，谋降有迹。所谓毛文龙被杀，后金军才敢南
犯之言，实则夸大了毛文龙的作用。至于对毛文龙先斩后奏，因而
受到"擅杀"之诘，则应做具体分析。对于袁崇焕计斩毛文龙的"席
藁待诛"奏疏，崇祯帝谕旨："毛文龙悬踞海上，糜饷冒功，朝命频

违,节制不受。近复提兵进登,索饷要挟,跋扈叵测。且通夷有迹,

犄角无资,掣肘兼碍。卿能周虑猝图,声罪正法。事关封疆安危,

阃外原不中制,不必引罪。"所以,袁督师"斩帅"之事有,而"践约"

之罪无!

6. 所谓"纵敌长驱"。是指责袁崇焕纵容后金铁骑长驱直薄京

师,而不加阻拦。其实,早在天启六年即天命十一年(1626年)四

月,辽东巡抚袁崇焕就上疏:应防御后金军从宁、锦以西虚怯之处

南犯。两个月后,袁崇焕再疏:"虑其席卷西虏,遂越辽而攻山海、

喜峰诸处。"到崇祯元年即天聪二年(1628年)十月,袁崇焕再疏奏

喜峰、古北关隘可虞:蒙古哈喇慎等部"处于我边外,经道惯熟,若

仍诱入犯,则东至宁前,西自喜峰、古北,处处可虞,其为纣更烈"。

崇祯二年即天聪三年(1629年)三月,袁督师又上疏:"惟蓟门,陵京

肩背,而兵力不加,万一夷为向导,通奴入犯,祸有不可知者。"他一

面谏议——"蓟门单弱,宜宿重兵";一面具疏——济其市粟糊口,

免其导诱入犯。崇祯帝对袁崇焕的谏疏,或拖延因循,或严行禁

止。已巳事变发生,不出崇焕所料,罪名却要崇焕独负。所以,袁

督师"纵敌长驱"之罪名,"莫须有"矣!

7. 所谓"顿兵不战"。是指责袁崇焕虽然率领辽军入援京师,

但是保留实力,而不与后金军作战。曾在袁崇焕部伍中的布衣程

本直疏辩道:"自敌人逸蓟入京,崇焕心焚胆裂,愤不顾死,士不传

餐,马不再秣,间道飞抵郊外,方幸敌未近城,得以身翼神京。出营

广渠门外,两相鏖战。崇焕躬擐甲胄,以督后劲,自辰至申,转战十

余里,冲突十余合,竟至通惠河,血战殊劳。辽事以来,所未多有。

此前月二十日也。至二十六日,又舍广渠门而攻左安门,亦时有杀

伤。惟是由蓟趋京,两昼夜疾行三百里,随行营仅得马兵九千,步

兵不能兼进。以故专俟步兵调到,随地安营,然后尽力死战。初

二、初三,计程可至。不期初一日,再蒙皇上召对,崇焕奉有拿禁之

旨矣!时未旬日,经战两阵,逗留乎,非逗留乎?可不问而明矣!"

所以,袁督师"顿兵不战"之罪名,"莫须有"矣!

8. 所谓"遣散援兵"。 是指责袁崇焕遣散前来增援京师的明军。袁崇焕奉谕调度各路援兵。对此,曾在袁崇焕部伍中的布衣程本直疏辩道:"若夫诸路援兵,岂不知多多益善。然兵不练习,器不坚利,望敌即逃,徒寒军心。故分之则可以壮声援,合之未必可以作敌忾也。况首回尤世威于昌平,陵寝巩固;退侯世禄于三河,蓟有后应。京营素不习练,易为摇撼,以满桂边兵据护京城,万万可保无虞。此崇焕千回万转之苦心也。以之罪崇焕,曰散遣援兵,不同堵截,冤哉!"所以,袁督师"遣散援兵"之罪名,"莫须有"矣!

9. 所谓"携僧入城"。 这是指责袁崇焕兵临城下,又暗中带着喇嘛,要求进入北京城内。袁督师军中有喇嘛,他率军入京,露宿荒郊。袁崇焕"力请援兵入城,不许"。督师又"求外城屯兵,如满桂例,并请辅臣出援;不许"。崇祯帝之猜疑、惶惧到了何等程度,明朝廷之虚弱、窳败到了何等地步。袁督师军中有喇嘛,"携僧入城"就会当内应吗? 所以,袁督师"携僧"之事有,而"入城"之事无! 其罪名,"莫须有"矣!

由上,九款钦定"罪名",后八款都已被历史否定。至于第一款"付托不效",应当说袁崇焕负有一定责任,但罪至"论死",尚有"八议"或"戴罪立功"等处理办法,崇祯帝为什么在经历八个月犹豫之后,一定要置袁崇焕于死地? 这是多种原因而导致的一个结果。

二、多因一果

袁崇焕之死,究其死因,是当时各种矛盾交错的结果,可以说是多因一果。

天聪汗的反间。 天命汗与天聪汗父子,先宁远之战、后宁锦之战,皆败于袁崇焕坚城洋炮之下,对袁深衔大恨。己巳京师之役中,又在广渠门与左安门两败于袁军。天聪汗既在军事上不能战胜袁督师,便在政治上施反间计以除之。由此而产生了袁督师死于皇太极反间计之说。此说始于《旧满洲档》,《满文老档》沿袭,意在表明天聪汗计谋之成功。

其实,崇祯帝逮捕崇焕,不是因为崇焕一定要造反,而是他有造反的能力与可能。无论如何也要防止崇焕与后金勾结、订城下之盟,因而不管是谁,也必在此危急之刻将袁的兵权削掉而控制起来。这正是中国古代政治的特点,注重的是一统政治的安定,因而就不必特别计较对一人一事的绝对公允,牺牲少数人,正是维持王朝政局的方法。《明史·袁崇焕传》未将后金反间与崇焕磔死相联系,却以"擅主和议、专戮大帅"两端为其死因;而崇祯帝谕定其罪九款,并无"通敌"之词。由是可证:天聪汗反间计是袁督师落狱之由,而不是其磔死之因。

众小人的诬陷。袁崇焕的每个胜利,都把小人召唤到自己的周围,而受其攻讦与诬谤。后金骑兵南犯京师,小人攻讦达于顶点。在小人之中,有旧时同僚,有朝廷中贵,更有阉党余孽。群小构陷,更加重了袁崇焕的悲剧命运。

崇祯帝的昏暴。后金的反间,廷臣的谗陷,只有昏暴之君听信才能得逞。明代崇祯皇帝,君权高于一切,口含天宪,太阿独操。群小诬陷,崇祯帝偏信,旨定磔杀袁崇焕,铸成千古冤案。

崇祯帝杀袁崇焕,既不是"误杀",也不是"忌杀",而是"必杀"。

何以"必杀"? 先是,正统十四年(1449年)蒙古瓦剌兵攻北京,兵部尚书于谦后来被杀;嘉靖二十九年(1550年)蒙古俺达兵薄都城,兵部尚书丁汝夔、提督军务保定巡抚杨守谦被杀。这次崇祯己巳之变,保卫京师的兵部尚书王洽和蓟辽督师袁崇焕,又受到朱由检的杀害! 崇祯帝像他的先祖一样,把责任完全推给兵部尚书、蓟辽督师袁崇焕,称袁崇焕致"庙社震惊,生灵涂炭,神人共愤,重辟何辞"! 可见,崇祯帝杀袁崇焕的主要原因是政治原因,所谓圣上英明,崇焕误我——所以必杀袁崇焕。后来崇祯帝煤山自缢时也说"诸臣误我",这些都是在推卸责任。

　　但是,崇祯帝必杀袁崇焕又何至于要磔死呢? 这还要分析袁督师与崇祯帝的性格冲突。

三、性格冲突

　　袁崇焕的死,前面有兵部尚书王洽,后面也有兵部尚书陈新甲。皇太极打到北京城下,袁崇焕的死是难以避免的。《明史·刑法志》规定:死刑有二:一是斩,二是绞。袁崇焕最终被磔死的悲剧,还要从袁督师与崇祯帝的性格冲突来分析。

　　袁崇焕被磔死的原因,从袁督师孤耿廉直品格与崇祯帝刚愎暴戾的性格矛盾,可以找到其内在的解释。袁崇焕品格具有两极性:一极为忠君,另一极为个性;二者既相统一,又相对撞。他35岁中进士前,受到系统的儒家教育,以纲常伦理作为思想与行为的规范。他在《三乞给假疏》中言:"生杀去留,惟皇上所命。皇上纲常名教主,尊皇上即所以重伦常。"所以,君为臣纲,绝对忠君,这是袁崇焕性格的一极。他出身于商人家庭,多次顺溯两江而往来两粤,珠江流域受西方文化影响较早,因而家世、阅历和社会又陶冶了他的独立性格。他在《咏独秀峰》诗中云:"玉笋瑶簪里,兹山独出群。南天撑一柱,其上有青云。"他又曾以榕树自喻:"纵斧摧为薪,一任后人事。"前者表现其卓异的心态,后者则表现其寡合的性情。所以,刚毅卓立,不相苟合,这是袁崇焕性格的另一极。袁崇焕这一独立品格,是其区别于同时代诸

袁崇焕墓碑(拓片)

多官员的一个明显的性格特征。由是,他具有独立心态、独立意志、独立品格和独立行为。这是袁督师铸成英雄形象与扮演悲剧角色的性格因素。袁崇焕的独立品格,主要表现在:

第一,敢走险路。袁崇焕中进士之年,明军萨尔浒大败;朝觐之年,明军失陷广宁。其时关外形势,经略王在晋认为已无局可守。但是,袁崇焕不与同僚、家人商量,单骑出阅关内外。回京后,具言关上形势,曰:"予我军马钱谷,我一人足守此。"而当时的"京师各官,言及辽事,皆缩朒不敢任,崇焕独攘(ràng)臂请行"。廷臣称其才,遂超擢佥事,监关外军,从此袁崇焕与辽事结下终生不解之缘。时袁崇焕从八闽而至京都,由县令而升主事,他本来可选走笔直平坦之道,却择行崎岖危险之路。当时作为供职于京的下层官员来说,存在多种选择的可能性,他完全可以行某种平稳之计而不冒此风险,不担此重任,择险而行。特别是千里入援,未奉明旨,不听劝谏,率军进京,走着险路。

袁崇焕选走险路是由其价值取向与性格特征所决定的。他出关之后,继续择险而行。如受命赴前屯安集流散辽民,史载:"崇焕即夜行荆棘虎豹中,以四鼓入城,将士莫不壮其胆。"又如宁远以缺饷四月而兵哗,巡抚毕自肃、总兵朱梅等被缚于谯楼上,寻自肃自经死。督师袁崇焕于到任次日,"单骑出关,至宁远,未入署即驰入营",迅即平息兵变,表现出超凡的胆魄。前面讲过,袁崇焕任邵武令时,县衙旁着火,他登墙上屋,奋力救火。袁崇焕令邵武时,童试之后,他绝不阅卷,却"日呼一老兵习辽事者,与之谈兵",亦属超越常规,奇异行为。以上诸例,袁崇焕脱常轨、走险路的性格特征可见一斑。

第二,敢犯上司。袁崇焕善待同僚,体恤下属,"焕得大将风,士卒同甘苦"。但是,袁崇焕不善于"应对"上司。有人说:"举世所不得避之嫌疑,袁公直不避之而独行也!"他不爱钱,不惜死,不辞劳怨,不避嫌疑,而秉性耿直,忠于朝廷,是其所是,非其所非。他于经略王在晋:深受其倚重,并被题为兵备佥事;但是,"崇焕薄在晋无远略,不尽遵其令。及在晋议筑重城八里铺,崇焕以为非策,争不得,奏记首辅叶向高"。袁崇焕以区区小官,在唯诺成风的官场中,冒犯上司,径直奏记,是何等刚直,又有何等胆魄!他于大学士孙承宗:深受其器重,并被委任筑守宁远;但是,孙承宗、马世龙出击后金,兵败柳河;他不顾及孙承宗之情面而揭斥道:"前柳河之失,皆缘若辈贪功,自为送死。乃因此而撤城堡,动居民,锦、右动摇,宁、前震惊。"他于经略高第:高第代孙承宗后,谓关外必不可守,令尽撤锦、右将士入关。崇焕抗曰:"我宁前道也,官此,当死此,我必不去!"高第没有办法,听其守宁远。他于督师王之臣:先是请移满桂往它镇,桂被召还,王之臣又奏留桂。"崇焕以之臣奏留桂,又与不协"。他于厂臣魏忠贤:天启六年即天命十一年(1626年),"内外大权,一归忠贤",魏忠贤"矫诏遣其党太监刘应坤、陶文、纪用镇山海关,收揽兵柄"。崇焕具抗疏言:

> 　　兵,阴谋而诡道也,从来无数人谈兵之理。臣故疏裁总兵,心苦矣。战守之总兵且恐其多,况内臣而六员乎?又所辖之随行,军法不得问者,不知几许乎?昨部臣崔呈秀疏谏厂臣魏忠贤,约束内官,不干与部事。部事且不令干与,况呼吸存亡之兵事乎?

疏上,天启帝拒纳。崇焕虽尽力与忠贤委蛇,却终不为其所喜,而引疾辞职归里。袁崇焕一心忠君,以社稷为重,竭力抗御后金,图复辽东失地,因而敢于冒犯上司,不太注意与上级的人际关系。正如《天启朝袁崇焕人际关系的变化》文中所论:"他并不重视向上看的联系上级的人际关系,他重视的是同僚关系,以及与下属的人际关系。他向下看多过向上看,他不急于升官。"袁崇焕自赋诗句:"杖策只因图雪耻,横戈原不为封侯",是其价值取向,也是其孤迂性格的诗词表达。

　　第三,敢违圣颜。在帝制时代,君威至高,皇权至上。袁崇焕不仅犯上司,而且违圣颜。后者,仅举讲款与斩帅二例。讲款,为庙堂之大事。天启末讲款,袁巡抚首疏。辽东巡抚袁崇焕听闻后金汗努尔哈赤死,遣使吊丧,探其虚实。此事虽由内臣主持,却未先行奏请圣旨。天启六年即天命十一年(1626年)九月二十八,《明熹宗实录》载督师王之臣和巡抚袁崇焕奏报:"奴酋哈赤死于沈阳,四子与长子争继未定。"第二天即二十九日,袁崇焕复奏:"臣敕内原许便宜行事,嗣有的音,方与在事诸臣会奏。"可见,此奏上报之时,李喇嘛已派出。十二月十三日,《明熹宗实录》载:李喇嘛返回,袁崇焕奏报,得旨:"夷在,无急款以失中国之体。"此奏报虽优旨许之,后却频旨戒谕。"崇焕却藉是修故疆,持愈力"。而朝鲜被兵,言官谓款议所致。御史智铤、刘徽、李应荐等交章奏劾,甚至王之臣与袁崇焕缘此而"意见异同,遂成水火"。袁崇焕具疏抗辩,无济于事,宁锦捷后,引疾归里。右副都御史霍维华为其疏鸣不平,却得到"袁崇焕讲款一节,所误非小"的罪名。崇祯初讲款,袁督师又议。但是,仅崇祯二年即天聪三年(1629年)间,皇太极与袁崇焕往来书简12封,《崇祯实录》和《崇祯长编》均没有记载袁督师向崇祯帝奏报此事。斩帅,亦为庙堂之大事。袁督师计斩总兵毛文龙,虽同辅臣钱龙锡私商过,却未先请旨,先斩后奏,以致留下"擅杀"罪名。钱龙锡"悉封上崇焕原书及所答书",得无死,遭谪戍。特别是朝廷派太监监军,他上疏反对。

袁崇焕在奏疏中,陈述自己的性格称:"臣孤迂耿僻,原不合于边臣旧格。"孤迂、廉直、耿僻是袁崇焕重要的性格特征。因其孤迂,则是其所是,而行险路;因其廉直,则非其所非,而冒犯上司;因其耿僻,则不工阿附,而触违圣颜。由是,袁崇焕的孤迂耿僻性格与崇祯帝的刚愎暴戾性格发生了冲突。袁督师的历史悲剧,从某种意义上来说,从心理史学视角看,是袁崇焕孤迂耿僻性格与崇祯帝刚愎暴戾性格之间冲撞的结果。在帝制时代,正人君子,名节清流,仕途坎坷,难得通达,主昏政暗,尤其如是。检《明史》宦官、阉党、佞幸、奸臣,或憸(xiān)邪,或阴狡,或善伺旨意、或恶正丑直。

袁崇焕墓

阉党如魏广微"由奉忠贤，如奴役然"；阎鸣泰则"专事谄谀，虚词罔上"；奸臣如周延儒"善伺意指"；温体仁则"机深刺骨"。至于此前的严嵩，"嵩无他才略，惟一意媚上，窃权罔利"。伺旨、谄谀、结纳、通贿和阴险，这是历史上一切奸佞之臣的共同特点。袁崇焕刚正、孤迂、清廉和忠耿的品格，自为明季昏君和奸臣所不容。在明末官场中，君子之清流与小人之浑浊，泾渭分明，势同水火。但是，小人必逢君恶，方能谗构售奸，这就是《明史·宦官传》所说的"逢君作奸"。所以，袁崇焕孤耿刚廉的品格，不仅同诸奸臣谄附媚上的奴性相冲突，而且与崇祯帝刚愎昏暴的个性相冲突。在君为臣纲、君视臣如草芥的帝制时代，袁崇焕性格与崇祯帝个性相对撞的结局，袁督师只能以悲剧结束自己的一生。

就心理史学而言，从后来崇祯帝亲手用宝剑砍伤自己的女儿、砍死自己的妃子，可以看出他心理与性格的残忍性。崇祯帝刚愎暴戾的性格，袁崇焕孤迂耿僻的性格，矛盾冲突，君为臣纲，而演出袁督师被磔死的历史悲剧就不难理解了。

袁崇焕之死，有着多层面的、极复杂的原因，可以说是多因而一果,主要的则是政治原因。后金的反间是其诱因,阉党的排构是其外因,崇祯帝的昏暴则是其主因。袁崇焕之死,是个人的悲剧,是社会的悲剧,是历史的悲剧,更是文明的悲剧——"衣冠填于狴犴,善类殒于刀锯",正义被亵渎,文明遭玷污!

杀袁崇焕,崇祯皇帝自以为很聪明,其实他做了一件蠢事。"自崇焕死,边事益无人,明亡征决矣"。但是,袁崇焕虽然死了,他的精神却是永存的。

第三十六讲

崇焕精神

　　袁崇焕留给后人的宝贵财富,既是他的辉煌业绩,更是他的崇高精神。

　　袁崇焕的崇高精神是什么? 有言者说是"忠",也有言者说是"义"。于前者,"忠"就是忠君。袁崇焕作为明朝万历的进士,身受万历、泰昌、天启、崇祯四朝的国恩,任泰昌、天启、崇祯三朝的官员,受过系统完整的儒家教育,自然要忠于国君。因此,袁崇焕必定有忠君的思想。于后者,"义"如《礼记·中庸》曰:"义者,宜也。"韩愈《原道》引申说:"行而宜之之谓义。"人们通常以"义"来规范朋友之间的关系。袁崇焕深通"四书"、"五经",自然理解《孟子·离娄上》对"义"的阐释:"义,人之正路也。"因此,袁崇焕讲"义"是没有争议的。所以,袁崇焕有"君"与"义"的理念,是没有问题的,也

北京龙潭湖畔袁督师庙旧址

是没有争议的。他在宁远大战的临战之前,对守城官兵"刺血为书,激以忠义,为之下拜,将士咸请效死"(《明史·袁崇焕传》),就是很好的例证。然而,"忠"与"义"不是袁崇焕精神的根本,也不是袁崇焕精神的灵髓。

袁崇焕留给后人的宝贵财富是什么?我认为是"正气"和"精神",就是浩然正气和爱国精神。袁崇焕的浩然正气和爱国精神,体现了中华传统文化的精华,是中华民族精神的灵髓。

一、勇敢拼搏

袁崇焕有着过人的事功,而这源于他过人的勇气——勇敢拼搏。在困难面前,是勇敢拼搏,还是萎靡退缩?这是强者与懦者、英雄与凡夫的一个重要区别。

袁崇焕有大勇,敢拼搏。他出山海关担任辽东官职时,明朝丢城失地,败报频传——一失抚顺、二失清河、三失开原、四失铁岭、五失沈阳、六失辽阳、七失广宁、八失义州,还有萨尔浒大败,上下沮丧,局势危急。《明史》记载:自辽左军兴,明朝总兵阵亡者凡14员:抚顺则张承胤,萨尔浒之战则杜松、刘綎、王宣、赵梦麟,开原则马林,沈阳则贺世贤、尤世功,浑河则童仲揆、陈策,辽阳则杨宗业、梁仲善,广宁则刘渠、祁秉忠。还有因战败自裁的总兵李如柏(明初定制总兵官为21员)。同期还有辽东经略、巡抚杨镐、袁应泰、熊廷弼、王化贞因此而被杀,或自尽。京师朝野官员,可谓谈辽色变:"时广宁失守,王化贞与熊廷弼逃归,画山海关为守。京师各官,言及辽事,皆缩朒不敢任。崇焕独攘臂请行。"(《明史·袁崇焕传》)

袁崇焕出任关外,要到前屯卫安置失业的辽人,《明史·袁崇焕传》记载:"崇焕即夜行荆棘虎豹中,以四鼓入城,将士莫不壮其胆。"后明辽东总兵高第下令尽撤山海关外右屯、大凌河、锦州、松山、杏山、塔山、宁远、前屯等八城军民到山海关内,惟独宁前道袁崇焕坚决拒撤，他说："我宁前道也！官此，当死此，我必不去！"（《明史·袁崇焕传》）甚至发出"独卧孤城以当虏耳"的豪言壮语。这是何等

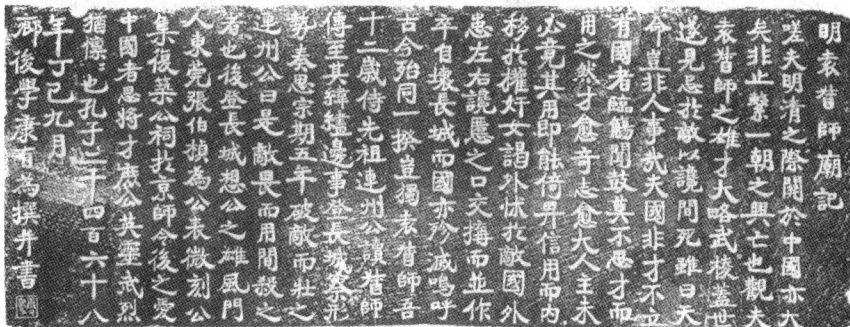

《袁督师庙记》拓片（康有为撰书，1917 年刻）

胆量、何等气魄。至于袁崇焕杀东江总兵毛文龙，虽有其越制之失，但梁启超在《袁督师传》中说道："夫以举国不能杀、不敢杀之人，而督师毅然去之，若缚一鸡而探一觳（gòu）也。指挥若定，声色不惊。呜呼，非天下之大勇，其孰能与之斯？"袁崇焕既有虎豹在山的气势，又有飞龙腾空的雄风。他在北京保卫战当中，身先士卒，进行拼杀，矢林镞雨，马颈相交。他在魏忠贤当权、阉党专政的恶劣政治局面下，对朝廷向关外派太监监军的决定，竟然上疏，表示反对。

所以，袁崇焕的性格特点，凸现一个"敢"字——敢走险路，敢担责任，敢犯上司，敢违圣颜。

二、进取求新

袁崇焕取得过人的事功，还源于他有过人的思想——进取求新。

袁崇焕到山海关外任职，辽东经略王在晋要在山海关外八里铺建一座新城，守护山海关。袁崇焕不同意筑八里铺重城，反对辽

东经略王在晋的消极防御兵略。他提出在山海关外 200 里修筑宁远城（今辽宁兴城）的新见。但因人微言轻，遭王在晋拒绝，便越级奏告首辅叶向高，后被采纳。后来宁远这座重城，成为明军抵御后金军南进的中坚堡垒。直至明朝灭亡，清朝也没有夺取这座坚城。袁崇焕又在孙承宗支持下，提出在山海关外 400 里修筑从山海关、经宁远、到锦州的关宁锦防线。后来这道关（山海关）宁（宁远）锦（锦州）防线，成为阻挡后金军南进的坚固长城。

袁崇焕于战略策略原则，有所创新，有所发明。不同于王在晋的消极"防守"、王化贞的冒险"进攻"、王之臣的拒绝"议和"等片面僵化原则，他提出"守为正著、战为奇著、款为旁著"的策略原则，就是打仗的时候该守就守，该战就战，该讲和时就讲和，灵活运用。他总结明军自辽事以来抚顺、清河、开原、铁岭、沈阳、辽阳、广宁、义州失守的惨痛教训，提出抵御后金进攻的法宝是"凭坚城、用大炮"。特别是他第一次将当时世界上最先进的西方火炮——红夷大炮，用于宁远实战，抵御后金天命汗的进攻，取得宁远大捷；随后打退皇太极的进攻，又取得宁锦大捷。崇祯二年即天聪三年（1629年），北京危急之时，他率领九千骑兵，"士不传餐，马不再秣"，日夜兼驰，入援北京，再取得京师大捷。

袁崇焕比其前任杨镐、袁应泰、熊廷弼、王化贞、王在晋、高第等人的高明之处，在于进取求新，诸如凭坚城、用大炮，守为正著、战为奇著、款为旁著等，都是战略战术的重大创新。就某种意义说，袁崇焕取得宁远、宁锦、北京三次大捷，是袁崇焕求新进取的胜利。

三、清正廉洁

袁崇焕是一位廉洁的清官。他在邵武知县任上的清廉事迹，据乾隆《邵武府志》记载：

天启初，知邵武县。明决有胆略，尽心民事，冤抑无不伸。素趫捷有力，尝出救火，着靴上墙屋，如履平地。

上面记载的两件小事：尽心民事，平反冤狱；穿靴上房，帮民救火——清楚生动地记述了袁崇焕这位清正廉洁知县的形象。

他做官不贪。张岱在《石匮（guì）书后集·袁崇焕传》中说："此臣作法自别，向为县令，不取一钱，天生此臣，以为社稷。"查继佐在《罪惟录·袁崇焕传》中也记载袁崇焕为官清廉："此臣作县官，不

"袁督师庙"额（康有为题）

入一钱。"袁崇焕父亲死后，他在请求回乡料理丧事的《三乞给假疏》中说："臣自为令至今，未尝余一钱，以负陛下。昨闻讣之日，诸臣怜臣之不能为行李，自阁、督、抚以下，俱醵（jù）金为赙（fù）。臣择而受之，束装遄（chuán）归，以襄臣父大事。"袁崇焕请假回去给父亲办理丧事，但他连回家的盘缠都没有，再说料理丧事还需要花钱，这些钱都是其同事、朋友等凑钱资助的。袁崇焕一生，"浮沉宦途，家无子息"。死后，《明史·袁崇焕传》记载：袁崇焕死，籍其家产，"家亦无余赀"。在"三年清知府，十万雪花银"的封建皇朝时代，做官"分文不贪"，确实是出类拔萃的。袁崇焕和岳飞一样，都能做到如《宋史·岳飞传》所说的"文臣不爱钱、武臣不惜死"。这既是天下文官的典范，也是天下武官的楷模。

崇焕精神，程本直在《漩声记》中，说了如下一段概括的话：

举世皆巧人，而袁公一大痴汉也。惟其痴，故举世最爱者钱，袁公不知爱也；惟其痴，故举世最惜者死，袁公不知惜也。于是乎举世所不敢任之劳怨，袁公直任之而弗（fú）辞也；于是乎举世所不得避之嫌疑，袁公直不避之而独行也；而且举世所不能耐之饥寒，袁公直耐之以为士卒先也；而且举世所不肯破之体貌，袁公力破之，以与诸将吏推心而置腹也。犹忆其言曰："予何人哉？十年以来，父母不得以为子，妻孥（nú）不得以为夫，手足不得以为兄弟，交游不得以为朋友。"……即今圣明在上，宵旰抚髀，无非思得一真心实意之人，任此社稷封疆之事。予则谓："掀翻两直隶，踏遍一十三省，求其浑身担荷，彻里承当如袁公者，正恐不可再得也！"

布衣程本直以血与泪的文字，以生命弃市的代价，朴素地评价并颂扬了袁督师在明末官场污浊、物欲饕餮的邪气中，表现出的浩然正气与爱国精神。

前面讲的袁崇焕勇敢拼搏、进取求新、清正廉洁的高尚品格，源于其高尚的爱国精神。袁崇焕的精神与灵魂，主要是"爱国"。有学者认为，袁崇焕生活在明代，当时只有忠君的意识，没有爱国的思想。这是既不了解历史，也不符合事实的论断。《说文解字·国》字释曰："國，邦也，从囗，从或。"儒家经典《十三经注疏》中，"国"字为首的词组，共出现 266 次。《左传》曰："国将兴，听于民。"这里的"国"是指政治实体的国。在皇朝时代，忠君与爱国，二者有同、也不尽同。"国"比"君"的含义更宽泛，国包括历史、国君、社稷、山河、民众。袁崇焕的爱国，既有忠君的思想，更有忠于历史、社稷、山河、人民的思想。传说他小时候每当放学回家路经土地庙时，总要在庙前驻足，面对着土地神，念念有词地说："土地公，土地公，为何不去守辽东！"这条材料虽然得不到文献的佐证，但透露出袁崇焕所爱的是社稷、是土地、是民众。袁崇焕在《边中送别》诗中

的金玉诗句,抒发了他的高远志向,展现了他的爱国亲民情怀:

> 五载离家别路悠,送君寒浸宝刀头。
>
> 欲知肺腑同生死,何用安危问去留。
>
> 杖策只因图雪耻,横戈原不为封侯。
>
> 故园亲侣如相问,愧我边尘尚未收。

袁崇焕的抱负是国家、是社稷、是人民。夏允彝在《幸存录》中说:袁崇焕"少好谈兵,见人辄结为同盟,肝肠颇热。为邵武县令,分校闱中,日呼一老兵习辽事者与谈兵,绝不阅卷"。因此,他知晓厄塞情形,尝以边才自许。这说明袁崇焕虽身在东南八闽,却心系辽东边疆;虽身为南国文官,却关心北塞武事。爱国必亲民。袁崇焕身为七品知县,而登房为百姓救火的壮举,是他亲民精神的体现。爱国亲民是袁崇焕最为宝贵的精神。梁启超在《新史学》中说:历史是爱国心之源泉。袁崇焕那股刚毅奇伟、炽热强烈的爱国精神,给当时凡俗怯懦之人以深刻的教育。在中华民族历史上,有许多仁者、智者、勇者、廉者,他们是中华豪杰的精英,也是中华民族的脊梁。袁崇焕就是其中的一位。一位杰出人物的魂魄,一段重大历史的背后,必有一种优秀的精神。袁崇焕经历宁远、宁锦、京师三次重大历史事变之后,他留给后人的宝贵精神,是民族精神的凝晶与体现,具有穿越时空的震撼力,值得我们梳理、研究和弘扬。

我认为:袁崇焕是中国历史上一位大仁、大智、大勇、大廉者。袁崇焕的仁与智,令人赞颂;勇与廉,令人敬佩。这种爱国精神,同他的浩然正气密切相连。袁崇焕留给后人熠熠永辉的思想、薪火永传的精髓,是"正气",就是"浩然正气"。什么叫"浩然正气"?《孟子·公孙丑上》说:"浩然之气"就是"至大至刚"、"配义与道"、"塞于天地之间"。通俗地说,"浩然正气"就是正大刚直、合乎道义、充满天地、超越时空之气。袁崇焕身上的这种"浩然正气",主

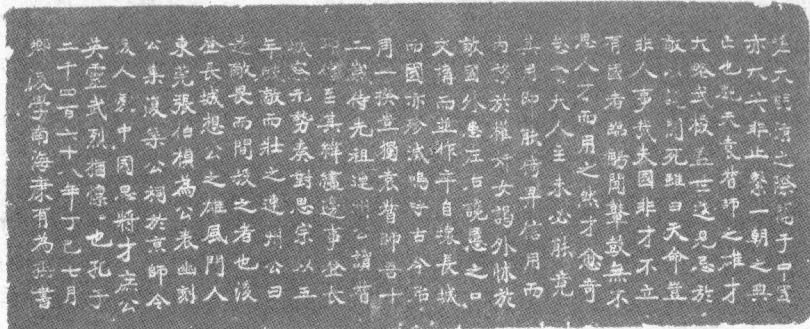

《袁公祠记》（拓片）

要表现为爱国的精神、勇敢的品格、求新的旨趣和廉洁的风范。

　　袁崇焕的死是一场悲剧。从哲理来说，生死是一个大关节，也是一个大境界。岳飞如此，文天祥如此，于谦如此，袁崇焕也如此。袁崇焕之死，唤起万千人奋起，笑洒碧血振乾坤。如鲁迅所言：这就是"中国的脊梁"。

　　诚然，既要知世论人，也要知人论世。袁崇焕的时世与为人，有着密切的关系。袁崇焕是一位历史人物，有其历史的、社会的、民族的与性格的局限性，也有其军事失误和举措失当之处，且成为他罹祸的"口实"。然而，瑕不掩瑜。袁崇焕作为明代杰出的军事家和著名的爱国英雄而永垂史册，万古流芳。正如明末杨继盛《临行诗》云："浩气还太虚，丹心照万古。"时代呼唤袁崇焕的浩然正气与爱国精神，时代需要袁崇焕的浩然正气与爱国精神。人们透过袁崇焕的正气与精神、仁智与勇廉、品格与事功、喜悦与悲哀，了解先贤，景仰英豪，知荣明耻，激励来者。

第三十七讲
大寿降清

大家知道,袁崇焕手下原有三员大将:总兵赵率教在遵化之战中阵亡;总兵满桂在北京永定门之战中阵亡;只剩下一个总兵祖大寿,后来两次降清(后金),先在大凌河之战中一降,又在松锦之战中再降。大寿降清这件事情影响很大,是明亡清兴的又一个标志。我们先看一下祖大寿其人。

一、大寿其人

祖大寿,生年不详,死于顺治十三年(1656年),辽东宁远(今辽宁兴城)人。他的祖居、坟墓、牌坊现在兴城还有遗迹。顺治帝入关以后,祖大寿到了北京,他死后,原来居住的地方变成祖家祠堂(现在是北京市第三中学的校址),所在的那条街就叫祖家街。所以,祖大寿跟北京也有密切关系。

祖家在宁远是一个豪门望族,祖大寿的先祖世代守卫宁远。祖大寿早年的经历,史料记载很少。总兵吴襄娶祖大寿的妹妹为妻。吴襄之子吴三桂,小时候跟随舅舅祖大寿和父亲吴襄在军队中滚打磨练,后来也成了总兵。这个我们以后再说。祖大寿在泰昌元年即天命五年(1620年),初为明军靖东营的游击,就是个中级武官。在熊廷弼经略辽东的时候,祖大寿因为表现"忠"与"勤",受到朝廷奖励。天启二年即天命七年(1622年),祖大寿为广宁巡抚王化贞中军游击,守广宁城。在广宁之战中,努尔哈赤率军攻打西平堡,祖大寿同游击孙得功受王化贞令为前锋赴援。大寿战败,却

民国初年的祖氏牌坊

走平阳桥堡。此役，明总兵刘渠、祁秉忠，副将刘征、参将黑云鹤等阵亡，王化贞弃广宁逃遁，孙得功投降，祖大寿率所部逃到觉华岛。大学士、督师孙承宗出镇辽东，没有处罚祖大寿，而让他帮助参将金冠驻守觉华岛。

当时有一个退职的御史，叫方震孺，跟祖大寿说："祖将军，辽西接连失地，你却驻兵在觉华岛，你应该带兵收复失地呀。"此时祖大寿还有点犹豫。方震孺慷慨激昂地跟他说："祖将军，你如果答应我，我会以御史身份上奏朝廷，为你请功，帮你升官；你要不答应我，今天就用我的鲜血，溅到你的身上。"方震孺以死相谏，祖大寿很受感动，说："好！我到宁远重整部伍，恢复士气。"

祖大寿负责宁远城的营筑工程。但是，起初他认为宁远不能久守，因而在施工过程中监督不严，草率马虎。后袁崇焕又重新定城墙规制，由副将满桂、参将高见、贺谦，与大寿分督改筑，工程顺利竣工。后来，祖大寿在守宁远时立功，在宁锦之战中也立了功。

我总结了一下，祖大寿共有四功四过。先说四功：

第一功，宁远大捷。天启六年即天命十一年（1626年），努尔哈赤率军围攻宁远，祖大寿守南城。后金军挖地道攻城。祖大寿和

北京祖大寿府邸原址

袁崇焕等婴城固守，发西洋大炮伤数百人。祖大寿在宁远大捷中立功。

第二功，宁锦大捷。第二年五月，皇太极率军攻宁、锦。祖大寿同总兵满桂、尤世禄等率军，在宁远城外同后金骑兵拼杀，打退进攻，取得胜利。

第三功，保卫京师。崇祯元年即天聪二年（1628年），袁崇焕任蓟辽督师，祖大寿任前锋总兵官，挂征辽前锋将军印，驻锦州。崇祯二年（1629年），在北京保卫战中，祖大寿跟随袁崇焕千里入援，勤王京师。在广渠门、左安门两战中，祖大寿率军拼杀，立下功劳。

但是，十二月初一日，祖大寿亲眼见到袁崇焕在平台被捕下狱，"股栗惧"（《清史列传·祖大寿》），既伤心又害怕。出皇宫后，朝廷命满桂总统关宁将卒，大寿不肯受其节制；又因辽军受到排挤与歧视，便带所部官兵掠山海而出关。

祖大寿曾因败逃而依法当斩，孙承宗爱其才，密令袁崇焕救解，没有追究。祖大寿对孙、袁二人感恩戴德。至是，孙承宗再督师，派人抚慰，而且以袁崇焕狱中手书招之，大寿乃敛兵听令。

第四功，收复四城。崇祯三年（1630年）正月，后金军攻占永平、迁安、滦州、遵化四城,各留兵镇守。孙承宗檄祖大寿率兵入关。四月,祖大寿同总兵马世龙、杨肇基,副将祖大乐、祖可法等袭滦州,以巨炮击毁城楼。后金兵不能守,弃城出关。祖大寿在收复四城中立功,后仍驻镇锦州。

以上为四功,祖大寿还有四过:

一过,广宁之战败逃。

二过,宁远筑城失职。

三过,杀副将何可纲(下面要讲)。

四过,两次失节降清。

祖大寿为什么要降清呢?这还要从大凌河之战说起。

二、大凌被围

崇祯四年即天聪五年(1631年)七月,祖大寿督关外八城兵夫,筑大凌河城,以护卫锦州城,但未完工,皇太极就率军包围大凌河城。

皇太极为什么要攻打大凌河城呢?因为他先攻北京不克,复占京东四城——永平、迁安、滦州、遵化,也没有守住。下一步的军事进攻目标定在哪里?攻关宁锦防线,他心有余悸。再进攻北京,他感到心有余而力不足。所以,皇太极选择一个离沈阳最近、而又是明军防守最为薄弱的环节——大凌河城。

大凌河城在锦州北面,是锦州前卫屏障,因临大凌河而得名。大凌河城东距沈阳440里,西至松山堡40里,至宁远140里,距山海关340里。这时大凌河城已经是三建三毁。崇祯四年(1631年)七月,明前锋总兵祖大寿,以孙定辽、祖可法、何可纲等为其副将,率军运粮建舍,版筑大凌河城。

明军修筑大凌河城,受到后金的密切注视。后金不断派遣哨探,前去打探消息。经过3个月,14次侦察,皇太极才下决心进兵,乘工程未竣工之机攻打大凌河城。他说:"闻明总兵祖大寿与何可刚(纲)等副将十四员,率山海关外八城兵,并修城夫役,兴筑大凌河城。欲乘我兵未至时竣工,昼夜催督甚力,因统大军往征之。"(《清太宗实录》卷九)

崇祯四年即天聪五年(1631年)七月二十七日,皇太极派兵从沈阳出发,向大凌河城进军。此时明大凌河城驻军,有官兵1.4万人,夫役商民约1万多人,全城共计约有3万余人。守将祖大寿所部皆精锐,配备大炮,防守甚坚。但该城动工兴建时间较短,雉堞仅修完一半,城中粮秣储备不足,后金大军骤至,仓促闭门御守。

八月初六日,后金军分两路:一路由贝勒德格类、岳讬、阿济格等率兵2万,经义州,屯驻于锦州与大凌河之间;一路由皇太极亲率主力,经白土厂(场),趋广宁大道,兵临大凌河城下。同时,将新铸40位红衣大炮运往大凌河。

半年之前,即天聪五年(1631年)正月,后金仿造明朝从西洋引进的红夷大炮,第一批共40门,在沈阳造成,皇太极定名号为"天祐助威大将军",并将红夷大炮改称"红衣大炮"。满洲从此开始造炮。

皇太极鉴于宁远、锦州攻城失败的惨痛教训,不再驰骑攻坚,而是施行"围城打援"的作战方略:"攻城恐士卒被伤,不若掘壕筑墙以围之。彼兵若出,我则与战;外援若至,我则迎击。"(《清太宗实录》卷九)

皇太极命环绕大凌河城四面掘壕筑墙:第一道,掘壕深宽各丈许,壕外筑墙,高丈许,墙上加以垛口;第二道,在墙内距五丈余地掘壕,宽五尺,深七尺五寸,壕上铺秫秸,覆土;第三道,在各旗营外周围挖掘深宽各五尺的拦马小壕。层层包围,严密布防,大凌河城与外界完全隔绝。

在这种情况下,祖大寿不肯束手待毙,于是组织突围。皇太极率军四面包围大凌河城,部署两黄旗在北面,两蓝旗在南面,两白旗在东面,两红旗在西面。南城的战斗打得最激烈,为什么呢? 因祖大寿企图从南面突围,以回锦州;明朝援军也是从南面来增援。皇太极派他的哥哥莽古尔泰,还有济尔哈朗守南城。因部众损失最大,莽古尔泰大发牢骚,请求皇太极予以调换。皇太极很不高兴,莽古尔泰也非常生气,竟然冲着皇太极就要拔刀,后被众贝勒制止。事后莽古尔泰也觉得失礼,晚上来到皇太极大营,以白天饮酒过量狂言失态向皇太极请罪,遭到拒绝。不久,皇太极借故把莽古尔泰囚禁起来,后来莽古尔泰暴死。这样,"四大贝勒"就少了一个。

从八月初十日到九月十九日,祖大寿先后组织了四次突围,均失败。同时,后金军用红衣大炮轰击大凌河城,摧毁城上雉堞、敌楼。祖大寿闭门待援,不再突围。这时,大凌河城已经被围困一个多月了。

大凌河的紧急军报,报到锦州。大学士、督师孙承宗抱病驰赴锦州,派遣团练总兵吴襄、山海总兵宋伟与辽东巡抚丘禾嘉合兵前往救援大凌河城。而后金军在围困大凌河城的同时,早已分兵设伏,阻截援兵。明军曾四次救援,后金军则四次打援。在大凌河城外,增援与打援,双方战斗,异常激烈。其中,战斗规模最大的、最激烈的是第四次。

九月二十四日,明军第四次增援大凌河城。明太仆寺卿、监军张春,山海总兵宋伟,团练总兵吴襄,率4万多马步兵,由锦州城出发,往援大凌河城。二十七日,两军接触,明总兵宋伟、吴襄见后金军不战而退,以为怯懦,更由于急着增援,于是命令四更起营,直趋大凌河。两军交战,"火器齐发,声震天地,铅子如雹,矢下如雨"。后金军纵骑冲锋,前锋兵多死伤。宋伟与吴襄不能配合,各自为战。皇太极指挥左翼军逼攻吴襄大营;并以佟养性炮兵发大炮,放火箭,轰击其营。吴襄营毁,失利先走。宋伟营势孤。后金右翼军来攻,冲入宋伟军营垒,明军遂败,兵溃逃遁。后金军预设伏兵,截住吴襄军与宋伟军的归路,明4万援军尽被歼灭。监军张春、副将张弘谟等 33 人被擒。

皇太极打败明援军后,集中心思,加紧逼诱,逼迫祖大寿投降。

三、大寿降清

皇太极发动大凌河之战的目的是:招降祖大寿,摧毁大凌河城。后金打败明增援大凌河城的 4 万大军,为实现其上述目标准备了重要条件。

皇太极从八月十一日开始,先后五次发出招降书,劝祖大寿投降,都遭到祖大寿拒绝。他说:"尔不必再来,我宁死于此城,不降也!"(《清太宗实录》卷十)

大凌河城中的军民,从八月初六日被围,到十一月初九日皇太极进城,其间被围三个多月。本来,大凌河城正在筑城之中,并未正式部署固守,城中粮秣、柴薪、枪械、火药等,都没有做长期储存准备。因此,大凌河城内的官兵、夫役、商人、军马等,碰到的最大困难是粮秣与柴薪奇缺。

祖大寿的解决办法:一是突围,但四次突围,均遭失败;二是待援,但四次增援,也遭失败。祖大寿面临的困境是:突围不成,援兵不至,弹尽粮绝,战马倒毙。出城采薪者,饿得走不动路,被后金军抓获,说城里原有马 7000 匹,现剩下不到 200 匹,能骑的不到 70 匹。祖大寿疏奏:"被围将及三月,城中食尽,杀人相食。"(《崇祯长编》卷五二)后金也记载:"明大凌河城内,粮绝薪尽。军士饥甚,杀其修城夫役及商贾平民为食,析骸而炊。又执军士之赢(léi)弱者,杀而食之。"(《清太宗实录》卷十)到最后,大凌河是什么局面呢? 史书记载说:"大凌自八月初六日受围,直至十一月初九日始溃,百日之厄,炊骨析骸,古所没有。"("明宫档案")百日之间人肉几乎吃光,用骨头点火做饭,这种困难的局面自古无有。

皇太极乘大凌河城内危机,加紧连续发动政治攻势。因不能派使臣进城劝降，就把信捆在箭上射进城。祖大寿为了尽量拖延时间，也有回信，回信也是绑在箭上从城墙射下去，就这样来回通信。后来，皇太极又派投降的汉官到城下喊降。

十月十四日，皇太极再遣俘获的明参将姜新前往招降祖大寿，是为皇太极第六次招降书。这一次，祖大寿率众官出城，与姜新揖见。祖大寿遂遣游击韩栋与姜新同到后金军大营，觐见皇太极。当晚，皇太极遣巴克什达海、库尔缠与姜新，复送韩栋入大凌河城。

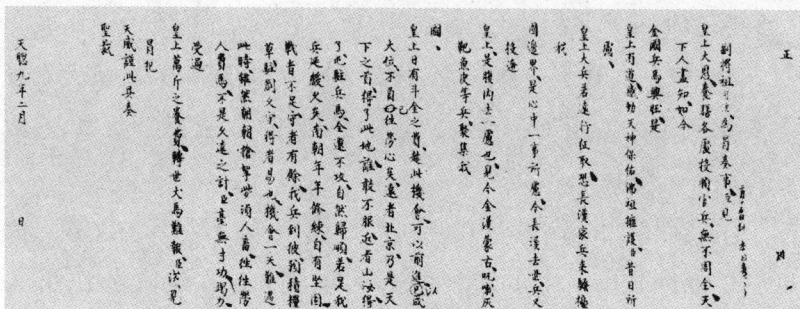

祖大寿养子祖可法向皇太极请进北京、山海的奏本

二十三日，皇太极命系书于矢，射入大凌河城内，是为第七次招降书。此书重申："或因误听尔官长诳言，以为降我亦必被杀。夫既降我，即我之臣民，何忍加以诛戮！况诱杀已降，我岂不畏天耶！"祖大寿令张存仁口诵皇太极来书。当夜三更密遣刘毓英约张存仁到南门城楼内，两个人密谈有关事宜。史书没有留下记载，根据其他材料推断，两人谈的可能是投降条件。此时祖大寿降志始决，并由张存仁书写回书。二十五日，祖大寿令他的义子泽润，把两函书信系在箭上，自城内射出。请皇太极令副将石廷柱前往亲与面议。石廷柱是个汉人，曾为后金造过红衣大炮。二十六日，后金副将石廷柱、巴克什达海、库尔缠、觉罗龙什、参将宁完我等到南城下，遣阵获千总姜桂入城。不久，姜桂同游击韩栋和一个随从出来。韩栋说："我祖总兵欲石副将过壕，亲告以心腹之语。"经过一番周折，商定只石廷柱一人入城，与祖大寿相见。祖大寿提出："惟惜此身

命，决意归顺于上。然身虽获生，妻子不能相见，生亦何益？尔等果不回军，进图大事，当先设良策，攻取锦州。倘得锦州，则吾妻子亦得相见。惟尔等图之。"石廷柱等回去后，诸贝勒问留在后金军中祖大寿的义子祖可法为何不降。回答道："永平兵民，若不加屠戮，则天下之民，闻风归顺。因屠戮降民，是以人皆畏缩耳。"虽有归顺之意，但一时难于决断！且祖总兵表示："我等宁死城中，何为使妻子罹祸也！"于是后金派石廷柱等，祖大寿派祖可法等，就祖大寿降后"锦州或以力攻，或以计取"事宜，进行密商。二十七日，祖大寿遣使告知皇太极："我降志已决！至汗之待我，或杀或留，我降后或逃、或叛，俱当誓诸天地。"他还提出："我欲令一人，潜入锦州，侦吾弟消息，倘被执讯，诘出虚实，为之奈何？我亲率兵，诈作逃走之状何如？"（《清太宗实录》卷十）

二十八日，大凌河城内各官，皆与祖大寿同谋归降，惟独副将何可纲不从。祖大寿做了一件对不起生死与共僚友的愧疚之事：

> 大寿执之，令二人掖出城外，于我（后金）诸将前杀之。可刚（纲）颜色不变，不出一言，含笑而死。城内饥人，争取其肉。
>
> （《清太宗实录》卷十）

关于何可纲之死，他们编造假材料奏报："初未溃前一日，凌城食尽。副总兵何可纲语大寿曰：'子可出慰阁部，我当死此！'自为文以祭，遂死之。"（《崇祯长编》卷五一）后来明廷了解了情况。直隶巡按王道直疏奏："凌河之困，独副总兵何可纲，大骂不屈，死无完肤。其正气万夫不惴（zhuì），而忠心千古为昭。"（《崇祯长编》卷五三）

祖大寿杀副将何可纲后，派人到后金军大营。双方盟誓。皇太极等誓曰："凡此归降将士，如诳诱诛戮，及得其户口之后，复离析其妻子，分散其财物、牲畜，天地降谴，夺吾纪算。若归降将士，怀欺挟诈，或逃或叛，有异心者，天地亦降之谴，夺其纪算。"祖大寿

等誓曰："祖大寿等,率众筑城,遇满洲国兵,围困三月,军饷已尽,率众出降,倾心归汗。"《清太宗实录》卷十)

盟誓天地后,当用何计,以取锦州?当夜,祖大寿亲到后金大营,皇太极张灯列炬,出幄迎接。祖大寿要跪,皇太极不让,双方行抱见礼。入帐后,祖大寿说他的妻子在锦州,请为内应,里应外合,共图锦州。此事,史载:"大寿言妻子在锦州,请归设计,诱降守者,遂纵归。"《清太宗实录》卷十)皇太极与祖大寿密议计取锦州的对话如下:

皇太极问:今令尔至锦州,尔以何计入城,既入又以何策成事?

祖大寿答:我但云昨夜溃出,逃避入山,今夜徒步进城。彼未有不令入城者。锦州军民,俱我所属,但恐为丘(禾嘉)巡抚所觉耳!若我兵向我,则丘巡抚或擒或杀,亦易事也!如初二日闻炮,则知我已入城。初三、初四日闻炮,则我事已成。皇上可以兵来矣!《清太宗实录》卷十)

天聪汗皇太极许之。祖大寿许依计献城投降,留其义子祖可法为人质。

二十九日,夜亥时,皇太极命贝勒阿巴泰、德格类、多尔衮官40员、兵4000人,都穿汉装,偕祖大寿及所属兵350人,作溃奔状,袭取锦州。漏下二鼓,大凌河城内,炮声不绝。祖大寿等从城南门出,率兵起行。阿巴泰等亦率军前往。时天降大雾,军皆失伍,遂各收兵,及明而还。是夜,锦州明兵,闻到炮声,以为大凌河人得脱,分路应援,被后金军击败。祖大寿等出城后,跑到白云山,时天有大雾。十一月初一日二更,祖大寿带领从子祖泽远及从者26人,进入锦州城。

后金破大凌河城。先是大凌河明人筑城时,骑步兵及工役商贾共3万余人,因相继阵亡、或饿死、或互相食。至是存者止11682

人，马 32 匹。

初二日，后金军听到从锦州方向传来的炮声。至于初三、初四两日，皇太极没有再听到从锦州城发出的信炮声。初四日，祖大寿自锦州派人到后金大营传话："我前日仓卒起行，携带人少。锦州兵甚众，未及举事，将从容图之。"初九日，祖大寿又派人致书皇太极，解释不能举事的原因，并期望："皇上悯恤归顺士卒，善加抚养，众心既服，大事易成。至我子侄等，尤望皇上垂盼。俟来年相会，再图此事。"(《清太宗实录》卷十)祖大寿至锦州后，佯为后金作内应，而实与明军守锦州。皇太极则答书云："将军子弟，我自爱养，不必忧虑。"(《清太宗实录》卷十)后皇太极向诸贝勒解释说："朕思与其留大寿于我国，不如纵入锦州，令其献城，为我效力。即彼叛而不来，亦非我等意料不及，而误遣也。彼一身耳，叛亦听之。"(《清太宗实录》卷十)

十一月初九日，皇太极下令将大凌河城摧毁，降人剃发，并派军拆毁大凌河至广宁一路墩台，携大小火炮 3500 位，并鸟枪、火药、铅子等战利品班师。二十四日，皇太极率师回到沈阳。皇太极熟悉《三国演义》中"七擒七纵孟获"的故事。他对祖大寿才"一擒一纵"呢！

孙承宗以年迈抱病之躯，奔赴锦州，协调战守，但他遭到户科给事中吕黄钟的疏劾。承宗后上疏引疾。寻得请，辞归里。

皇太极一改努尔哈赤杀降、阿敏屠城的错误，由屠城变为降城，对剃发降顺的官兵商民，不予杀害。对尔后明军献城投降，产生深远影响。

这里有一个问题需要讨论：祖大寿是真降，还是假降？一种意见认为是假降，证据是他到锦州后没有作内应；另一种意见认为是真降，理由是他到锦州后本想作内应，但由于巡抚丘禾嘉等防范甚严而没有得逞。究竟是真降还是假降，史料不足，难以论定。

祖大寿回锦州后，继续守锦州。崇祯十三年即崇德五年(1640年)，皇太极派军包围锦州城。崇祯帝派洪承畴统率 8 总兵、13 万大军、8 万匹马，前往救援。结果洪承畴大败。翌年，明朝在辽西丢失锦州、松山、杏山、塔山等城。祖大寿锦州被围，矢尽粮绝，剃发降清。

大寿降清，影响重大。祖大寿是自有辽事以来，第一个降清的总兵。从此，明军在山海关外，再没有一员像样的、敢于同清军拼搏的总兵。

第三十八讲
林丹大汗

　　讲明亡清兴，不能不讲蒙古；而讲蒙古，又不能不讲林丹汗。因为在明末政治舞台上，主要有四股政治势力：明朝、后金—清、蒙古和农民军。林丹汗在明清争战的格局中，起着重要的作用。所以，这一讲来讲林丹可汗（kèhán），也就是林丹大汗。了解林丹大汗必须从他的黄金家族说起。

一、黄金家族

　　林丹汗（1592～1634 年），名林丹，又作陵丹、灵丹，号为呼图克图汗，《明史·鞑靼传》谐音作"虎墩兔憨"，带有轻蔑的意思。林丹汗是蒙古察哈尔部首领，也是蒙古最后一位大汗，出身于蒙古黄金家族，是成吉思汗的第二十二世孙。黄金家族指的是蒙古成吉思汗的后裔。说林丹汗，要从他的先祖达延汗说起。

　　达延汗（1464～1543 年），名巴图蒙克，为成吉思汗第十五世孙。他 6 岁即汗位，称大元可汗，就是达延汗。一说他在位 74 年，享年 80 岁（《蒙古源流》卷六）。他

《蒙古源流》（康熙内府蒙古文抄本）

的父亲巴延蒙克,和其叔满都鲁,结成联盟。本来要拥立巴延蒙克为大汗,但巴延蒙克主张拥立满都鲁为大汗。不久,满都鲁即大汗位,巴延蒙克为济农(相当于辅政、副汗)。后来,因部族之间的纷争,二人同败,相继而死。

满都鲁汗死后,他的遗孀满都海福晋,执掌汗廷大权,统辖蒙古各部。她在寡居期间,拒绝非黄金家族贵族的求婚,精心抚育巴延蒙克之子巴图蒙克(达延汗),两部联合,加强实力。巴图蒙克6岁时,满都海福晋扶立他即汗位,尊称达延汗,并同他结婚。这年,一说满都海福晋33岁。她辅佐年幼的达延汗,执掌政事,发誓报仇,维护黄金家族统治。在明代蒙古史上,有两位杰出的女性:一位是满都海福晋,另一位是三娘子(忠顺夫人)。满都海福晋率军出征,驰骋大漠,打败枭雄,消灭仇敌,巩固统治。达延汗为人"贤智卓越"(《李朝成宗大王实录》卷一七五),控弦10万骑。达延汗年长后,亲自执政,厉行改革,废除太师,恢复济农,强化汗权,重分领地。

达延汗分封诸子,建左右两翼六个万户——左翼三万户为察哈尔万户、兀良哈万户和喀尔喀万户;右翼三万户为鄂尔多斯万户、土默特万户和永谢布(哈喇慎、阿苏特)万户。左翼三万户由大汗直接统辖,大汗驻帐于察哈尔万户;右翼三万户由济农代表大汗行使管辖权,济农驻帐于鄂尔多斯万户。这成为后世蒙古各部落形成的起源,重划蒙古各部政治地图,影响极为广泛而深远。

达延汗长子图鲁博罗特统领蒙古察哈尔部。图鲁博罗特死后子博迪(卜赤)嗣为汗。博迪汗死,子打来孙立,是为打来孙汗(达赉逊库登汗)。打来孙汗继位后,举部东迁,驻牧于蓟、辽地域(大体相当于现在的辽宁、内蒙古东部和河北北部地区),产生了重大历史影响:"辽左始有虏患"(冯瑗《开原图说》)。日本学者和田清认为:"率领所部十万东迁,移牧于兴安岭东南半部,不仅是历史上无与伦比的罕有事件;由于移动的结果,在蒙古内部引起了重大变化,并使明廷辽东大为疲敝,不久便形成了清朝兴起的基础。"(和田清《明代蒙古史论集》)察哈尔部东迁后,与明朝长期反复、激烈地厮杀,损失惨重，两败俱伤。前面讲到的李成梁守辽，重点就是针对着蒙古的察哈尔部。满洲努尔哈赤则隐藏于赫图阿拉地区，暗自发展，形成气候。所以，辽东地区明朝与蒙古的厮杀，为满洲崛起提供了历史机遇。

打来孙汗的四世孙就是林丹汗。林丹汗于万历三十二年（1604年），即大汗位，年13岁，后驻帐广宁（今辽宁北宁市）以北。12年后，比林丹汗年长33岁的努尔哈赤登上后金汗位。而后来继承汗位的天聪汗皇太极与林丹汗同岁，他成了蒙古林丹汗的克星。

时察哈尔部实力雄厚，其势力范围，东起辽东，西至洮河，拥有八大部、二十四营，号称四十万蒙古。林丹汗有"帐房千余"（《明神宗实录》卷三七三），牧地辽阔，部众繁衍，牧畜孳盛，兵强马壮，自称全蒙古大汗。林丹汗尝称："南朝止一大明皇帝，北边止我一人。"（《崇祯长编》卷十一）因之，林丹汗冀图继承大元可汗的事业，南讨明朝抚赏，东与后金争雄，号令漠南蒙古。

林丹汗即位后，进行全面调整。他争取黄教僧侣封建主的支持，接受沙尔巴呼图克图的灌顶戒教，称"林丹呼图克图汗"。又下令将108函的《甘珠尔》经典译成蒙古文，用金字抄写在蓝纸上。编纂蒙古文《大藏经》，并兴建了著名的寺院"察干召"（白寺）。在林丹汗的倡导下，黄教在蒙古左翼诸部传播开来，寺宇林立，僧众遍地，每个家庭都派一子出家为僧。喇嘛教迅速为蒙古贵族和民众所接受。喇嘛们用千金铸造嘛哈噶喇金佛。传国玉玺、嘛哈噶喇金佛、金《甘珠尔》经被视为三大法宝。林丹大汗对漠南蒙古地区以及喀尔喀蒙古（外蒙古）地区蒙古贵族与牧民中黄教的传播，起了重要的作用。

由于漠南蒙古东介于明朝与后金之间，具有重要战略地位，而成为后金与明朝的争夺对象。在明朝、后金与察哈尔部之间鼎立的矛盾中，明廷与后金的矛盾是主要的。明朝主要采取"以西虏制东夷"的策略，联合林丹汗，共同抵御后金。林丹汗向明廷提出"助明朝、邀封赏"。明廷每年给林丹汗赏银先为4000两，后增至4万两,再增至 8 万两,尔后增至 14 万两。崇祯二年即天聪三年(1629年)崇祯帝命王象乾与袁崇焕共商对策。《明史·鞑靼传》记载:"象乾至边,与崇焕议合,皆言西靖而东自宁,虎不款,而东西并急。因定岁予插(察哈尔林丹汗)金八万一千两,以示羁縻。"(《明史·鞑靼传》)就是明廷以牛羊、茶果、米谷、布匹、金银为抚金,换取察哈尔林丹汗不犯边,而求得西边安靖;明廷得以集中力量,对付后金。

林丹汗接受明朝抚赏,又妨碍后金攻明,后金为着对抗明朝,必须先征抚察哈尔林丹汗。因此,天聪汗与林丹汗之间的争战已不可避免。皇太极先后三次出兵攻打蒙古。结果,林丹汗势穷力竭,死在青海。

二、走死青海

林丹汗对明朝索要抚赏,忽即忽离。而对待后金由轻慢而转为畏惧。

万历四十七年即天命四年(1619 年)十月,林丹汗遣使后金,狂称"统四十万众蒙古国主巴图鲁成吉思汗,问水滨三万人满洲国主"(《清太祖高皇帝实录》卷六)云云。诸贝勒大臣见林丹汗来书大怒,要将其来使一半斩杀、另一半劓(yì)鼻馘(guó)耳放归。努尔哈赤说使者无罪,暂加扣留,待派使臣返回后再做处理。后天命汗努尔哈赤遣使赍书报林丹汗。林丹汗把后金的使者关了起来,对努尔哈赤来书做出回答。努尔哈赤误闻使臣被林丹汗所杀,而怒斩来使,但后金使臣却买通看守者逃了回来。

在努尔哈赤攻占沈阳、辽阳后,后金同察哈尔的关系发生了新的变化。

林丹汗实行错误政策,加速了察哈尔内部的分崩离析。他掠土地,劫牛羊,穷奢极欲,暴虐无道,"恖然悖慢,耳目不忍睹闻"。他自恃士马强盛,横行漠南,破喀喇沁,灭土默特,逼喀尔喀,袭科尔沁。史载察哈尔部属五路头目的妻子，被林丹汗重臣贵英强占，受害头目含愤投巴林部首领炒花，"炒花不能养，投奴酋。奴酋用之守广宁"。察哈尔的许多部落，因对林丹汗不满，逐渐依附于后金，与后金盟誓。科尔沁等部在后金等援助下，打退了林丹汗的军事进攻。天命汗凭借有利的形势，向漠南蒙古发动军事攻势。此役，后金军扫击巴林、巴岳特、乌济业特三部牧地，俘获 5.6 万多人畜。这是后金军大规模进攻蒙古的开始。此后，又有许多蒙古部落依附后金。

皇太极继承汗位后，开始进攻蒙古诸部，并威逼到察哈尔部。据《崇祯实录》记载：天聪二年即崇祯元年（1628 年）六月，察哈尔"拔帐而西，骚动宣、云，已逾半载"《崇祯实录》卷十）。林丹汗率察哈尔部开始西迁，到宣府、大同塞外。

林丹汗西迁之后，明朝中断抚赏，其内部困难增加，众叛亲离，四面楚歌。在这种情况下，天聪汗皇太极对察哈尔部林丹汗发动了三次军事进攻。

第一次。崇祯元年即天聪二年（1628 年）九月初三日，天聪汗皇太极决定亲率大军，会同蒙古诸部，征讨察哈尔部。皇太极第一次以"盟主"的身份发号施令，统率蒙古诸部军队向察哈尔林丹汗发起进攻。初六日，皇太极率领大军离开沈阳，西征林丹汗。初八日，大军经都尔鼻（今辽宁彰武）地方，敖汉、奈曼等部兵来会。尔后，喀尔喀、科尔沁、扎鲁特部、喀喇沁各部兵来会。随后，天聪汗皇太极指挥满洲、蒙古大军，乘胜前进，追捕败军，直至兴安岭。《清太宗实录》记载："遣精骑追捕败军，至兴安岭，获人畜无算。"《清太宗实录》卷四）皇太极亲征察哈尔大军，于十月十五日回到沈阳。是役，为后金第一次由天聪汗亲自统率，会集蒙古诸部兵马，共同进击察哈尔部林丹汗。皇太极通过对察哈尔部的第一次进兵，确立了对漠南蒙古东面诸部的盟主地位，建立了蒙古归附各部对后金的臣属关系。林丹汗受到皇太极的威逼开始西迁，于是，皇太极对察哈尔部发动了第二次征伐。

　　第二次。崇祯六年即天聪七年（1633 年）四月初一日，皇太极发动了第二次对察哈尔部的进军。初九日，大军到西拉木伦河时，沿途蒙古各贝勒率所部兵来会，共同大举进攻察哈尔部。这次满洲、蒙古大军出征的目的："一欲为我藩国报仇，一欲除却心腹大患。"（《天聪朝臣工奏议》）林丹汗闻警大惊，"遍谕部众，弃本土西奔，遣人赴归化城，驱富民及牲畜尽渡黄河。察哈尔国人，仓卒逃遁，一切辎重，皆委之而去"（《清太宗实录》卷十一）。林丹汗部众散处黄河河套及套西一带。皇太极鉴于形势发生变化，谕率兵诸贝勒大臣曰："察哈尔知我整旅而来，必不敢撄我军锋，追愈急，则彼遁愈远。我马疲粮竭，不如且赴归化城暂住。"于是大军回返，趋归化城（今呼和浩特市）。后金军经宣府、张家口等地，大肆抢掠，饱欲而返。七月二十四日，皇太极率军回到沈阳。

　　皇太极第二次亲征察哈尔林丹汗之役，历时 40 天。据《清太宗实录》记载，仅斩一人、获六人，又获马一匹、骆驼一峰。后金军始终未同察哈尔军队相遇，无果而还。皇太极在深入察哈尔境后，主要困难：一是缺水——"天气炎热，无水，人亦晕倒"（《满文老档·太宗朝》）。其时，以一只黄羊换水一碗，可以看出水之珍贵。二是缺粮——大军"分道而猎，及合围，见黄羊遍野，不可数计，遂杀死数万。时军中粮尽，因脯而食之"。

　　经过两次大的冲击和西迁，林丹汗人心离散，势不可为，"食尽马乏，暴骨

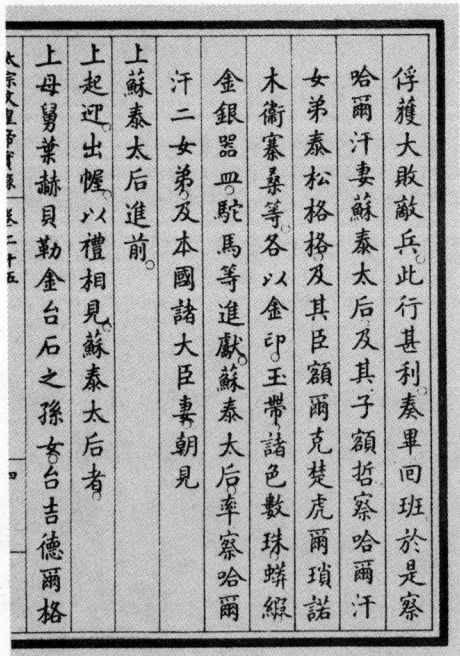

《清太宗实录》中关于察哈尔部归降的记载

成莽"(《明史·鞑靼传》)。为了逃窜,舍弃故业,西奔图白忒部落,牲畜死得很多。部民没有吃的,"杀人以食"(《清太宗实录》)。察哈尔许多部众,不愿再随林丹西迁土番——青藏一带地方。部落首领纷纷投归后金,就连他的一位妻子也率其八寨桑,以1200户归降后金。闰八月,皇太极连续得到来自察哈尔的奏报:察哈尔林丹汗出病痘,殂于打草滩地方西日他拉。又得到奏报:察哈尔寨桑噶尔马济农等送察哈尔汗窦土门福晋,带着人来归附。于是,皇太极决定三征察哈尔。

第三次。崇祯八年即天聪九年(1635年)二月二十六日,皇太极命多尔衮、岳讬、萨哈廉、豪格为统兵元帅,率骑兵万人,三征察哈尔,往收察哈尔林丹汗之子额尔克孔果尔额哲。三月,多尔衮等在宣府水泉口,招抚了林丹汗的遗孀囊囊福晋,从她们口中得知额哲等人的驻牧地。多尔衮等率领后金大军继续前进,前往黄河河套一带,收抚察哈尔部众,寻找苏泰太后及其子额哲等人的下落。苏泰太后是皇太极母舅叶赫贝勒金台石的孙女,台吉德尔格勒之女。

二十八日,大军进抵察哈尔林丹汗之子额哲等人所驻牧的托里图地方。其时,天雾昏黑,额哲没有防备。多尔衮等议商决定,派遣随军的叶赫金台石贝勒之孙南楮等,先见南楮之姐林丹汗遗孀苏泰太后及其子额哲。南楮等受命后,急驰至苏泰太后大营。到大营后,南楮高声喊道:"尔福晋苏泰太后之亲弟南楮至矣,可进语福晋!"苏泰太后听到这个突如其来的消息后,既惊又喜,但怕有诈。苏泰太后遂令她的旧叶赫随从亲自加以辨认,回来报告说:"是真的!"苏泰太后恸哭迎出营帐,与久别的弟弟抱头相见。随后,苏泰太后令其子额哲,率领众寨桑,归附后金。这是多尔衮利用姻亲关系,取得政治与军事"一石二鸟"的生动史例。

第二天,苏泰太后、额哲设宴,送多尔衮等驼马、雕鞍、貂裘、琥珀、金银、苏缎等物。除了驼、马外,多尔衮等把其余礼品都收下。多尔衮等设宴款待,并赠以雕鞍、马、黑貂裘等礼物。八月初三日,和硕贝勒多尔衮,贝勒岳讬、萨哈廉、豪格等,征察哈尔部,获历代传国玉玺。玺文为"汉篆'制诰之宝'四字,璠玙为质,交龙为纽,光气焕烂,洵至宝也"。多尔衮等见宝玺后甚喜,曰:"皇上洪福非常,天锡至宝,此一统万年之瑞也。"(《清太宗实录》卷二四)九月,后金军旋师回到沈阳。多尔衮把林丹汗的传国玉玺献给了皇太极。

皇太极将察哈尔部安置于义州,分设左右翼察哈尔八旗,设都统和副都统管辖;封林丹汗子额哲为亲王,并将次女马喀塔格格嫁给他。

当林丹汗"八大福晋"归顺后,满洲贝勒济尔哈朗娶林丹汗大福晋苏泰太后(额哲之母)为妻,皇太极娶窦土门福晋和囊囊福晋为妃。后囊囊福晋生下了林丹汗的遗腹子阿布奈。额哲因病去世后,其弟阿布奈袭为亲王,又尚公主。

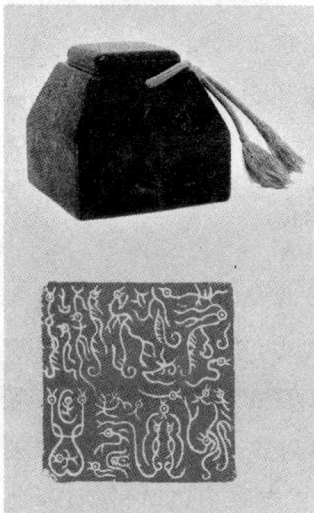

后世伪造的"受命于天,既寿永昌"玺

林丹汗不仅是察哈尔部的大汗,而且是蒙古各部的宗主。察哈尔部的灭亡,既是漠南蒙古全部归于后金统治的标志,也是成吉思汗创立大蒙古国在其故土最终覆灭的标志。

察哈尔部被后金征服,明朝失去北面屏障,入塞通道被打开。《明史·鞑靼传》记载:"明未亡,而插(林丹汗)先毙,诸部皆折入于大清。国计愈困,边事愈棘,朝议愈纷,明亦遂不可为矣!"(《明史·鞑靼传》)林丹汗之死,他的儿子额哲降附后金—清,标志着漠南蒙古归入清朝,满蒙结成联盟,扩大兵员和实力,囊括自东海到青海的版图,以更强大的政治、经济、军事势力同明朝争夺天下。明与清的力量对比,发生了重大的变化。其中一个关键问题就是满洲和蒙古联盟,苏泰太后和额哲归附皇太极,加快了满蒙联盟。

三、满蒙联盟

首先我们要注意一个问题，明朝当时力量比较强大，实际控制长城以南大约 500 万平方公里的土地。清朝兴起之后，对明朝发动攻势，把明朝打得焦头烂额。蒙古从元顺帝北退之后，始称北元，不断向南骚扰，把明朝折腾得 200 多年不得安宁。仅仅一个瓦剌部，就在土木堡打了胜仗，俘虏明朝英宗皇帝。后来俺答汗又带军队打到通州，威逼北京。满蒙两个拳头联合起来打明朝，明朝必然处于一种劣势。努尔哈赤和皇太极的一个高明之处就是建立满蒙联盟，以语言、习俗相近来说服蒙古，宣称明朝是他们共同的敌人，应该联合起来进行报仇。不仅如此，皇太极还采取了很多措施来加强满蒙联盟。

皇太极在统一蒙古过程中，对蒙古各部，颁政策，定制度，封官爵，重管理，加强满蒙联盟，合力对付明朝。

联姻。早在天命朝，努尔哈赤不仅娶科尔沁两贝勒的女儿为妻，他的儿子也相继纳蒙古王公的女儿做妻子。仅万历四十二年（1614 年），努尔哈赤的四个儿子，次子代善娶扎鲁特部钟嫩贝勒女为妻，第五子莽古尔泰娶扎鲁特部纳齐贝勒妹为妻，第八子皇太极娶科尔沁部莽古思贝勒女为妻，第十子德格类娶扎鲁特部额尔济格贝勒女为妻。尔后，第十二子阿济格娶科尔沁部孔果尔女为妻，第十四子多尔衮娶桑阿尔寨台吉女为妻。努尔哈赤在位时，同科尔沁联姻 10 次，其中娶入 9 次、嫁出 1 次。皇太极在位时，同科尔沁联姻 18 次，其中娶入 10 次、嫁出 8 次。皇太极的皇后是莽古思贝勒之女，两位爱妃是寨桑贝勒之女，其中庄妃辅育顺治、康熙两代皇帝，定鼎中原，功在社稷。皇太极的儿子顺治帝，两位皇后也都出自科尔沁。蒙古科尔沁部与后金政权，通过联姻，巩固同盟，以加强自己的势力，来对抗察哈尔部。总之，由于蒙古科尔沁部归附后金最早，博尔济吉特氏与爱新觉罗氏世为懿亲。清太祖努尔哈赤、太宗皇太极、世祖顺治和圣祖康熙先后有 4 位皇后、13 位皇妃,出自蒙古科尔沁等部。蒙古科尔沁部博尔济吉特氏影响清初五朝(天命、天聪、崇德、顺治、康熙)四帝(太祖、太宗、世祖、圣祖)的政治与血缘,而以皇太极孝庄文皇后博尔济吉特氏尤为突出。

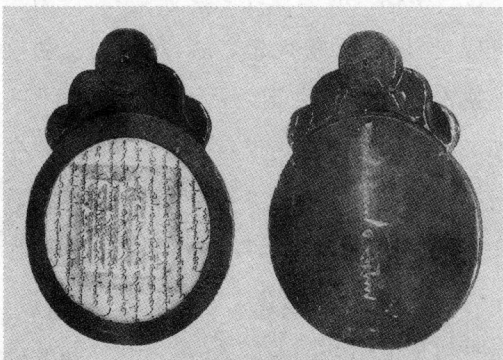

刻有"天聪汗之牌"字样的蒙古文信牌

在天聪朝,满洲与察哈尔联姻也是一例。皇太极先娶察哈尔林丹汗的遗孀窦土门福晋(巴特马·璪),后封为衍庆宫淑妃。又娶其遗孀囊囊福晋(那木钟),后封为麟趾宫贵妃。囊囊福晋先生下林丹汗的遗腹子阿布奈。她为皇太极生下一子,名博穆博果尔。皇太极还将第二女马喀塔下嫁给林丹汗之子额哲为妻。额哲死后马喀塔再嫁其弟阿布奈。康熙十四年(1675年),阿布奈之子布尔尼,乘吴三桂反乱而发动叛乱,遭清军击溃,布尔尼被杀。清廷命杀阿布奈及其诸子,女子没为官奴。察哈尔汗后嗣遂绝。

和硕贝勒济尔哈朗妻子已死,继娶其妻妹、林丹汗遗孀苏泰福晋为妻。大贝勒代善娶林丹汗之女、额哲之妹泰松格格为妻。皇太极之子豪格娶察哈尔伯奇福晋,皇太极七兄阿巴泰也娶察哈尔俄尔哲图福晋。满洲与察哈尔,由昔日之仇敌,成为今日之亲家,结成政治联盟。

此外,还通过编旗(即把蒙古一部分人编入八旗)、册封、赏赐、重教(就是重喇嘛教)、会盟等措施,不仅加强与密切了后金—清朝同蒙古诸部的关系;而且为清朝入关后对蒙古的管理,提供了模式与经验。

前面讲到,皇太极征蒙古的一大收获是得到了林丹汗的传国玉玺,他非常高兴,认为这是天命所归,于是做出了一个重要决定,就是要改国号,即把后金改成大清。

第三十九讲
建立大清

我们讲"明亡清兴",其实,努尔哈赤建立的满洲政权在较长时期内都叫"金",那么,什么时候开始叫"清"? 为什么叫"清"? 为什么改"金"为"清"? "汗"和"帝"有什么区别? 本讲将分别回答上面这些问题。

一、南面独坐

从天命元年(1616 年)到天聪十年(1636 年),努尔哈赤和皇太极父子,经过 20 年的奋争,政治、经济、军事、民族、文化等都取得巨大成绩。他们面临的一个重要课题,就是同明朝争夺江山,夺取全国政权。而此时,建立大清,与明抗衡,已经是水到渠成的事了,因为各方面的条件都已经具备。

第一,南面独坐柄政。皇太极为了加强以汗为首的中央集权,削弱八旗主旗贝勒的权势,逐步取消八和硕贝勒共治国政制度,天聪六年即崇祯四年(1632 年)正月,皇太极废除"与三大贝勒俱南面坐受",改为自己"南面独坐",由"四

崇德帝皇太极朝服像

尊佛"改为"一尊佛"。

皇太极继汗位是经过贵族共和推选出来的。当时,大贝勒代善、二贝勒阿敏、三贝勒莽古尔泰,四贝勒才是皇太极。举行朝廷会议的时候,四个人并排坐着,史书上叫做"四尊佛"。皇太极为达到"一佛独尊",首先拿阿敏开刀。阿敏是舒尔哈齐的儿子。皇太极占领京东四城,即永平、滦州、迁安、遵化,派阿敏守永平。因明军反击,后金军队接连失利,阿敏仓皇弃城而逃。皇太极乘机削夺了阿敏的兵权,把他囚禁起来。后来阿敏死在狱中。第二个是三贝勒莽古尔泰。前面讲过,大凌河之战时,皇太极派莽古尔泰攻南城。因伤亡惨重,莽古尔泰便发牢骚。皇太极借此把他幽禁起来,后来莽古尔泰暴死,死因不明。至此就剩下代善了。代善是大贝勒,而且实际控制着两红旗,势力很大。但代善有个特点,知进知退,而且首先提出拥立皇太极。皇太极没有杀他,也没有软禁他,但削弱了他的权力。于是,代善便主动放弃了自己的特权。这样,皇太极实现了南面独坐柄政。这标志着君主集权制的确立与强化。

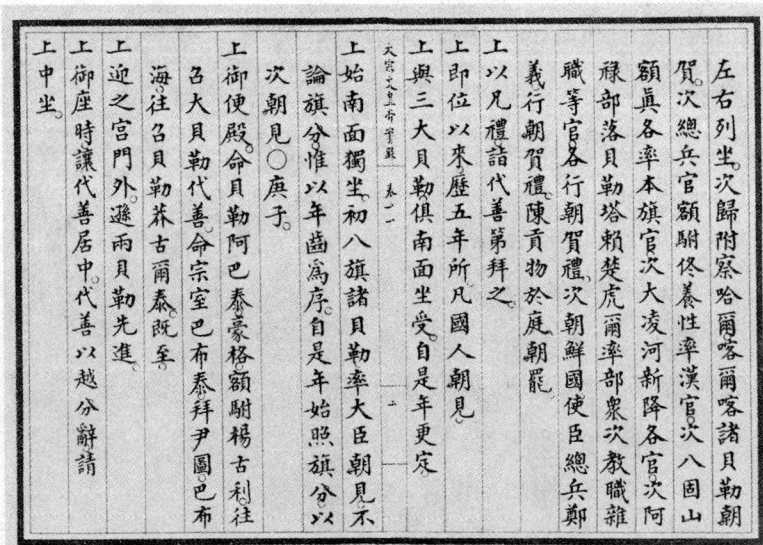

《清太宗实录》中关于皇太极"南面独尊"的记载

第二,民族成分变化。满洲刚兴起的时候,主要是女真人。后金经过多年的征抚,不仅已经吞并哈达、辉发、乌拉、叶赫,而且重新整合东海女真、黑龙江女真。还有大量汉人、蒙古人、朝鲜人、锡伯人、达斡尔人、鄂伦春人、鄂温克人、虎尔哈人等,同满洲融合,而形成为一个新的民族共同体。为此,天聪九年即崇祯八年十月十三日(1635 年 11 月 22 日),天聪汗皇太极发布关于改族名的《汗谕》:

> 我国原有满洲、哈达、乌喇、叶赫、辉发等名,向者无知之人,往往称为诸申。夫诸申之号,乃席北超墨尔根之裔,实与我国无涉。我国建号满洲,统绪绵远,相传奕世。自今以后,一切人等,止称我国满洲原名,不得仍前妄称。(《清太宗实录》卷二五)

从此,满洲这个族称正式出现在中华和世界的典册上。

第三,扩充八旗建制。原来只有满洲八旗,尔后,逐渐扩建并组成蒙古、汉军八旗。

八旗蒙古:天聪三年即崇祯二年(1629 年),已将原有的蒙古军,扩编成"蒙古二旗"。天聪九年即崇祯八年(1635 年)二月,皇太极命将蒙古二旗扩充建制为八旗蒙古。它的旗色和建制,与八旗满洲相同。

八旗汉军:早在努尔哈赤时期,在满洲八旗中就有 16 个汉人牛录。皇太极即位后,天聪五年即崇祯四年(1631 年)正月,将汉人牛录拨出 2000 多人,正式成为一个汉军旗,命汉官佟养性统辖。天聪八年即崇祯七年(1634 年)五月,皇太极正式将"旧汉兵"定名为汉军,以黑旗为标志。因当时铸造火炮者基本是汉人,而使用这些火器、大炮者也基本是汉人,所以"汉军"满文为 ujencooha,汉音译作"乌真超哈",汉意译作"重军",就是使用重型武器、特别是火器的军队。崇德二年(1637 年),汉军扩充为二旗。崇德七年(1642 年),汉军再扩充为八旗。

总之,八旗蒙古和汉军的建立,使后金军事实力得到极大增强。皇太极直接指挥八旗满洲、八旗蒙古与八旗汉军,其军政实力得到极大加强。

第四,版图空前扩大。皇太极统治时期,清朝的版图用皇太极的话来说:

> 予缵承皇考太祖皇帝之业,嗣位以来,蒙天眷佑,自东北海滨,迄西北海滨,其间使犬、使鹿之邦,及产黑狐、黑貂之地,不事耕种、渔猎为生之俗,厄鲁特部落,以至斡难河源,远迩诸国,在在臣服。蒙古大元,及朝鲜国,悉入版图。(《清太宗实录》卷六一)

就是说,东自鄂霍茨克海,西迄巴尔喀什湖、贝加尔湖,南濒日本海,北跨外兴安岭的广阔地域,原明奴儿干都司、辽东都司(山东北部除外)和蒙古部分辖境内的各族部民,都被置于大清的管辖之内。面积约 500 多万平方公里,和明朝实际控制的面积大约相等。

第五,确定攻明目标。后金政权本来僻处东北一隅,清太祖努尔哈赤时似乎还没有明确制定统一天下的目标。但是,皇太极在天聪三年即崇祯二年(1629 年)十一月十五日,发表《告谕》:

> 若谓我国褊小,不宜称帝,古之辽、金、元,俱自小国而成帝业,亦曾禁其称帝耶!且尔朱太祖,昔曾为僧,赖天佑之,俾成帝业。岂有一姓受命,永久不移之理乎!天运循环,无往不复。有天子而废为匹夫者,亦有匹夫起而为天子者。此皆天意,非人之所能为也!(《清太宗实录》卷五)

上述宣言充分表明:第一,引述古代历史,说明偏隅小国可以完成帝业;第二,引述民族历史,说明东北民族小部可以战胜中原大国;第三,引述明朝历史,论证朱元璋原是个穷和尚,也可以成为皇帝,别人为何不能称帝?第四,天道哲理证明,循环往复,历史轮回,帝位易主,没有万世;第五,上天眷顾,佑我称帝,明朝皇帝岂能禁之?

总之，皇太极要效法契丹耶律阿保机、女真完颜阿骨打、蒙古成吉思汗，建元称帝，进军中原，推翻朱明，一统天下！皇太极在这个总战略思想之下，适值获得故元传国宝玺的机会，于天聪十年（1636年）四月十一日，建号大清，改元崇德。皇太极怀着雄心，部署战略，要同明帝崇祯，争夺国统。

二、建立大清

皇太极建立大清得有个由头，这个由头是什么？这就是从林丹可汗遗孀那里得到了"传国玉玺"。事情经过是这样的：

天聪九年（1635年），皇太极命多尔衮等统军三征察哈尔部。林丹汗的继承人、其子额哲率部民1000户归降，并献上传国玉玺。据说这颗印玺，从汉朝传到元朝，元顺帝北逃时还带在身边。他死之后，玉玺失落。200年后，一个牧羊人见一只羊3天不吃草，还用蹄子不停地跑地。牧羊人好奇，挖地竟得到宝玺。后来宝玺到了林丹汗手中，他死后，由其妻苏泰福晋、子额哲收藏。皇太极得到"一统万年之瑞"，如同自己的统治地位得到上天的认可，自然大喜过望。亲自拜天，并告祭太祖福陵。他认为这是上天的眷佑，要他做一统天下的君主。于是，皇太极在众臣的拥戴下，于天聪十年即崇祯九年（1636年）四月十一日，举行隆重典礼，宣布即皇帝位，正式改国号"金"为"清"，改年号"天聪"为"崇德"。

祭告天地大典。十一日，黎明，皇太极率诸贝勒及满洲、蒙古、汉官，出德盛门，至天坛下马，由满、汉两名导引官引领至坛

白玉"大清受命之宝"

前，向上帝神位立，上香，率诸大臣行三跪九叩头礼，献帛，奉酒。然后，皇太极率诸大臣跪，读祝官捧祝文至坛上，北向跪，读祝文，其文曰："维丙子年四月十一日，满洲国皇帝臣皇太极敢昭告于皇天后土之神曰：勉徇群情，践天子位，建国号曰大清，改元为崇德元年。"（《清太宗实录》卷二八）接着进行一系列庄严隆重的礼仪，祭告天地之礼完毕。同日，举行上尊号、建国、改元大典。

举行尊号大典。大典在天坛之东设坛举行。皇太极由中阶升坛，御金椅，诸贝勒大臣按左右序列站毕，开始奏乐，众行两遍三跪九叩头礼。

左班和硕墨尔根戴青贝勒多尔衮、科尔沁贝勒土谢图济农巴达礼、和硕额尔克楚虎尔贝勒多铎、和硕贝勒豪格，右班和硕贝勒岳讬、察哈尔汗之子额驸额尔克孔果尔额哲、贝勒杜度、都元帅孔有德，分别捧宝，按顺序跪献。皇太极受宝，交给内院官，放置在宝盒内。同时，进仪仗列于皇太极左右，众再行两次三跪九叩头礼。

代善代表满洲、额哲代表蒙古、孔有德代表汉官，捧满、蒙、汉三种文体的表文，宣示曰："我皇上应天顺人，聿修厥德，收服朝鲜，统一蒙古，更得玉玺，符瑞昭应，鸿名伟业，丕扬天下。是以内外诸贝勒大臣，同心推戴。敬上尊号曰'宽温仁圣皇帝'，建国号曰'大清'，改元为'崇德'元年。"宣谕结束，又行两次三跪九叩头礼。大家注意，用三种文体宣示不仅是语言形式问题，更是一种政治象征，说明皇太极不仅代表满洲利益，也代表蒙古利益，还代表汉人的利益。也就是说，崇德皇帝不仅是满洲的皇帝，也是蒙古的皇帝，还是汉人的皇帝。总之，皇太极是满洲、蒙古、汉人天下的共主，和当年努尔哈赤已大不一样。

尔后，祭告祖陵，追尊先祖，大封功臣。十二日，皇太极分叙诸兄弟子侄的军功：册封大贝勒代善为和硕礼亲王、贝勒济尔哈朗为和硕郑亲王、贝勒多尔衮为和硕睿亲王、贝勒多铎为和硕豫亲王、贝勒豪格为和硕肃亲王、岳讬为和硕成亲王等六大亲王。又分叙外藩蒙古诸贝勒的军功。

改大汗为皇帝。"汗"即"可汗"的简称，为蒙古语，汉译意为"王"或"帝"。东北地区的女真族与蒙古族相邻，受蒙古文化影响很深，故努尔哈赤建国即位之后，称"汗"。但努尔哈赤在一些对明朝或朝鲜的文书中，称"大金国汗"或"大金国皇帝"。实际上"汗"即"帝"。万历皇帝在满文中就是"万历汗"。皇太极继位后仍称"汗"，在满文中，凡大金国皇帝处，"帝"仍用"汗"。皇太极与袁崇焕议和时，汉文书信中所写的"大金国皇帝"字样，曾被袁崇焕指责为议和的障碍。皇太极对此做出让步，曾声明不称"帝"而称"汗"。这是因为在明朝人看来，只有明朝皇帝才能称"皇帝"，"帝"与"汗"是不同等级的尊称。在天聪时，许多汉官给皇太极上奏疏，多称皇太极为"汗"。

随着金国军政势力逐渐发展与强大，皇太极的尊称由"大汗"向"皇帝"提升，实属必然。因为在女真族的概念中，虽然"汗"即"帝"，但"皇帝"一词，在汉文化中是比少数民族的"汗"为更尊贵的称谓。皇太极在绥服蒙古、战败朝鲜、南攻明朝、北征索伦，屡次取得胜利之后，自然不想仅做"大汗"，而要做"皇帝"。皇太极在建号大清的同时，接受了满、蒙、汉群臣恭上"宽温仁圣皇帝"的尊号。皇太极称"皇帝"，而把出于蒙古语的"汗"，封赐给外藩蒙古的王公。

改大金为大清。皇太极不仅将尊号"大汗"改称"皇帝"，而且将国号"金"改为"清"。努尔哈赤把国号定为"金"，意在表明自己是中国历史上女真人所建立金朝的后继者。因为金朝是

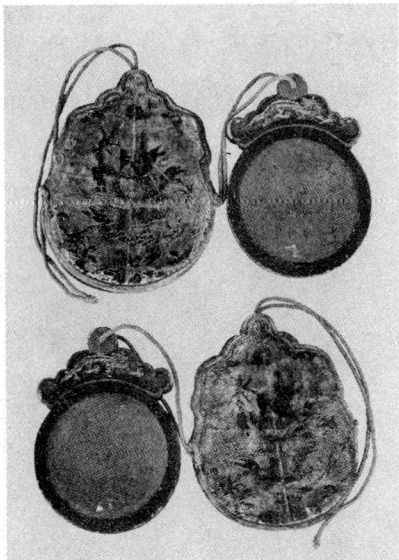

"宽温仁圣皇帝"字样的皇太极信牌

满、蒙、汉三体"皇帝之宝"信牌

女真人在历史上的辉煌时期,用"金"作为国号,既有继承金国事业之旨,也有团聚女真各部之义。努尔哈赤和皇太极父子,都崇拜金朝的太祖、世宗。皇太极喜读《金史》,并命将汉文《金史》译成满文。天聪三年即崇祯二年(1629年),皇太极率兵远袭北京时,还派贝勒阿巴泰、萨哈廉到北京西南房山金太祖完颜旻、世宗完颜雍二帝陵去祭奠。皇太极改"金"为"清",其原因自己没作说明,文献资料如《太宗皇帝实录》、《满文老档》等也无记载。因此后人有不少推测。先讲一个传说:一次努尔哈赤逃难时骑了匹大青马,因跑得太急,马劳累至死。努尔哈赤对马很有感情,说:"大青啊,你是为我而死的,将来我得了天下,国号就叫大青。""清"跟"青"是谐音。那么到底"清"是什么意思?学者至少有五种解释:

北京房山金朝皇帝陵旧影

其一，有人从字面上作附会，说"金"与"清"的汉字语音相近。

其二，有人从历史上作说明，说因为"清"字以往皇朝没有用过。

其三，有人从阴阳五行加以诠释，说"明"为"火"，"清"为"水"，水能克火。

其四，有人从萨满文化作解释，"清"就是"青"，两字同音，青天通天，吉祥。

其五，更有人从民族方面去解释——皇太极声明过，他们不是金国的后裔，当然这里面也包含如果沿用历史上的"金"为国号，有刺激汉族"以宋为鉴"的禁忌。

这五种解释仁者见仁，智者见智。清朝为什么叫"清"，还是一个历史之谜。

应当说，皇太极把国号由"金"改为"清"，主要是由于当时形势发展，他本人已不仅是满洲的"大汗"，也不仅是满洲和蒙古的"大汗"，而是满、蒙、汉的"共主"，是天下的"共主"。因此，皇太极要建立一个新的皇朝，改换一个新的国号，以同明朝抗衡，并且取而代之。

从中国皇朝史来看，当朝的皇帝，改年号多见，改国号却仅见。只是在改朝换代之际，才出现新皇朝的国号。所以，皇太极改国号、改年号，具有政治家之气魄与胆略，也具有改革家之更制与维新。

改天聪为崇德。在清代12位皇帝中，除皇太极有两个年号（天聪、崇德）外，其余十一帝都是一个皇帝一个年号。这同明朝一样，在明代16位皇帝中，除朱祁镇有两个年号（正统、天顺）外，其余十五帝也都是一个皇帝一个年号。

在这里，附带回答观众提出的一个问题：清朝到底有多少年？根据不同情况，清朝年代有三种算法：

第一种是296年，从天命元年（1616年）到宣统三年（1911年）。讲清史的时候，当然要从天命元年说起到宣统退位，这是296年。

第二种是 276 年,从崇德元年(1636 年)到宣统三年(1911 年)。因为崇德元年皇太极改年号为清,这样来算就是 276 年。

第三种是 268 年,从顺治元年(1644 年)到宣统三年(1911 年)。这是通史的一种算法,因为前面那段时间明朝已经算过了,不能重复计算。

三、清承明制

人们常说明清史不分家,明清之间有密切的关系,不了解明史就不能很好地研究清史。努尔哈赤时期,清朝政权结构主要是借用蒙古的范式,也参照了一些汉族的经验。皇太极时期,特别是崇德以后,改革和完善国家组织的特点是,以满洲政权组织为基础,参酌蒙古历史经验,借鉴明朝模式,架构清的国家组织形式。在进行政权体制改革时,皇太极告谕廷臣"凡事都照《大明会典》行"。天聪朝逐步形成内三院、六部、都察院和理藩院所谓"三院六部二衙门"的政府架构,基本完善了政府组织。

设内三院。仿照明朝内阁,设内三院。

——内国史院记注皇帝起居诏令,收藏御制文字,凡皇帝用兵行政事宜,编纂史书,撰拟郊天告庙祝文,及升殿宣读庆贺表文,纂修历代祖宗实录,撰拟圹志文,编纂一切机密文移,及各官章奏,掌记官员升降文册,撰拟功臣母妻诰命、印文,追赠诸贝勒册文,凡六部所办事宜,可入史册者,选择记载。一应邻国远方往来书札,俱编为史册。

——内秘书院撰拟与外国往来书札,掌录各衙门奏疏,及辩冤词状,皇帝敕谕,文武各官敕书,并告祭文庙、谕祭文武各官文。

——内弘文院注释历代行事善恶,进讲御前,侍讲皇子,并教亲王,颁行制度。

内三院的官员参预国家机密,成为皇太极处理政务的得力助手。内三院设大学士、学士，分别由满、汉官员担任。这是清代设大学士之始。清承明制，不设宰相，大学士参与议商军国之大政。内三院是"参汉酌金"，即参酌明朝翰林院和内阁的体制，并加以变通而建立的。

设立六部。仿照明朝，设立吏、户、礼、兵、刑、工六部，分部管理国家行政事务。六部的官员，每部以贝勒一人掌管部事，下设承政（相当于明朝的尚书）、参政（相当于明朝的侍郎）、启心郎（承担部分明廷六科给事中的职能）等，分司其职。天聪五年即崇祯四年（1631 年）七月初八日，天聪汗任命六部官员：除吏部设满、蒙、汉承政各一人外，其余各部皆设满承政二人，蒙、汉承政各一人，是为其六部机构的一个明显的民族特征，也是清入关后政权组织的满、蒙、汉三元重职的经始。清入关之后，六部的尚书是二元制，一满一汉。

皇太极设立的六部，既是"参汉酌金"，也是"清承明制"。但在"参汉"与"承明"时，清朝对明朝的典章制度，既要"使去因循之习"，又要"渐就中国之制"。最终制定出一部《会典》，那是清朝定鼎燕京后的事情。虽然清初六部同八旗制度并存，但已逐步取代先前八旗制所行使的国家权力。

设都察院。崇德元年即崇祯九年（1636 年）五月，皇太极在三院六部之外，仿照明制，设置监察机关——都察院。其职掌是参加议奏、会审案件、稽察衙门、监察考试等，"凡有政事背谬，及贝勒大臣有骄肆慢上，贪酷不法，无礼妄行者，许都察院直言无隐。即所参奏涉虚，亦不坐罪"（《光绪会典》卷九九八）。崇德帝规定都察院的职能是：其一，督察皇帝，如有过错，直谏无隐。其二，督察诸王贝勒大臣，如有荒怠政务、贪酒淫乐等九项过错者，据实察奏。其三，督察六部，如刑部或断案不公，或拖延过久等，稽查奏报。其四，自身防检。鉴于明朝吏治，贪污行贿，都察院也不能免，指令其官，互相检查。皇太极特别指出：都察院官员为言官，"所言非，亦不加罪"（《清大宗实录》卷二九），即说错了也不犯罪，用我们今天话来说就是"言者无罪",这是给言官的一个特殊待遇。但实际上也不是这样,言官要真说错了,触怒了皇帝,照样免官。

创理藩院。这是清朝为管理蒙古事务而建立的机构。明朝对少数民族事务的管理,由礼部主客清吏司分掌朝贡、嗣封、敕印、接待、赏赉、通译等事宜,还设立四夷馆训练通事和翻译文书。清朝则不同。崇德元年即崇祯九年(1636年)六月十三日,皇太极命都察院承政尼堪为蒙古衙门承政,负责管理蒙古诸部事务。这是《清太宗实录》中首见蒙古衙门的记载。官制只分承政、参政二等,每等各有三、四员。崇德三年(1638年)七月二十九日,"更定蒙古衙门为理藩院"《清太宗实录》卷四二),蒙古衙门成为清朝八大衙门之一。

清内三院、六部、都察院和理藩院,合称"三院六部二衙门",是在后金原有体制机构的基础上,参酌明制而建立的比较完整的国家中央机构。这是清初政治体制改革的一件大事。它一方面表明,满洲定都沈阳,建立起能够管理满洲、蒙古、汉民的中央行政机构;另一方面则显示,沈阳政权是清的基地,"日后得了蛮子地方,不至于手忙脚乱",就是为取得全国政权做了体制上的准备。从这一点来讲,皇太极比李自成高明。李自成当时忙于作战,没有建立起一个完善政权的架构形式,后来到了北京,以至手忙脚乱,不知所措,这是其失败的原因之一。

总之,皇太极改国号"金"为"清",标志着原先以女真—满洲为主体的女真国(金国),已经发展为以满洲为主体,包含汉族、蒙古族、东北和漠南等地域其他民族在内,民族多元、国家一统的大清帝国,并为清军入关后移鼎燕京、入主中原做了政治准备。皇太极下一步要做的就是继续同明朝争夺天下,一场重要的战争即将发生,这就是松锦大战。

第四十讲

松锦大战

前面讲到祖大寿降清，他是明朝在战场上向清投降的第一位总兵官。这一讲要说由此引发的松锦大战。此战，从明崇祯十三年即崇德五年（1640年）四月十一日清军进围锦州开始，到崇祯十五年即崇德七年（1642年）四月二十二日杏山失陷为止，共两年的时间，在锦州到松山地带进行。这场大战非同小可，它直接影响到明清争雄的全局。我们先从锦州被围说起。

一、锦州被围

皇太极为什么要围锦州呢？

祖大寿是锦州总兵，在大凌河之战投降皇太极，并答应回锦州作内应，里应外合，夺取锦州。但是，祖大寿没有履行诺言，献出锦州，而是坚守锦州。皇太极当然很生气，他的贝勒们也一致要攻下锦州，活捉祖大寿，再取宁远城，进逼山海关。此时的皇太极，在东边两征朝鲜，先结"兄弟之盟"又结"君臣之盟"；在西面征服蒙古察哈尔部，漠南蒙古臣服；在北面已经统一黑龙江流域；可以专注于南面——向明朝关宁锦防线的前茅锦州发动进攻。

皇太极的盔甲

此时的明朝,已经腐败到了极点,清内秘书院副理事官张文衡向皇太极奏报说:

> 彼文武大小官员,俱是钱买的。文的无谋,武的无勇。管军马者,克军钱;造器械者,减官钱。军士日不聊生,器械不堪实用,兵何心用命? 每出征时,反趁勤王,一味抢掠。俗语常云:"鞑子、流贼是梳子,自家兵马胜如篦子。"兵马如此,虽多何益! 况太监专权,好财喜谀,赏罚失人心。在事的好官,也作不的事;未任事的好人,又不肯出头。上下里外,通同扯谎,事事俱坏极了。(《张文衡请勿失时机奏》,《天聪朝臣工奏议》卷下)

在辽东,孙承宗告老还乡,又失去了袁崇焕、赵率教、满桂、何可纲等一批重臣武将,关宁锦防线的防御能力大为削弱。

皇太极趁着这种形势,确认:必先破关宁锦防线,占领辽西走廊,夺取山海关。他选择的突破口,就是锦州。

崇祯十三年即崇德五年(1640 年)四月,洪承畴奉调辽东仅仅一年多一点的时间,松(山)锦(州)之战就打响了。

皇太极从以前的失败中明白:关宁锦防线不可强攻,而要智取——围城、设伏、打援、攻坚。为此,皇太极做了三点部署:

第一步,屯兵义州。义州离锦州 90 里,皇太极派军队屯田种粮,解决后勤供给。

第二步,围困锦州。仍用当年围大凌河城的办法,四面包围,内外隔绝。

在锦州东南面 18 里是松山城,松山城偏西南 30 里是杏山城,而杏山城西南约 20 里便是塔山城。这三城护卫着锦州城。在其背后西南 120 里是宁远城,为锦州城之后盾。锦州被围,粮薪奇缺,外援断绝,羽书告急。

第三步,围城打援。锦州城被围,突围又不能成功,明朝肯定会派军队来救援。辽西走廊是平地,八旗骑兵有优势,可以乘机歼灭明军。崇祯帝派洪承畴前去增援,恰中皇太极围城打援之计。

祖大寿派人突围,向明廷求援。崇祯帝得报,命蓟辽总督洪承畴率领大同总兵王朴、宣府总兵杨国柱、密云总兵唐通、蓟镇总兵白广恩、东协总兵曹变蛟、山海关总兵马科、前屯卫总兵王廷臣、宁远总兵吴三桂,八总兵及副将以下官员 200 余名,步骑 13 万,马 4 万匹,克期出关,火速驰援,击退敌军,解围锦州。七月二十八日,明军到达松山。明朝以倾国精锐,汇聚于辽西一隅,以解锦州之围,保关锦防线,护山海关,卫北京城。洪承畴统率的援军,同皇太极的清军,在松山遭遇,于是爆发松山激战。

二、两雄争锋

清崇德时期,明朝与清朝在辽西的争局,最精彩、最重要的一幕,就是松锦大战。这场争战的两位统帅——一位是明朝兵部尚书兼总督蓟辽军务的洪承畴;另一位是清崇德帝皇太极。

皇太极(1592～1643 年),自 20 岁走上战场,已经近 30 年,东征西讨,南战北伐,可以说是身经百战。特别是用"反间计"除掉袁崇焕,显示出其高明的政治谋略与玄机手段。

洪承畴(1593～1665 年),福建南安人,万历进士。他比皇太极小一岁。崇祯十二年即崇德四年(1639 年)正月,当西线农民军一时受挫而转入低潮时,明廷便把同农民军作战有功的三边总督洪承畴,调到关外,总督蓟辽军务,兼筹粮饷,以加强关外军事力量。

明朝末年,主要战场有两个:一个在西北,主要是农民军;一个在东北,主要是后金—清军。崇祯帝在西北战场刚按下葫芦,在东北战场又浮起了瓢。这个时候的东北战场:在北方,皇太极统一黑龙江流域诸部及其活动的广大地域,扩大了兵源、财富和版图,并解除了后顾之忧;在沿海,皇太极攻取旅顺等辽南城镇,冲破了明军的海上防线,从海上对京、津、登、莱形成威胁;在东翼,皇太极两次发兵征朝鲜，终使朝鲜臣服，从而切断了明朝的右臂；在西翼，皇太极进兵蒙古，击败察哈尔部，统一了漠南蒙古，并使之成为藩属，从而切断了明朝的左臂；在中原，皇太极连续破塞突入长城，甚至于攻陷济南，取得重大军事胜利；在关外，前面讲过，皇太极毁大凌河城，初步逼降祖大寿。后祖大寿从大凌河城逃到锦州城。原来明对后金——清朝的弧形包围，倒转过来，而变成为后金——清朝对明朝的弧形包围。皇太极的兵锋所向，直指明朝辽西关宁锦防线的前茅——锦州城，将锦州城紧紧包围。

洪承畴中进士的万历四十四年（1616 年），努尔哈赤恰在这一年黄衣称朕，建立后金。明朝受到关外和中原、八旗军和农民军两种力量的攻击。洪承畴在明万历、泰昌、天启三朝，未见重用。崇祯初，陕北农民军蜂起，崇祯皇帝以洪承畴懂得军事，又能带兵，命他为延绥巡抚、陕西三边总督。洪承畴率军作战，屡屡获胜。崇祯帝加洪承畴为兵部尚书，兼督河南、山西、陕西、四川、湖广军务。洪承畴统率政府军大败号称"闯王"的高迎祥，后俘虏高迎祥。高迎祥部属李自成继号"闯王"。"闯王"李自成率军分道入四川，洪承畴带兵屡战屡胜。李自成还走潼关，洪承畴派曹变蛟设伏邀击，李自成大败，仅以 18 骑败走商洛。这一年是明崇祯十一年即清崇德三年（1638 年）。洪承畴能文能武，屡立战功，深受兵部和崇祯帝的赞赏。这时，明朝在辽东的统帅杨镐、袁应泰、熊廷弼、孙承宗、袁崇焕，总兵张承胤、杜松、刘綎、满桂、赵率教、王宣、赵梦麟、马林等 15 员都已死亡，洪承畴成为明朝当时最优秀的军事统帅。

皇太极"围城打援"，洪承畴"率军救援"。常言道："狭路相逢勇者胜。"然而，洪承畴与皇太极的争锋，在松山决战中却是：两雄争锋智者胜。

三、松山决战

洪承畴的三个前任均战败而死：萨尔浒大战杨镐入狱被杀；沈

辽大战统帅袁应泰兵败自杀;广宁大战经略熊廷弼传首九边。洪承畴接下解围锦州的任务后就考虑自己怎么办呢?以前我讲过,杨镐为什么失败?总结为一个字就是:分。兵分东西南北四路,分进合击,没合起来;而努尔哈赤则是集中兵力,各个击破。结果,杨镐大败。这个教训对洪承畴来说太深刻了。所以,洪承畴不敢冒进,他采取了一条措施:合,把 13 万军队集中起来,抱成一个团,这样皇太极就不能各个击破了。

洪承畴率军从宁远出发,采取"建立饷道,步步为营,边战边进,解围锦州"的策略。但是,洪承畴军行动迟缓,从受命到出师已经 6 个月;从宁远到松山约百里,其间拖延又 4 个月。洪承畴兵到松山之后,设立大营,以图进取。起初,双方军队有过几次小规模的接触,明军得胜。洪承畴也很得意,但仍十分谨慎,不敢冒进。

清军初战失利,军报传到沈阳。皇太极正患病,鼻衄(nǜ)流血。他接到军报后,立即出发,用碗接着鼻血,骑马急进,星夜兼驰,来到前线!皇太极到松山后,没有休息,立即登山,视察形势。他见明军大众集前,后队颇弱。猛然省悟道:"此

皇太极的马鞍

阵有前权,而无后守,可破也!"(计六奇《明季北略》卷一八)

我解释一下,"权"是个军事术语,"有前权,而无后守"就是说把重点集中在前头,而后面的防备薄弱。通俗来说就叫"虎头蛇尾"。这是因为洪承畴要把兵力集中起来逐步往前推进,他考虑后金军队前头打援,就把重点部署在前面。一个优秀的军事统帅在指挥这样重大的战役时,中军、前权要强,后守也不能弱,左翼和右翼要并重,前、后、左、右、中都要有部署。洪承畴是接受了杨镐失

败的教训,不分兵、前权布置是其优势,但他没有意识到,后守薄弱就是其弱点。人以长取胜,以短取败。三国时,关羽善待士卒而骄于士大夫,结果以骄傲取败;张飞善待士大夫而鞭打士卒,结果被部下所杀。《三国志》评论说"以短取败,理数之常也"。洪承畴的长处很明显,就是不分兵,前权布置得很好,但是后守是薄弱环节。

皇太极召集诸王贝勒会议,定下对策:

第一,包围主力。明军以步兵在松山城北和乳峰山之间设立七个营,以骑兵驻松山东、西、北三面,合步骑兵,号 13 万,部署严整。于是,皇太极将主力部队部署在松山与杏山间,乌欣河南山至海边,"横截大路,绵亘驻营"。并于锦州至海之间,掘三道大壕,各深八尺、宽丈余,包围松山明军,并切断其松山、杏山之间的联系。

第二,前锋打援。皇太极之作战布署是:围锦打援——将原重点围困锦州的兵力,转移到重点打击援锦明军。这就由松山、锦州明军对清军的包围,转变为清军对明军的反包围,即将洪承畴率领的 13 万大军,包围在松山一带,使锦州、松山、宁远,彼此孤立,无法互援。清军由被动转向主动。

第三,断敌粮道。洪承畴统率 13 万大军的粮道被清军切断。这引起明军的恐慌。

第四,退路设伏。派精兵伏于杏山、连山、塔山及沿海诸要路。特别是在明军退往宁远必经之路——高桥,预设伏兵,等待退敌。

洪承畴率领 13 万大军,环松山立营,图进解锦州之围,却退无回旋之地——自断与后方杏山、塔山、宁远等城的联络。皇太极观察洪承畴阵势,决定掘长壕,断粮道,使之陷于绝境。

洪承畴针对皇太极的作战部署,立即召开军事会议。洪承畴没有采纳马绍愉"乘锐出奇击之"、张斗"防其抄袭我后"的用兵建议。他还说:"我十二年老督师,若书生,何知耶!"(《崇祯实录》卷一四)就是说,我已经做了 12 年的督师,你们这些书生,懂得什么!

洪承畴见清军"环松山而营,大惧。欲战,则力不支;欲守,则粮已竭。遂合谋退遁"(《清太宗实录》卷五七)。当夜,洪承畴等欲收缩兵力，企图聚兵，突破重围。

崇德六年即崇祯十四年（1641 年）八月二十日，明清两军，列阵大战。接战良久，矢飞炮鸣，杀伤相当，未分胜负。皇太极先派阿济格率军进攻塔山，夺取了明军在笔架山的 12 堆储粮。其时，明军粮食被抢夺，退路被截断，因为无粮秣，而气挫势穷。洪承畴担心明军步、骑兵被分割，将步骑数万之众，收缩在松山城内。

二十一日，洪承畴见形势严峻，召开会议，共谋对策。他对八总兵等诸将说："当各敕厉本部，与之力斗。余身执桴鼓以从事，解围制胜，在此一举矣！"《明史纪事本末·补遗》卷五）但是诸将意见不一。洪承畴又对诸将说："守亦死，不战亦死，若战或可幸万一，不肖决意孤注，明天望诸君悉力。"（谈迁《国榷》卷九七）明军面临强敌，又缺乏粮食，多主张"回宁远就食"，以图再战。于是，洪承畴放弃解锦州之围的计划，决定分兵两路，半夜突围。

当夜，明总兵王朴"怯甚"，尚未到约定突围时间，率领部众，已先逃遁，以致明军大乱。唐通、马科、吴三桂、白广恩、李辅明等，马步争驰，自相践踏，弓甲遍野，尸横满地。洪承畴等人突围未成，退守松山城。冲杀出去的明军，遭到截击，伤亡惨重。总兵吴三桂、王朴等逃入杏山；总兵马科、李辅明等奔入塔山。当吴三桂、王朴等沿海边逃跑时，清军迎头截击。数万明军，东有大海，后有追兵，盔甲遍野，溃不成军，"赴海死者，不可胜计"《清太宗实录》卷五七）。当时正赶上潮水大涨，全军尽没，只有 200 余人逃脱。后仅白广恩、曹变蛟、王廷臣败入松山，与洪承畴及其万余残卒，共守松山城。

二十四日，皇太极命设伏于高桥大路。逃入杏山城的吴三桂、王朴等，率残部逃出，向宁远奔遁，遭到清军追击，败奔至高桥。吴三桂、王朴恰中皇太极的预算——清军多铎等伏兵四起，阻截前路，追兵蹑后。吴三桂、王朴和众士卒，手足无措，伏兵合力进击，各路溃窜。吴三桂、王朴，仅以身免，逃回宁远。后王朴下狱被杀。

松山激战，历时十天，明军大败，清军获胜，明军被杀 53783 人，损失马匹 7444 匹、驼 66 峰、甲胄 9346 副。另外"赴海死者，以数万

清崇德年造"神威大将军"火炮

计，浮尸水面，如乘潮雁鹜，与波上下"（高士奇《扈从东巡日录》卷上）。明军投海死者及丢弃马匹、甲胄数以万计。

尔后，皇太极大规模进兵松山，必欲破城，擒洪总督。松山城内，缺粮短薪："米粮有限，主客聚食，三月之后，恐不可支。"明朝兵部认为：松山城内，两万士卒，坚守时间，不能久待——"非饿死，则杀死"。

松山被围，断绝外援，情状危急，明方奏报："内无粮草，外无援兵，封疆诚岌岌危矣！"（《明清史料》乙编第四本）总兵曹变蛟，为明骁将，曾经转战千里，27昼夜不解盔甲。九月，洪承畴、曹变蛟等尽率城中马步兵，突围失败。十二月，洪承畴以兵6000人，夜冲清军大营。清军还击，斩400余人。明军退入城内，紧闭城门。关内援兵，竟驻宁远，蜷缩城内，不敢前进。洪承畴"欲战则力不支，欲守则粮已竭，欲遁又未敢成队而出"（蒋良骐《东华录》卷三）。松山明军，坐困城中。

崇德七年即崇祯十五年（1642年）初，松山城内，两万士卒，军民饥困，"阖城食尽"（夏燮《明通鉴》卷八八）。洪承畴派人执密札求援，结果未得粒米寸薪。城中严重缺粮，杀马充饥，后至人相食。朝廷先派顺天巡抚杨绳武督师救承畴，但兵不敢出战；又派副将焦埏赴援，出山海关败没。副将杨振请行，至吕洪山遇伏，军没被俘。清军令杨振往松山说降。接近松山城时，杨振就地向南坐，对从官李禄说道："为我告城中人坚守，援军即日至矣！"随后，杨振、李禄皆被杀害。时"松山城内，糗（qiǔ）粮罄绝，人皆相食"（《清太宗实录》卷六十）。

松山副将夏承德，不甘坐以待毙，遣人密约降清，许诺为内应。

二月十八日夜,清军应约攻城,由南城墙登梯而入,松山城陷落。次日晨,夏承德率部生擒洪承畴及巡抚丘民仰、总兵王廷相、曹变蛟、祖大乐等。然后进行全城大搜杀,诛斩明巡抚丘民仰及总兵曹变蛟、王廷臣等官员百余人,兵丁3063人等。夏承德部下俘获男妇幼稚3113人,获准免死。清军获甲胄军械15267件,各种火器3273位,金银珠宝15000多件,绸缎衣服等15900有余。皇太极下令把洪承畴及祖大乐等送往沈阳,将松山城夷为平地。

攻破松山城后,清军集中打锦州城。此时锦州城也没有吃的,也是杀人相食,祖大寿没有别的办法,只有剃发投降。这是祖大寿第二次降清。

松锦大战,皇太极的兵略是:围城打援,断粮阻截;洪承畴的兵略是:合兵前权,稳进稳援。他吸取杨镐分兵失败的教训,而采取"合兵"与"稳进"的战术。结果:兵是合了,前权重了,稳当进了,就是没有做到一个"援"字,全军覆没,自己被俘。皇太极的关键是"打援",而"援"怎样打法?皇太极高明之处在于:第一,断敌粮道,逼其后撤;第二,设伏截击,攻其不备;第三,外攻内应,陷其四城;第四,擒获主帅,诱其投降。

松锦大战于明清兴亡,具有重大的历史意义。此役以清军歼灭洪承畴援锦大军与夺占辽西锦州、松山、杏山、塔山四城而告终结,并为尔后入主中原奠定基础。后乾隆帝说:"我太宗大破明师十三万,擒洪承畴,式廓皇图,永定帝业。"嘉庆皇帝也说:"太祖一战(萨尔浒大战)而王基开,太宗一战(松锦大战)而帝业定。"(颙琰《太宗皇帝大破明师于松山之战书事文》)总之,萨尔浒大战、沈辽大战、松锦大战是清朝开国史上的三块里程碑,反映了清朝崛兴史三次重大的历史转折。明朝与后金—清自万历四十六年即天命三年(1618年)抚顺第一次交锋,至崇祯十七年即顺治元年(1644年)清军入关前,在近30年间,曾发生大小百余次争战,但对明清兴亡产生极其深远影响的主要是上述这三大战役。萨尔浒大战是明清重大军事冲突的开端,标志着双方军事态势的转化——明辽军由进攻转为防御,后

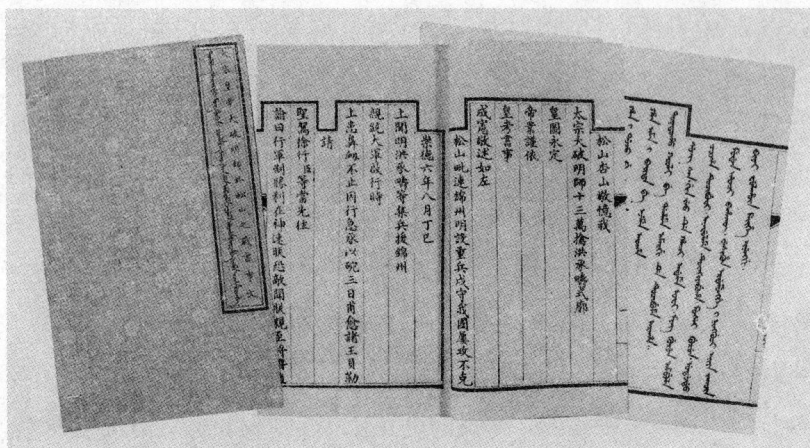

嘉庆皇帝撰《太宗皇帝大破明师于松山之战书事文》

金军由防御转为进攻:沈辽大战是明清激烈军事冲突的高潮,标志着双方政治形势的转化——明朝在辽东统治的终结,后金在辽东统治的确立;松锦大战是明清辽东军事冲突的结束,标志着双方辽西军事僵局的打破——明军顿失关外的军事凭借,清军转入新的战略进攻,为破山海关、定鼎燕京、入主中原,准备条件,奠下基础。

松锦之战,是皇太极一生军事艺术中最精彩的杰作,也是中国军事史上围城打援的范例。洪承畴的错误兵略,使明军丧失辽左四城,损失约 15 万军队。

松锦之败,使明朝损失了在辽西最大的一支精锐军队,也是明朝在关外最后一支精锐军队,以后再也集中不起来这么多军队了,这是明清在辽西战场的最后一仗。从此,结束了双方长达 20 年之久的辽西军事僵局,清军开始新的战略进攻。

洪承畴被俘以后,皇太极把他带到盛京沈阳,堂堂大明兵部尚书、蓟辽总督剃发投降。

第四十一讲

总督降清

松锦大战的一个后果,是明朝总督洪承畴剃发降清。

一、历史笑柄

当明朝总督洪承畴已经在清朝的都城盛京跪拜于大清皇帝皇太极膝前剃发降顺时,明朝的崇祯皇帝却在北京为他举行盛大的祭奠典礼,成为一个历史的笑柄。

事情是这样的:清军于崇祯十五年即崇德七年(1642年)二月十八日占领松山城后,三月初十日,占领锦州城。四月初九日,又攻占塔山城。最后,四月二十二日,再夺占杏山城。后将松山、塔山、杏山三城毁掉。至此,在两个多月时间里,松山、锦州、塔山、杏山四城,均被清军占领,明军关宁锦防线北段崩溃。最后清军俘获明蓟辽总督洪承畴、辽东巡抚丘民仰等人。五月初五日,明总督洪承畴等跪在大清门外,向清投降,剃发称臣。

降清后的洪承畴像

但是,松山城陷的败报传到北京,却说总督洪承畴、巡抚丘民仰殉难,举朝震惊。崇祯帝惊悼不已,设坛赐祭:洪承畴十六坛,丘民仰六坛。按明朝的礼制,一品官赐祭九坛,十六坛为最高的荣典。对洪承畴的祭奠,一坛一坛地祭,当祭到第九坛的时候,传来消息,说洪承畴降清了!这对于大明的皇帝、官员,简直是一道晴天霹雳!本来崇祯帝已经下旨,为洪承畴等在北京城外建祠,祠建成后崇祯皇帝要亲临祭奠。洪承畴投降的消息传来,建祠、祭奠的活动戛然而止。

有一件档案叫《家主尽节松山奏本》,是洪承畴家人向朝廷的奏报。这份奏报这样记述事情的经过:

> 八月,因轻战挠溃,(安)臣家主坐困松城,内乏粮糗,外查(yǎo)求援,杀战马以饲军,马尽而军多饿毙。军士毕感平日恩信,联结忍饥苦守,以死为期,毫无叛志。乃逆将夏成德,见粮断援绝,开门献城。(安)臣家主被执,义不受辱,骂贼不屈。惟西向庭阙叩头,口称"天王圣明,臣力已竭,愿为厉鬼杀贼"等语。奴恨数年战守,经碎体而亡。从来死节之惨,就义之正,未有如(安)臣家主者也。(李光涛《洪承畴背明始末》)

洪承畴于松山千户所城被俘。这是该城城墙遗址旧影

当时洪承畴是否"殉节",辽东"塘报"互异。《明清史料》中的《兵部行〈确察洪承畴等殉节塘报互异〉稿》,可为当时互异"塘报"的史证。但是,巡抚丘民仰,城陷死难,"塘报"确实。崇祯帝命为丘民仰设坛、建祠。崇祯帝将要亲祭洪承畴时,"闻

承畴降,乃止"(《明史·丘民仰传》)。

关于此事,还有以下记载:

> 庄烈帝(崇祯)初闻承畴死,予祭十六坛,建祠都城外,与丘民仰并列。庄烈帝将亲临奠,俄闻承畴降,乃止。(《清史稿·洪承畴传》)

> 北京正阳门东月城有观音大士庙。其观音庙,崇祯中敕建。以祀经略洪承畴。后知洪生降,改祠大士焉。(刘献廷《广阳杂记》)

这座观音大士庙,20世纪50年代还存在。

在长期围困战中,皇太极先后谕书蓟辽总督洪承畴、锦州守将祖大寿,对松山、锦州、塔山、杏山守城官兵进行多次劝降。后来洪承畴被擒降清,皇太极亲自到洪馆看望与劝说,对洪承畴剃发降清起了重大作用。那么,洪承畴最后是怎样决定降清的呢? 有的书上说是庄妃劝降的。

二、"庄妃劝降"

有一本叫《大清后妃》的书说:

> 大明经略洪承畴被俘获后,以绝食誓言宁死不降之志。大玉儿(庄妃)夜入囚所劝降,洪承畴不予理会,仍昏昏欲睡。俄尔,忽见房内灯火辉煌,一阵香气扑向鼻内,洪承畴定神一看,那美人正睡在他的被窝里。大玉儿身许言劝,打出皇后底牌,终于降服了洪承畴。

这本书又说皇太极与庄妃共同劝降了洪承畴:

庄妃像

一日，快成"大明忠魂"的洪承畴，正在囚所内面壁守节，恍惚间听见一声门响，知又是劝降使者，于是合目假寐，不理不睬。随着一声轻柔的叹息，一股异香飘入洪承畴日渐趋微的鼻息中。洪承畴心神一震，四肢酥软，不禁侧目张望，来人竟是一位身着汉族服饰的美丽少妇。洪承畴刚烈则刚烈矣，却有好色之奇癖。此时，他目光痴痴地呆望着眼前这位摄人魂魄的北地胭脂，固守的防线顷刻松软下来。那少妇并不劝降，只问大将军家眷如何。一句话勾起了洪承畴思母念妻的儿女情肠，霎时泪如雨下，饮泣不止。少妇见状，一掬同情之泪，露出暗中带进的一小壶人参汤，将壶嘴缓缓递入洪承畴嘴中。洪承畴恍惚间喝下一口，慢慢止住了饮泣。少妇见洪承畴并不推拒，又将参汤喂于洪承畴口中。

连日的劝慰，洪承畴虽严辞拒食，但对少妇进献的参汤却连饮不辍。皇太极见火候已到，不惜屈尊来到囚室。时正值天寒地冻，饶是洪承畴刚烈无比，但毕竟血肉之躯，难抵刺骨的风寒，皇太极将貂裘轻轻披在洪承畴身上，和颜悦色地问道："先生，很冷吧?"洪承畴木然呆坐良久，终于发出一声叹息："世主啊!"于是俯首归顺大清。

有的书说："这位风华绝代、卓有才识的三十岁的庄妃，多方探明洪承畴的嗜好后，不惜装扮成汉女模样，对洪承畴婉言相劝，极尽温柔动人之情，终于使皇太极死棋活走，为大清帝国入主中原神器、平定九州风雨立下不朽功勋。这位才貌超卓的庄妃，就是日后赫赫有名的孝庄。"又说："皇太极这一成功的妙招大半应归于诱劝洪承畴降清的美丽少妇——永福宫庄妃布木布泰。"

果真是庄妃诱降洪承畴的吗？其实这种说法根本不可信，纯属编造。因为：

第一，没有文献记载。现在已经看到的汉文、满文、朝鲜文的文献、档案，没有一条材料记载明朝总督洪承畴被俘后，是被庄妃劝降的。尽管金梁《光宣小纪》说盛京大清门内有三官庙，离皇宫内院很近，相传洪承畴曾被拘在这里，妃侍或去探视，而有庄妃劝降一说，盖不足信。可以说，这种说法没有一条史料作依据。

第二，违反后宫制度。国有国法，宫有宫规。虽然皇太极时期宫廷制度不够完善，但后妃是不可以随意出入后宫的。有人说三官庙离后宫近，庄妃到这里不算出宫。但据考证，当年三官庙不在这里，是乾隆年间因建太庙才移建的。一个后宫的妃子，只身到外面进行政治活动，还在囚室过夜，是不可想象的，也是完全不可能的。

第三，安全没有保障。庄妃在崇德三年（1638年）生下皇九子福临，就是后来的顺治帝。庄妃出入宫廷的安全需有保证。洪承畴已经被俘且据说是绝食要死之人，皇太极派他的爱妃独身一人进入洪承畴的拘室，是要冒着多大的人身风险！

第四，"身许"更属荒谬。皇太极为了招降一个汉官，可以封官爵、赏金银，决不会、也不可能让自己的爱妃以"身许"做代价，来换取洪承畴的投降。在清初有招降汉官为额驸者，如抚顺降将李永芳。然而，"招驸马则可，谓以妃蛊人则过矣"（孟森《洪承畴章奏文册汇辑跋》）。所以，此为戏说，违背常理，毫无根据，不值一笑。

第五，双方语言不通。庄妃是蒙古族人，蒙古语是她的母语；嫁给皇太极之后，又学会了满语。当时皇太极与庄妃的语言交流，在宫里应当是以满语为主，兼说蒙古语；庄妃根本不说汉语。至于洪承畴，没有材料说明他会满洲语或蒙古语。说二人单独幽会、私言密语、色情交易，他们语言不通，怎样对话？所以说，清崇德帝皇太极派自己的爱妃,用"色相"、以"身许"去劝降洪承畴,虽然此说流传很广、也很久,但系子虚乌有,纯属戏说。

那么,洪承畴到底是怎样降清的呢?

三、承畴降清

明崇祯帝命洪承畴为兵部尚书、总督蓟辽,调集八总兵、13 万步骑、4 万匹马,并足支一年军粮马料于宁远,以解祖大寿锦州之围。明军与清军展开松锦会战,皇太极带病亲临前线指挥。结果——洪承畴兵败被俘,皇太极获得全胜。清军俘获明总督洪承畴、辽东巡抚丘民仰、东协总兵曹变蛟、辽东总兵王廷臣等。皇太极命杀丘民仰、曹变蛟、王廷臣,以警告祖大寿;而不杀洪承畴,是想招降祖大寿以及吴三桂等汉官。因而洪承畴被押送到盛京沈阳。

洪承畴的结局,跟他的前任比较是怎样的呢?

前面我讲过,明亡清兴 60 年间,在辽东先后发生四场大战。大战是什么意思?我说明清双方兵力在 20 万人以上的争战,可以称之为"大战"。那么,有哪四场大战呢?

一是萨尔浒大战。明万历四十七年即后金天命四年(1619 年)三月,明军统帅为辽东经略杨镐,后金军统帅为天命汗努尔哈赤。杨镐的兵略是:兵分四路,分进合击——结果是,路也分了,兵也进了,军也击了,就是没合,因而大败,后来杨镐被杀。

二是沈辽大战。明天启元年即后金天命六年(1621 年)三月,在沈阳与辽阳之间进行。明军统帅为辽东经略袁应泰,后金军统帅为天命汗努尔哈赤。努尔哈赤的兵略是:诱敌出城,外攻内应。袁应泰的兵略是:出城拼杀,城上坚守。结果明军大败,袁应泰自杀。

三是广宁大战。明天启二年即后金天命七年(1622 年)正月,在广宁地区进行。明军统帅是辽东经略熊廷弼,后金军统帅为天命汗努尔哈赤。努尔哈赤的兵略是:围城打援,招降内应。熊廷弼的兵略是：三方布置，分兵阻击。结果明军又大败，熊廷弼被"传首九边"。

四是松锦大战。后金军统帅崇德帝皇太极的兵略是：围城打援，断粮阻截。明军主帅洪承畴的兵略是：合兵前权，顿军缓援。结果，洪承畴大败被俘。

洪承畴被押到沈阳后，皇太极要收降洪承畴，以为己用。清国史馆《贰臣传》和《清史稿·洪承畴传》对劝降经过都有记载。后者曰：

> 上欲收承畴为用，命（范）文程谕降。承畴方科跣谩骂，文程徐与语，泛及今古事，梁间尘偶落，著承畴衣，承畴拂去之。文程遽归，告上曰："承畴必不死，惜其衣，况其身乎？"
>
> 上自临视，解所御貂裘衣之，曰："先生得无寒乎？"承畴瞠视久，叹曰："真命世之主也！"乃叩头请降。上大悦，即日赏赉无算，置酒陈百戏。
>
> 诸将或不悦，曰："上何待承畴之重也！"上进诸将曰："吾曹栉风沐雨数十年，将欲何为？"诸将曰："欲得中原耳！"上笑曰："譬诸行道，吾等皆瞽。今获一导者，吾安得不乐！"

洪承畴投降清朝原因很复杂。他对明朝内部的腐败很了解；在同农民军作战中，对农民军也比较了解；他又同清军作战，对清朝又有新的认识——比较这三方，洪承畴看出，最有希望统一全国的是大清。这是他投降清朝的根本原因。皇太极亲自劝降，更增加了他对清朝的信心。《清史稿·洪承畴传》的上述记载，主要是歌颂皇太极的；但也说明皇太极招降纳叛、广罗人才，这是清兴的一个重要原因。

洪承畴是自从有辽事 22 年以来，明朝第一位兵部尚书兼总督蓟辽军务的大官降清。洪承畴降清，对以后的局势影响很大。

第一，招降汉官。洪承畴在明朝文武官员中已称老辈，清朝用他树立风声，召降大量官员。祖大寿的三个弟弟都在洪承畴军中，后来他们劝降祖大寿，祖大寿投降。吴三桂曾是洪承畴的部下，后来吴三桂降清也受了洪承畴的影响。

北京洪承畴祠原址

第二，用兵江南。清军入关后，洪承畴任"招抚南方总督军务大学士"、内翰林弘文院大学士、经略大学士等。兵发江南，攻城陷地，剿杀南明众将，戮灭朱明后裔。清用洪承畴为督抚、为经略，定江南、湖广、云贵。他效命疆场20余年，至死方休。

第三，定鼎北京。清军入关后，定鼎北京，在制度、规章、法制等方面需要有高层人物来指点，其中洪承畴起了很重要的作用。因为洪承畴是万历四十四年的进士，官至兵部尚书兼蓟辽总督，统兵南征北战，屡战屡胜，在文武两个方面积累了很多知识和经验。《清史稿·洪承畴传》论道："国初诸大政，皆定自太祖、太宗朝。世谓承畴实成之！"这种评价，显然夸大，但有一定道理。

洪承畴的历史地位与历史评价，学术界始终存在争论。至今，尚未得到一致的结论。这留待学者们去讨论吧！

话说回来，皇太极时期向明朝用兵，主要有八次：其中关外三次——宁锦之战败于袁崇焕、大凌河之战和松锦之战逼降祖大寿和洪承畴（前面已经讲过）；另外还有关内五次，进行掳掠。就是说皇太极的军队，攻破长城，五入中原。这对于皇太极来说，是扩大政治影响，取得军事胜利，掳掠中原财富；对崇祯帝、对中原百姓来说，则是一场可悲的灾难。

第四十二讲

中原悲歌

上一讲说到,皇太极时期向明朝用兵,主要有八次,其中关外三次,关内五次。皇太极的军队,攻破长城,五入中原,大肆掳掠,给中原带来可悲的灾难。

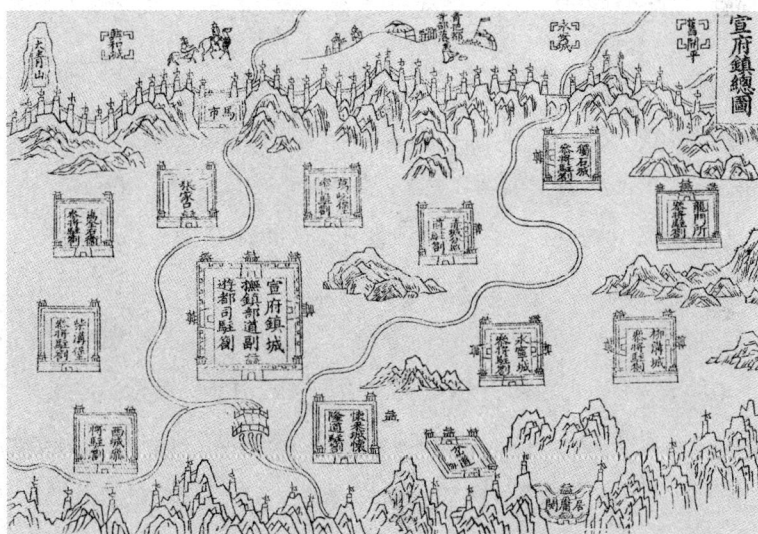

明《宣大山西三镇图说》之"宣府镇总图"

皇太极为什么要攻掠中原?事情要从大凌河之战说起。大凌河之战结束后,后金的高层进行总结,通过这次战役究竟得到了什么。降祖大寿?但祖大寿降而复叛;得大凌河城?大凌河城是一座空城;获得降人?一万多降人还要管他们饭吃,使后金本来紧缺的粮食更加紧缺。对此,贝勒阿济格等诸将抱怨说:"部下士卒,及新附蒙古等,一无所获,皆以为徒劳。"(《清太宗实录》卷十四)后金粮食危机并没有因大凌河之胜而缓和,反倒更加严重。于是,皇太极改变在关外作战的策略,而把掳掠目标锁定中原。

皇太极在关内的五次掳掠是:第一次,崇祯二年即天聪三年(1629年),皇太极亲自带领大军,绕道蒙古地区,围攻北京城,翌年回军(前面已经讲过)。第二次是崇祯七年即天聪八年(1634年),皇太极亲统大军,蹂躏宣府、大同一带。本次规模较小,不列题讲述。余下三次,将分列题目,加以叙述——第三次:耀兵京畿;第四次:高阳悲歌;第五次:高官被杀。

一、耀兵京畿

崇祯九年即崇德元年(1636年),皇太极第三次派军入塞,由英亲王阿济格等率军,往北京西北,而正北,而西南,而东南,再东北,耀兵京畿,入塞掳掠。清军围绕明朝首都,蹂躏京畿,攻陷城堡,焚毁村庄,掳掠财物,屠杀官民。转向东北,准备回师。九月初一日,清军携带所掠取的大批人畜物资,从容出冷口(今河北迁安东北)东归。此役,总共为117天,即四个月左右的时间。明朝总监高起潜不敢邀战而阴纵之归。清军阿济格奏报:凡56战皆捷,共克16城,俘获人畜17万。他们凯旋时,"艳服乘骑,奏乐凯归",还砍木书写"各官免送"四个大字,以戏藐大明皇朝。《国榷》记载:

> 建虏出冷口。掠我子女,俱艳饰乘骑,奏乐凯归。斫塞上木白而书曰:"各官免送!"凡四日,乃尽。

清军在耀武扬威,明朝方面却是总兵剃发投降,总督一筹莫展,尚书日服大黄。下面讲几个故事。

总兵剃发投降。清军攻打昌平前,阿济格将曾被召降的2000人释放,让他们诈称逃归,以作内应。明守陵太监王希忠及御史王肇坤，未察其谋，开门引入。清军合 20 旗攻城，火炮并发，摧毁城楼。图尔格率兵登城，城里内应，攻陷昌平。明御史王肇坤激众抵御，城破，身"被四矢两刃而死"《明史·王肇坤传》。守陵太监王希忠、通判王佐禹及其子等皆死。户部主事王桂（又作王一桂）因督饷昌平，分守城门，城陷被执，不屈死之。他的妻妾子女等 27 人都跳井而死。但是，总兵巢丕昌出城投降。明朝的很多高官，像总督、巡抚、总兵等，没有气节，剃发投降，但是一些官员及百姓，在清军进攻面前，却表现出不屈的精神。

鹿善继抗清军。清军两黄、两红、镶蓝、蒙古等共 10 旗兵，合攻定兴（今河北定兴县）。当时辞职家住江村（今西江村）的前太常寺少卿鹿善继等，由村进城，登城坚守，坚持七个昼夜，最后城破《明史·鹿善继传》。清兵"提刀索衣"，以力胁降。鹿善继不屈从，破口大骂道："天朝鹿太常衣，肯覆羯狗奴耶！"清兵大怒，连砍三刀，又射一箭。鹿善继仍骂不绝口，伤重而死，年 62 岁《鹿公墓志铭》。时"中原士大夫，非望风而走，则髡发以降"；鹿善继等尽管"捧一篑（kuì）以塞溃川，挽杯水以浇烈焰"计六奇《明季北略》卷十二，却表现出志士仁人的可贵骨气。

总督一筹莫展。总督宣大、兵部右侍郎梁廷栋，万历进士，留心边务，喜好谈兵。梁廷栋以兵部右侍郎兼右都御史，总督宣府、大同、山西军务。这次清

张凤翼《五言诗》

军由间道而入,逾天寿山(明十三陵),克昌平,逼京师。天寿山后的地域,为梁廷栋军事防区。崇祯帝命梁廷栋戴罪入援。梁廷栋出兵御敌,一筹莫展,"踵之不击",就是跟在阿济格军队的后面不敢开战,最后郁闷而死。当年曾上《请斩袁崇焕疏》的兵部尚书梁廷栋,今日却被法司定罪。梁廷栋坐死罪,但人已死,不予追究。

尚书日服大黄。兵部尚书张凤翼,万历进士,历官主事、参政、巡抚、尚书等。先是,孙承宗曾上疏斥他"才鄙而怯,识暗而狡,工于趋利,巧于避患"(《明史·张凤翼传》)。此时,张凤翼见清军打到北京城郊,自请督师立功。但令军队紧随清军之后,不敢攻击。他屯驻

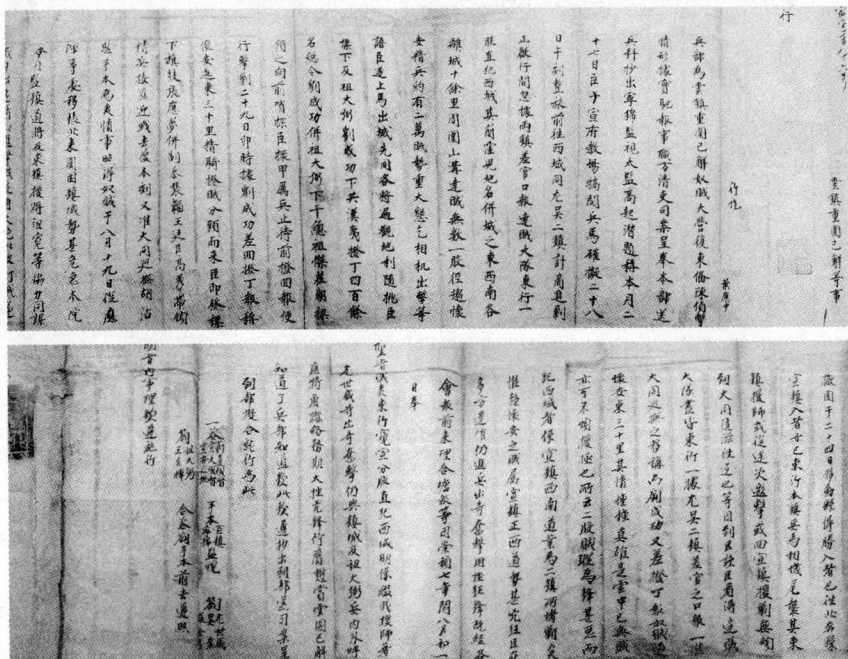

崇祯七年,宁锦监军高起潜关于云镇重围已解的题本

迁安的五重安,固垒自守,"经旬不出"(《崇祯实录》卷九)。我前面讲过,兵部尚书王洽曾因敌兵攻到北京城下而下狱论死,复坐大辟。王洽前鉴,凤翼自知。"凤翼知不免,日服大黄药,病已殆,犹治军书不休。至八月末,都城解严,凤翼即以九月初一日卒。或曰:惧罪

饮药也"(《明史·张凤翼传》)。

总监高起潜、督师张凤翼、尚书梁廷栋三人，身负重任，畏敌如虎，临阵怯战，起潜降清。

此役，明朝顺天府属 5 州、22 县，或被蹂躏，或遭残毁，城镇村庄，官民百姓，全遭劫难，几无幸免。甚且波及保定府所属安肃、定兴、雄县，以及延庆州、保安州等。总之，京畿地区，东西南北，铁骑践踏，似无完土。这是自己巳之后，北京受到的最严重骚扰。

二、高阳悲歌

崇祯十一年即崇德三年(1638 年)八月，皇太极命和硕睿亲王多尔衮、贝勒岳讬为大将军，统领八旗大军入边，是为第四次掳掠中原。

醉将迎敌。岳讬捉获明军哨卒，得知：长城的墙子岭坚固不可入，且密云总督可能率兵来援；惟岭东西两旁高处可以越入。岳讬决定，分兵四路，同时前进。墙子岭属蓟镇，在密云东北，设有关城，洪武年间建。虽地势开阔，道路平漫，却关城坚固，重兵防守。关城两侧，高山突兀，陡壁断立，地形险隘。清军登山涉险，蚁附而上。墙子岭路的守将为明总兵吴国俊，当时正与蓟辽总督吴阿衡等，给监视内监邓希诏贺寿，交觥饮酒，毫无戒备。得到军报，总兵吴国俊仓猝而回，调御失措，败走密云。总督蓟辽、兵部右侍郎吴阿衡，酒醉未醒，提兵应援。见清军入边，率数百人，退入墙子岭堡内。吴阿衡将马步兵，分为三队，依岭立寨，都为清军所败。吴阿衡被崇祯帝处死。内监邓希诏也没有好下场，后被杀。

清兵两路大军，在京郊通州会师。然后沿京城北部，迂回到涿州。清军以"宽正面、大纵深"之势，分兵八路，横行南下：东路沿京杭大运河，西路沿太行山东麓，其余六路，在山河间，由北向南，纵兵并进。北京以西，太行以东，燕山之南，空旷原野，千里平川，八

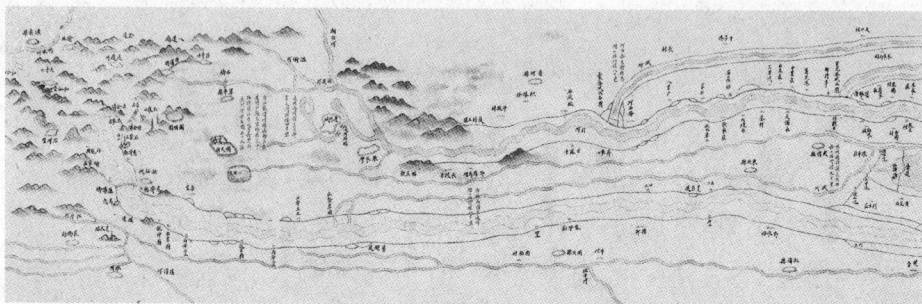

清人绘《京杭运河全图》之"京津段"

路骑兵,扬鞭驰突,沿途所过,六府城镇,皆被攻掠。但也有慷慨悲歌。清军分东、西两线,先说西线。

高阳抗清。清西线军沿太行山东麓,进围高阳(今河北高阳)。县令雷之渤,闻警先逃。辞官告老还乡的原明大学士、天启帝师、兵部尚书、督师孙承宗,本来没有守土之责,却督率全家儿孙和全城乡民,登城守御,誓死不降。他们拆房梁作滚木、搬石阶作礌石,以秫秸裹火药,阻击清军登城。但寡不敌众,高阳城破,承宗被俘,拒不降清。他对劝降的清官道:"我天朝大臣,城亡与亡,死耳,无多言!"说罢"望阙叩头,投缳而死,年七十有六"《明史·孙承宗传》。其子孙 20 人及其妇孺共 30 余人,都不屈而死。惟其长子孙铨因在外地做官,六龄孙之澧因栖于草丛而幸免于死。吴桥训导刘廷训,时清军近城,知县李綦隆缒城逃走,廷训登城同兵民泣守,坚持三昼夜。"廷训中流矢,束胸力战,又中六矢,乃死"《明史·刘廷训传》。一派群英,可歌可泣!

钜鹿抗敌。卢象昇,江苏宜兴人,天启二年(1622 年)进士。虽文士,善骑射,读兵书,娴将略。募兵训练,号"天雄军"。临阵冲杀,身先士卒。同农民军作战,屡出奇制胜。被任命为宣府、大同、山西总督。时遭父丧,身着麻衣,奉诏督师。召宣府、大同、山西三总兵杨国柱、王朴、虎大威入卫,由象昇督率援兵。由于大学士、掌兵部事杨嗣昌主和作梗,卢象昇作战方略难以实现。象昇在只有疲卒五千、援师西隔、事由中制、大敌西冲、食尽力穷的困境下,在钜鹿南贾庄，晨出帐，身戴孝，披麻衣，拜将士，誓言道："吾与尔辈并受国恩，患不得死，勿患不得生！"《明史纪事本末·补遗》五千将士，失声号泣。于是，卢象昇下令拔寨进兵，与清兵相遇。总兵王朴先逃，卢象昇将中军，虎大威率左翼，杨国柱率右翼，与清兵展开激战。半夜以后，气氛悲壮。清骑兵至，连围三重。卢象昇军"刃必见血，人必带伤，马必喘汗"（谈迁《国榷》卷九六），麾兵迎战，声动天地。交锋六时，炮尽矢绝。虎大威挠其马，想突围冲出。卢象昇道："虎将军，今吾效命之秋也！"招后骑冲进，奋力督战。清军围攻益急，象昇身中四矢、三刃，仍手击数十人。后因马蹶，仆地遇害，年39岁。属下杨陆凯恐清兵残其尸，而伏其上，背负24矢而死。象昇中军，全部覆没。虎大威、杨国柱等，溃围逃脱。

卢象昇像

济南府城陷落。崇祯十二年即崇德四年（1639年）正月，清兵自顺德（今河北邢台市）、大名转到山东。先是，明兵部尚书杨嗣昌错估形势，认为清军必经德州，便自济南调兵援德州，而济南空虚，疏于戒备。多尔衮却绕开德州，经临清，渡运河，急驰南下，直指济南。济南城守官告急，杨嗣昌无以应，大将祖宽观望，山东总兵倪宠援抵德州而返，巡抚罗继祖则奉命移德州。清兵猝至，济南被围。清兵梯城而上，明军惊骇逃溃。初二日，济南陷。清兵攻下济南后，明左布政使张秉文、巡按御史宋学朱《明史·张秉文传附宋学朱传》、知府苟好善等死之，德王朱由枢被执。副使周之训见城破，"望阙再拜，与妻刘偕死，阖门殉之"。参议邓谦战死于城上，其"族戚傔从死者四十余人"。

府城济南,惨遭焚劫。史载:济南城内外积尸达 13 万具(《明史纪事本末·补遗》)。

时督师大学士刘宇亮与陈新甲率各镇勤王兵,只尾随清军而行。

宣府镇朔楼

皇太极发动的第四次入关征明的战争,入关 5 个月,转掠 2000 里,东逼燕京,西迫大同,南破济南,席卷直隶大部和山东西部。两路大军共败明军 57 阵,攻陷九府所属州县,焚掠杀伤,不可胜计。《清太宗实录》统计,共计攻克 1 府、3 州、55 县、2 关,擒明亲王 1、郡王 1、将军 1、总理太监 1,杀郡王 5、将军 6、总督 2。其所俘获:人畜计 462303 人头;右翼军掠获黄金 4039 两、白银 977406 两;左翼军掠获金银等数字不详。数额之大,不可胜计。而清军克勤郡王岳讬(代善长子),与其弟辅国公马瞻(又作玛占,代善第六子),以及大将、公和尔本都死于军。杀明总督两名及守备以上官员百余人,生擒德王朱由枢、郡王朱慈颤、奉国将军朱慈赏、监军太监冯允升等,加上事后崇祯帝诛文武失事诸臣巡抚张其平、颜继祖,总兵倪宠、陈国威,内监邓希诏、孙茂霖等 32 人。

明朝损失,创巨痛深。中原地区,蒙难深重。史载:八旗军所过,"遍蹂畿内,民多残破";"一望荆棘,四郊瓦砾";"畿南郡邑,民亡什九";"荒草寒林,无人行踪"。

三、高官被杀

崇祯十五年即崇德七年(1642年)十月,皇太极命多罗饶余贝勒阿巴泰为奉命大将军,率八旗满洲、蒙古、汉军,迂道入塞,是为第五次掳掠中原。

清军将入长城,明军拒战。清军以护军和骑兵,两路夹击,打败明军,获马433匹。清军左右两翼兵,初十日,向蓟州进发。打败明军,占领蓟州城。清军乘胜分陷迁安、三河。攻平谷,受抵御,分道一趋通州,另一趋天津。初九日,京师戒严,勋戚大臣,分守九门。后清军攻陷蓟州,并分往真定、河间、香河等地。明援兵多畏怯,观望而不敢战。辽东总督范志完入援,胆小无谋,不敢一战。他率军走到哪里,该处州县多被攻破。

临清巷战。清军分兵向临清。临清被围,力拒数日,援兵不至,城被攻破。临清兵民,进行巷战。天津参将贺秉钺扶父灵柩到临清,城破"巷战终日,矢尽,被执死"(《明史·张焜芳传》)。清军占领临清,明总兵刘源清兵败,自经而死。明前宣大总督、兵部右侍郎张宗衡、户部郎中陈兴言、原太常寺少卿张振秀等都遭杀害。时河间府知府颜胤绍知城必破,先集全家老少于室中,积柴堆绕,而身往城上指挥,城破,"趋归官舍,举火焚室,衣冠北向再拜,跃入火中同死"(《明史·颜胤绍传》)。清兵自临清分五路进兵。他们在馆陶城下受到当地兵民的阻击。原来,该县城防守严密:在城上每一垛口,用兵民五人把守——钩丁两把、砍刀三把。当清兵爬梯登城,靠近城垛口时,守城兵民持钩者,将上城的清兵钩住;持刀者,向登城清兵乱砍。清军攻城,一天未破,死伤很多。据明方奏报,守城兵民用钩子钩住清军一个头目,砍下他的头,并将其尸身掷下城去,吓得清军不敢再攻,便弃城而走。

十二月,清兵抵青州,入临淄。知县文昌时"阖室自焚死"（《崇祯实录》卷十五）。清军进抵兖州。知府邓藩锡见清兵来攻,往告鲁王朱以派,请"王诚散积储以鼓士气,城犹可存。不然,大事一去,悔无及矣"（《明史·邓藩锡传》）！鲁王不允。邓藩锡与监军参议王维新、副将丁文明等分门死守。清军攻城猛烈,守军力不能支。城破,副将丁文明战死,邓藩锡拒降被杀,王维新身被二十一创而亡。鲁王朱以派被俘,清兵索金,金尽,自经（谈迁《国榷》卷九八）。时滕县知县吴良能见城将破,"尽杀家属,拜母出,力战死"（《明史·邢国玺传附吴良能传》）。

潍县壮举。崇祯十六年即崇德八年（1643年）正月,清军克开州、趋东昌。二月,清军掠寿光。又攻德州,陷武定、莱阳,杀原工部右侍郎宋玫、吏部郎中宋应亨、知县张宏等。二十八日,清军进攻莱州、登州,两军会师。先是,上月初九日夜,清军直抵潍县,列营插帐,奋勇攻城。城上兵民,发炮下击。清军穴城,挖成六洞,城角忽陷,竖梯登城,飞矢如蝗。原任巡抚张尔忠以病躯支床,卧当矢石;黎民百姓,齐心抗敌:"在城老幼男妇,竭力一心,未字闺秀、青衿内室,及瞽夫幼子,悉运砖石柴束。又如方欲举火,而闻城上欲以铁作炮子,即各碎食锅以酬急。"（《明清史料》乙编）坚守七昼夜,潍城终未陷。

三月初二日,清军陷顺德,知府吉孔嘉等被杀。初四日,清军攻德州不克;初七日,攻乐陵;初九日,掠庆云。十二日,陷南宫。时春草满野,嘉禾遍地,清军解鞍牧马,纵掠财富。而其信使,略经化装,南北驿路,任意往来。而明军诸哨卡,竟无盘诘之者。后清军取道彰德、顺德北走。三十日,清军至保定,明命各省督抚会剿。

四月,清军北退。先是,清兵分大军为二路:一过山东莱州、登州,直抵海州;一渡黄河回至莒州、沂州。清军北返后,明朝判断清兵军事意图,崇祯帝下诏蓟辽总督赵光抃、关外督师范志完会师平原,准备堵截。清军来时,明援军在河间观望不战,然后又调兵北向。清军解鞍纵牧月余后，再分为左右两翼："左翼大军沿青州府、德州、沧州、天津卫，至燕京城南，过三河县，历三月，抵密云；右翼大军沿东昌府、广平府、彰德府、真定府、保定府，过燕京迤北，历三月，亦抵密云。"

此时，明朝方面在做什么？先是，崇祯帝曾于正旦，东向揖拜周延儒道："朕以天下听先生！"在清军北返逼近京畿时，崇祯帝很担忧。首辅周延儒自请督师，崇祯帝允其请，降手敕、赐章服、给金帛。周延儒"朝受命，夕启行"。延儒驻通州，却不敢战，"惟与幕下客饮酒娱乐，而日腾章奏捷"（《明史·周延儒传》）。清兵在北返途中，十八日，于密云螺山，与明将赵光抃、唐通、白广恩等八镇兵交战，"八镇皆逃，惟步营两监军御史在，御史蒋拱宸饰功报捷"。自请督师的首辅周延儒也编造"斩百余级"的捷报，上奏崇祯帝。其实，"时边城既隳，子女玉帛捆载出入如织，卒无一矢加遗也"（《明史纪事本末·补遗》）。于是，清军"两翼合攻墙子岭，斩关而出"。清军统帅阿巴泰始率军从南方北返，其车驮成队，长30余里者，十有余起，渡芦沟桥，旬日未毕。明勤王之师，屯驻于通州，无敢出而阻截之者。清军得以徐徐安辔，出口以归。

后崇祯帝命周延儒自尽，又命将赵光抃与范志完"同日斩西市"（《明史·赵光抃传》）。

清军此次用兵，历时8个多月，南玄北返，如入无人之境。明军此次遭到的惨重失败，则超过了前四次。清军第五次迂道入塞，残毁掳掠，综述如下：与明军作战，共39次。生擒明总兵5员、兵道5员、郎中1员、科臣1员、副将5员、参将8员、游击4员，共29员，全部处死。先后攻克兖州、顺德、河间3府、18州、67县，共88座城镇。投降者1州、5县。擒斩明兖州府鲁王朱以派、乐陵郡王朱以泛、阳信郡王朱弘福、东原郡王朱以源、安丘郡王朱弘櫄和滋阳王及宗室等数千人。所获而点交于皇太极的财物，计黄金12250两，白银2205277两，珍珠4440两，绸缎52230匹，缎衣、皮衣13840领，貂、狐、豹等皮500多张。俘获369260余人，牲畜551040余头。

其没有上交的,不知有多少(《清太宗实录》卷六四)。

皇太极对中原的掳掠,对皇太极来说,扩大了政治影响,打击了明朝的军事势力,掳掠了大量财富;对明朝来说,是一场空前浩劫,给中原人民造成巨大灾难,从而加剧官民矛盾,使中原民变形势更为严峻,加速了明朝的灭亡。

第四十三讲
睿王摄政

睿王,就是睿亲王多尔衮。清朝历史上,曾经有两个人,虽然不是皇帝,但是实际有皇帝的地位并行使皇帝的权力。这两个人是,清朝前期的睿亲王多尔衮,后期的慈禧太后叶赫那拉氏。多尔衮对满洲内部,主要是处理兄弟、叔侄和叔嫂三个关系。

一、两次争位

睿亲王多尔衮(1612～1650 年),是清太祖努尔哈赤第十四子,清太宗皇太极的同父异母弟,清世祖顺治帝的皇叔。比努尔哈赤小 53 岁,比皇太极小 20 岁,比豪格小 3 岁,比顺治帝(1638～1661 年)大 26 岁。初封贝勒。天聪二年(1628 年),随太宗皇太极伐察哈尔多罗特部,有功,赐号墨尔根代青(睿智的意思)。九年(1635 年),命偕岳讬等将万人招察哈尔林丹汗之子额哲,得传国玉玺。崇德元年(1636年),进封睿亲王。崇祯十三年即崇德五年(1640 年)围锦州,多尔衮移营离开锦州城 30 里,又令部分将士先归,被皇太极降

多尔衮像

为郡王,罚银万两,夺二牛录。崇德七年(1642 年),下松山,俘获洪承畴,克锦州,复授亲王。

崇德八年(1643 年),太宗皇太极死,多尔衮与诸王、贝勒等奉顺治即位。郑亲王济尔哈朗与多尔衮共同辅政。不久,多尔衮专政。

顺治元年(1644 年)四月初八日,被授予奉命大将军印,并御用纛盖,敕便宜行事,率武英郡王阿济格、豫郡王多铎及孔有德等攻山海关。九月,福临至京师,封多尔衮为叔父摄政王。十月初一日,顺治帝在北京即皇帝位,以多尔衮功高,命礼部建碑纪绩。

顺治五年(1648 年)十一月,南郊礼成,下诏曰:"叔父摄政王治安天下,有大勋劳,宜加殊礼,以崇功德,尊为皇父摄政王。凡诏疏皆书之。"

多尔衮酒色过度,淫乐放纵,一向身体有病,常出去围猎。顺治七年(1650 年)五月,他率领诸王贝勒到山海关打猎,并迎娶朝鲜送来的美女,在连山成婚。七月,他加派直隶等 9 省地丁银 249 万两,修建供他避暑与游乐的喀喇城。八月,多尔衮尊生母太祖妃乌喇纳拉氏(阿巴亥)为孝烈恭敏献哲仁和赞天俪圣武皇后,祔太庙。十二月,多尔衮又到塞外围猎。初九日,病故于塞外喀喇城,年 39 岁。多尔衮无子,由其弟多铎之子多尔博为后,袭亲王,俸禄为诸王的 3 倍,留护卫 80 员。

多尔衮曾经有两次机会,来争夺皇位。

第一次,是其汗父努尔哈赤死后。努尔哈赤晚年在汗位继承问题上非常苦恼,他没有指定继承人,而是宣布《汗谕》:实行八和硕贝勒共议推举新汗和废黜大汗的制度。所以,他死之后,尸骨未寒,汗位之争,非常惨烈。当时在诸贝勒中,以四大贝勒的权势最大,地位最高。四大贝勒是:大贝勒代善、二贝勒阿敏、三贝勒莽古尔泰、四贝勒皇太极。此外,还有多尔衮、多铎。

努尔哈赤临死前,陪伴在他身边的是大福晋阿巴亥。她是阿济格、多尔衮、多铎的生母,也称为大妃。阿巴亥 13 岁嫁给努尔哈赤,共同生活 25 年。她当时 37 岁,正值盛年,丰姿饶艳。三个儿子:阿济格 22 岁、多尔衮 15 岁、多铎 13 岁。这兄弟三人在争夺汗位中也是一支力量。

皇太极位居四大贝勒之末,还面临多尔衮弟兄的威胁,各方面均处于不利的地位,于是不得不暗设机关。这里面有一个历史故事:有人说皇太极指使努尔哈赤小福晋德因泽,向天命汗告讦大福晋两次备佳肴送给大贝勒代善,大贝勒接受并吃了;又送给四贝勒皇太极,四贝勒接受而没吃。大福晋经常派人去大贝勒家,还在深夜外出宫院。努尔哈赤派人调查,情况属实。他不愿家丑外扬,便借故惩处了大福晋。通过这件事,皇太极达到了一石二鸟的目的,既使大贝勒代善声名狼藉,无法参与汗位争夺,又使大福晋遭到休离,她的儿子多尔衮弟兄自然也受到牵连。但是,大福晋在这次事件中受了点“伤”,并没有“死”,不久又得到努尔哈赤的宠爱。努尔哈赤死后,皇太极和几个贝勒说先汗有遗言,让大福晋殉葬。在皇太极等四大贝勒的威逼下,她自缢而死(一说被用弓弦勒死)。阿巴亥死后,多尔衮、多铎年幼,失去依靠,再没有力量同皇太极争夺大位。

但事实上,多尔衮兄弟对皇太极继承汗位是怀有不满的。多尔衮曾说:“太宗文皇帝之继位,原系夺立。”这在他死后成为一大罪状。据《清史稿·索尼传》记载,多铎曾说:“当立我,我名在太祖遗诏。”据说,努尔哈赤曾留下遗言:九王子(多尔衮)当立而年幼,由代善摄位。由此看来,努尔哈赤生前或有类似的遗言或遗诏,可是至今找不出来。总之,第一次争夺大位,皇太极比较顺利地就胜出,多尔衮不仅失败了,而且还赔上了他的母亲。

第二次,是其皇兄皇太极死后。清崇德八年八月初九日(1643 年 9 月 21 日)夜,皇太极猝死。皇太极白天还在处理政务,夜里就离开人世。他死之前,没有留下任何遗言,也没有交代由谁继位。

当时,最有希望夺得大位的是 35 岁的肃亲王豪格和 32 岁的睿亲王多尔衮。

从双方条件对比来看,二人可以说是势均力敌:第一,豪格为皇太极长子,多尔衮为努尔哈赤第十四子,皇太极之弟,都是天潢贵胄;第二,豪格时年35岁,多尔衮32岁,都是正值壮年;第三,都是战火中拼杀出来的出众人才。史称:豪格"容貌不凡、有弓马才","英毅、多智略",久经战阵,屡立军功;多尔衮则多次统军出征,"倡谋出奇,攻城必克,野战必胜",屡立大功。第四,正黄、镶黄和正蓝三旗大臣拥护豪格继位,尤其是两黄旗贝勒大臣更是誓死效忠。多尔衮兄弟为正白旗和镶白旗的旗主贝勒,这两个旗支持多尔衮,他还有两位同母兄弟阿济格和多铎的支持,在七位亲王、郡王中占了三个席位。

在豪格与多尔衮两派势力剑拔弩张、互不相让的紧要关头,表面憨厚而内心机敏的郑亲王济尔哈朗,提出一个折衷方案:让既是皇子、又不是豪格的福临继位。于是,多尔衮权衡利弊:如果自己强行继位,势必引起两白旗与两黄旗的火并,其后果可能是两败俱伤;让豪格登极,自己既不甘心,还怕遭到豪格报复;而让年幼的福临继位,则可收到一石三鸟之利——打击豪格,自己摄政,避免内讧。所以,多尔衮说:"我赞成由皇子继位,皇子当中豪格提出他不继位,那就请福临继位。福临年纪小,郑亲王济尔哈朗和我辅政。"

于是,6岁的福临意外地坐上了大清国皇帝的宝座,而多尔衮则与皇位失之交臂。但他有得有失,虽然没有继承大位,但做了摄政王,实际拥有皇帝的权力和地位。

多尔衮做了摄政王后,开始担起辅佐顺治皇帝的历史重任。

二、摄政功过

摄政睿亲王多尔衮辅佐年幼的顺治皇帝,把握历史机遇,适时入关,移都北京,定鼎中原,建立清朝统治,立下卓越的历史功勋。从他个人来说,也从未磨灭对权力的欲望,把摄政王做到登峰造极的地步。

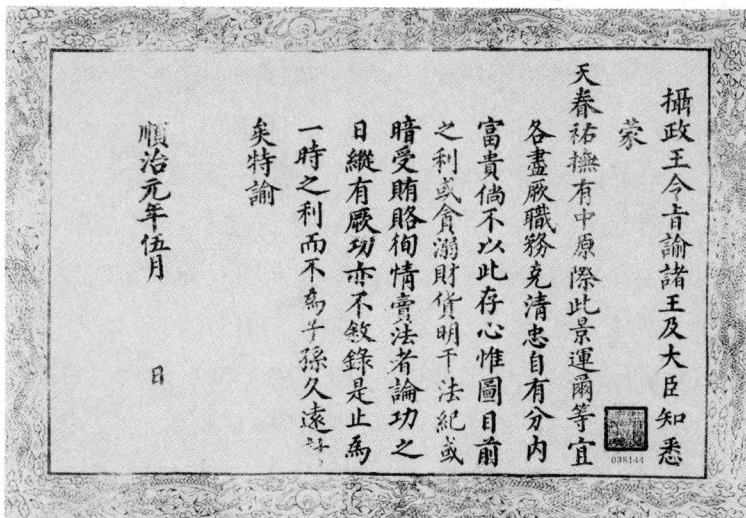

摄政王令旨谕诸王及大臣知悉

天春祐抚有中原际此景运尔等宜
各尽厥职务克清忠自有分内
富贵偶不以此存心惟图目前
之利或贪溺财货明干法纪或
暗受贿赂徇情卖法者论功之
日继有厥功亦不敍録是止为
一时之利而不为子孙久远
矣特谕

顺治元年伍月　　　日

顺治元年五月二十四日，摄政王谕诸王大臣令旨

多尔衮在宣誓辅政之后，就一步一步地将朝政大权掌握在自己的手中。

第一步，抬高地位。他先取消了军国大事由八旗贝勒共议的制度，而由两位摄政王决断。这样一来，二位摄政王就凌驾于诸亲王、贝勒之上。

第二步，独揽大权。另一位摄政王济尔哈朗，召集内三院、六部、都察院等官，谕告他们以后各衙门办理的事务，有启白睿、郑二王的，均先启知睿亲王，而自居其次。这样一来，多尔衮实际上成了"首席摄政王"。

第三步，分化黄旗。顺治元年（1644 年）四月初一日，多尔衮利用都统何洛会等讦告豪格，经过会鞠，加以定罪，将豪格幽禁于高墙。后多尔衮对豪格"姑置不究，废为庶人，夺其牛录，罚银五千"，擒而故纵，以示宽大。但对豪格的亲信则以知情不举为由，或处以死刑，或籍没家产。而对首先讦告者升官、晋爵。这就严重地分化并打击了两黄旗。

第四步，整死豪格。豪格的存在，对于多尔衮来说，是最大的政治威胁。先是，尽管豪格被废为庶人，但在清军入关用人之际，多尔衮还是让豪格随军从征。豪格作战勇敢，立下大功。顺治在北京登极，分封诸王大臣，复封豪格为和硕肃亲王。不久，派豪格西征。豪格下西安，平陕西。又击败大西军，射死张献忠，平定了四川。顺治五年（1648年）二月，豪格凯旋归京，即被讦告——一是属下两员小官冒功未予审理，二是欲将吉赛升补护军统领。多尔衮藉此上纲，定豪格罪名，下豪格于狱。三月，豪格猝死，年39岁。一说是豪格被多尔衮谋害死的。《清史稿·诸王传》"论曰"记述：多尔衮加害肃亲王豪格，"相传谓因师还赐宴拉杀之；又或谓还至郊外遇伏死，死处即今葬地。传闻未敢信，然其残酷可概见矣"！总之，豪格之死是个历史之谜，而且同多尔衮有直接关系。豪格死后，他的嫡福晋被其叔父多尔衮逼纳为妃。多尔衮杀侄娶妃，道德有亏。后来，顺治帝惩处多尔衮后，给豪格平反，重新恢复肃亲王的名号，并一直延续下来。

摄政睿亲王多尔衮经过几年谋画，施尽权术，拉拢亲信，排除异己，终于将皇权掌握在自己的手中。

顺治七年十二月，多尔衮病逝。有人说，是被害死的，但从史料来看是病死的。前面讲过，多尔衮的身体本来就不好，又日夜操劳，再加上好色，纵淫无度，最终英年早逝。

对多尔衮的死，顺治帝表示震悼。多尔衮遗体运京，顺治帝亲到东直门外迎祭。接着，又命丧仪按照帝礼办理，诏追尊多尔衮为义皇帝，庙号成宗。多尔衮死后9天，颁诏评价摄政睿亲王的功绩是："太宗文皇帝升遐，诸王大臣吁戴摄政王。王固怀㧑（huī）让，扶立朕躬，平定中原，至德丰功，千古无二。"其中的"扶立朕躬，平定中原"八个字，是公正的；"至德丰功，千古无二"八个字，则是夸大的。这个评价反映多尔衮党羽的意志，并不代表顺治皇帝本人的意愿。

其实，福临早就对多尔衮不满。多尔衮的尊号从"叔父摄政王"到"皇父摄政王"，成了名义上的"太上皇"，实际上的皇帝。他骄纵跋扈,独揽朝政,根本不把小皇帝放在眼里。而小皇帝只有仰人鼻息,任人摆布,连与母亲会面都受到限制。郁积已久的不满与怨恨,就像沉睡多年的火山一样,多尔衮一死,便喷发出来!

顺治帝追惩多尔衮,先拿他的同母兄弟开刀。其弟多铎在两年前患痘症死去,仅活了 35 岁;还剩下其胞兄阿济格。阿济格当年同多铎一唱一和,要拥戴多尔衮继承皇位。要不是两黄旗大臣的冒死反对,恐怕福临不要说做皇帝,还要落得个同长兄豪格一样惨死的下场。他愈想愈气,迫不及待,在顺治八年(1651 年)正月初六日,以“和硕英亲王阿济格谋乱”罪,将阿济格幽禁;同年十月,将阿济格赐死。

顺治八年(1651 年)二月十五日,也就是福临亲政一个月零三天,就定多尔衮十大罪状:

第一,睿王私制御用服饰八补黄袍、黑貂褂、大东珠等件,潜置棺内。

第二,欲率两旗移驻永平,阴谋篡逆。

第三,构陷威逼,使肃亲王豪格不得其死,遂纳其妃,并收其财产。

第四,独擅威权,不令摄政郑亲王济尔哈朗预政,遂以胞弟多铎为辅政叔王。

第五,背誓肆行,妄自尊大,独专威权,自称皇父摄政王。

第六,仪仗、音乐、侍从、府第,僭拟至尊。

第七,任意挥霍府库之财,擅用织造缎匹、库贮珍宝。

第八,将皇上所属牛录人丁收入自己旗下。

第九,将其生母悖理入祔太庙。

第十,擅称“太宗皇太极之即位,原系夺立,以挟制中外”。

顺治帝命将多尔衮削其爵号,撤其庙享,黜其宗室,籍其财产,没其府第,毁其陵墓,继子多尔博归宗。耶稣会士卫匡国在《鞑靼战记》中记载:多尔衮死后被毁挖坟墓,掘出尸体,用棍子打,以鞭子抽,砍掉脑袋,暴尸示众。其党羽何洛会等分别被凌迟、处斩。

事过十年后,彭长庚、许尔安各上疏颂扬多尔衮的功绩,请复其爵号。廷议二人论死,流放宁古塔。可见这时福临对多尔衮的怒气仍未消。

后来乾隆帝为多尔衮平反,他说:"朕念王果萌异志,兵权在握,何事不可为?乃不于彼时因利乘便,直至身后始以殓服僭用龙衮,证为觊觎,有是理乎!"于是,乾隆帝命给多尔衮平反:复还睿亲王封号,配享太庙;按亲王陵寝规制,修其茔墓;多尔博仍还为亲王后等。

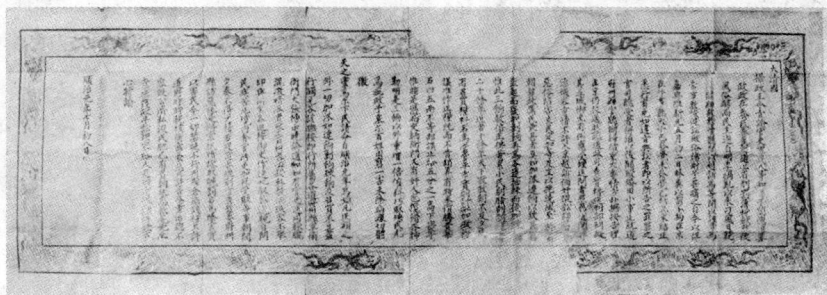

顺治元年七月初八日,摄政王谕官吏军民人等令旨

对多尔衮摄政的七年,应当怎样评价?可以说,多尔衮有功亦有过,功大过也大。

其功——乾隆三十八年(1773 年),即多尔衮死 123 年后,乾隆帝给睿亲王比较公正的历史评价:"定鼎之初,王实统众入关,肃清京辇,檄定中原,前劳未可尽泯";但指出他"摄政有年,威福自尊"。多尔衮的主要历史功绩在于,抓住时机,统军入关,定鼎北京,统一中原。

顺治朝十八年,前七年为多尔衮摄政时期,后十年为福临亲政时期。多尔衮摄政七年,有六大功绩:

第一,文武兼长,屡立战功。多尔衮能文能武,多次亲自指挥重要战役,取得重大战果。

第二,皇位继承,能识大体。两次皇位的争夺,特别是第二次皇位争夺,多尔衮以满洲整体利益为重,顾全大局,避免内讧,否则清军大概很难入关。

第三，善抓时机，统兵入关。在闯王进京、崇祯自缢的重大历史关头，多尔衮采纳大学士范文程等的建议，抓住时机，统兵进关，逐鹿中原，底定天下。

第四，安定官民，废除三饷。多尔衮进关后，宣布"官仍其职、民复其业、录其贤能、恤其无告"（《清世祖实录》卷四）和"废除三饷"等重大政策。

第五，定鼎北京，保护故宫。力排众议，迁都北京，保护并利用故明皇宫。在中国皇朝历史上，大一统皇朝利用前朝宫殿，仅此一例。

第六，重用汉官，统一中原。对投降的汉族官员，加以任用，迅速稳定政局。

其过——我概括为六过："六大弊政"，即剃发、易服、圈地、占房、投充、逋逃，扰乱社会秩序，破坏中原经济，挫伤汉人情感，带来严重后果。所谓"扬州十日"、"嘉定三屠"，杀人数字可能有出入，但多尔衮违背皇太极对汉人的政策，杀人过多，是其重大错误。200多年后，辛亥革命提出"驱除鞑虏，恢复中华"的口号，就是对这些政策的不满与反抗。

总之，多尔衮一生的功过是非，很难用简单的几句话概括，他复杂的人生经历给后人留下很多谜团和疑案，也留卜很多传说，其中最著名的就是太后下嫁的传说。那么，孝庄太后是否下嫁多尔衮？这是我们要讲的第三个问题。

三、太后"下嫁"

孝庄太后，博尔济吉特氏，是顺治帝的生母，她13岁嫁给皇太极，皇太极登极为天聪汗时，她才14岁。后被封为庄妃。夫君死得太早，刚满30周岁就守寡，是她的不幸；但她的大幸却是儿子做了皇帝，自己则做了皇太后。

多尔衮与庄妃的关系，是近百年来清史研究中的一个悬案。民国初年出版的《清朝野史大观》中有三条专记太后下嫁之事（《清朝野史大观》卷一）。民国八年署名"古稀老人"编写的《多尔衮轶事》则更像是亲闻目睹，说"当时朝廷情势，危于累卵"，"太后时尚年少，美冠后宫，性尤机警，……故宁牺牲一身，以成大业"。而多尔衮本来就好女色，此时更以陈奏机密为由，出入宫禁。至今仍有人认为所谓"太后下嫁"确有其事，并提出种种理由。归纳起来，大致有九说：

第一，"青梅竹马"说。庄妃与多尔衮"青梅竹马"，自小时候就相恋，后来竟成为夫妻。但是，庄妃出生在蒙古科尔沁，多尔衮则出生在满洲赫图阿拉，两地相距甚远，二人并无"青梅竹马"的机会。

昭陵图

第二，"保儿皇位"说。这点前面已经讲过，顺治帝继位是多种政治势力复杂斗争和相互妥协的结果，而不是由多尔衮一人决定。更没有庄妃以"色情"作交换的史实依据。

第三，"弟娶其嫂"说。满洲确实有"兄死弟娶其嫂"的习俗，汉族也有这种习俗。但有这样的习俗，并不能证明多尔衮就一定娶了他的嫂子。

第四，"尊称皇父"说。多尔衮被称为"皇父摄政王"。这是尊称,如同光绪称慈禧为"皇阿玛"一样。

第五,"皇宫内院"说。蒋良骐《东华录》记载多尔衮的一条罪状是"又亲到皇宫内院",朝鲜《李朝大王实录》也作了相同的记载。在后来修的《清世祖实录》里却删掉了这段话。这说明多尔衮到"皇宫内院"确有其事。而删掉这句话,恰表明事有隐衷。高阳先生说:"极有可能孝庄与多尔衮相恋的事实。"孝庄太后与睿王多尔衮相恋的事,可能有,也可能无,即使是相恋,也不等于下嫁。

第六,"未葬昭陵"说。孝庄死后没有埋在沈阳昭陵,却被埋在清东陵风水墙外。孝庄太后和康熙皇帝都做过解释:太皇太后不愿意惊动太宗的亡灵,而愿意同儿孙在一起。反之,如果因此而不入葬沈阳北陵,不是更加欲盖弥彰吗?

孝庄文皇后的昭西陵

第七,"下嫁诏书"说。有人说见过《太后下嫁诏》。历史不能凭某人一说,至今没有见到当时人的记载,也没有所谓"太后下嫁诏"的档案,可以说这根本没有任何证据。

第八,"朝鲜史证"说。至今还没有见到一条关于"太后下嫁"的史证。特别是当时作为清朝属国朝鲜的《李朝大王实录》没有"太后下嫁"颁诏告谕的记载,而像这样的大事如果有,照例是应当诏谕属国的。

第九，"建夷宫词"说。有张煌言《建夷宫词》为证。《建夷宫词》曰：

> 上寿觞为合卺樽，慈宁宫里烂盈门。
> 春官昨进新仪注，大礼恭逢太后婚。（《张苍水全集》）

张煌言（苍水）是浙江宁波人，这个时候他在江南抗清，南明势力和清朝是对立的。孟森先生早就指出："远道之传闻，邻敌之口语，未敢据此孤证为论定也！"《明清史论著集刊》上）所以出在敌人之口，记在异地之文，不能成为历史的证据。而且是诗词，诗词也不能直接作为历史的证据，因为诗可以夸张，也可以比赋。也有人认为是多尔衮纳娶肃亲王豪格王妃的误传。

有人推测：皇太后与多尔衮或有暧昧关系，这同皇太后年轻寡居，同多尔衮喜好女色，同满洲兄死弟娶其嫂旧习，也同皇太后委求小叔子护佑寡母幼帝，当是不无关系。然而，宫闱隐秘，外人难知。孝庄皇太后是否名媒正娶地嫁给了多尔衮？这没有史料证明。孝庄皇太后下嫁多尔衮，既无文献根据，也无档案依据，只能是一个历史之谜！

我认为：孝庄皇太后同睿亲王多尔衮的情愫可能有，"太后下嫁"的事情确实无。不管下嫁与否，孝庄太后出于母子命运和大清江山的考虑，尽量笼络多尔衮，倒是不用怀疑的。

《清史稿·诸王传》论曰：清"以摄政始，以摄政终。论者谓：'有天焉？诚一代之失也'"！这个论断，值得思考。

第四十四讲

闯王进京

为什么要讲闯王进京？因为在明亡清兴的历史进程中，除明、清之外，还有一支重要的政治力量，就是明末农民起义军，它的杰出代表之一就是闯王李自成。大明、大清、大顺三股力量角逐争斗，纵横捭阖，最后，大顺推翻大明，大清灭亡大顺。

一、星火燎原

李自成，万历三十四年（1606年）八月二十一日出生在陕西米脂县双泉里的一个农户家里，家境贫寒。幼年曾经被舍入寺庙，后来又到地主家放羊。成年之后，到驿站做驿卒。崇祯初年裁减驿递经费，李自成被迫离开驿站。当时，灾荒严重，李自成带领本村一群走投无路的农民，走上民变的道路。康熙《米脂县志》说："明末李自成，银川驿之一马夫耳。因裁驿站、饥荒，无所得食，奋臂一呼，卒至土崩不可救。"

实际上，李自成的经历，是当时社会矛盾激化的缩影。

李自成像

明朝后期政治腐败,土地高度集中,国家财政濒临破产,税饷加派,连年灾荒,瘟疫流行,军队涣散,勤王军哗变,裁撤驿递驿卒。

第一,辽事。后金坐大,成了气候。朝鲜和蒙古先后与大清结盟。而皇明肌体,病入膏肓,明朝在东北已经由优势转为劣势。连年战争,支出浩大,明朝财政危机,几至破产。而"三饷"——辽饷、练饷、剿饷,一再加派,加深了社会的矛盾和危机。举个例子:明万历末年合九边饷止280万,后加派辽饷900万两,剿饷330万两,练饷730余万两,共1960多万两。"自古有一年而括二千万以输京师,又括京师二千万以输边者乎"《明史·食货志》?

第二,天灾。当时,"明国三年饥馑,禾稼不登,人皆相食,或食草根、树皮,饿死者什之九,兼以流贼纵横,土寇劫掠,百姓皆弃田土而去。榛芜遍野,其城堡乡村,居民甚少"《清太宗实录》卷六五。陕西饥馑,饥民流窜。崇祯十四、十五、十六连续三年,京师地区发生瘟疫。崇祯十五年(1642年),文献记载:"北京甚疫,死亡昼夜相继,阖城惊悼"《崇祯实录》卷十四,"京师大疫,死亡日以万计"《崇祯实录》卷十六。死亡人数过多,竟然无人收敛。"有阖家丧亡,竟无收敛者"康熙《通州志·祲祥》。

第三,军乱。边军缺饷,士兵哗变,转而为盗。山西的5000劲卒,在巡抚耿如杞督率入援京师之际,疲于奔命,又缺粮饷,军纪混乱,肆行抢掠。及事发后,耿如杞被逮,其5000劲卒,溃散而叛乱,影响很大。延绥、甘肃等镇官兵,相继溃散。明军战斗力的下降,使农民军得以乘虚而起。

马懋才《备陈灾变疏》详细描述了崇祯元年(1628年)延安地区天灾人祸的情况:

臣乡延安府,自去岁一年无雨,草木枯焦。八九月间,民争采山间蓬草而食,其粒类糠皮,其味苦而涩,食之仅可延以不死。至十月以后而蓬尽矣,则剥树皮而食。诸树惟榆树差善,杂他树皮以为食,亦可稍缓其死。迨年终而树皮又尽矣,则又掘山中石块而食。其石名青叶,味腥而腻,少食辄饱,不数日则腹胀下坠而死。民有不甘于食石以死者,始相聚为盗。而一二稍有积贮之民遂为所劫,而抢掠无遗矣。有司亦不能禁治。

　　最可悯者,如安塞城西有粪场一处,每晨必弃二三婴儿于其中,有涕泣者,有叫号者,有呼其父母者,有食其粪土者。至次晨则所弃之子已无一生,而又有弃之者矣。

　　更可异者,童稚辈及独行者一出城外,更无踪影。后见门外之人炊人骨以为薪,煮人肉以为食,始知前之人皆为其所食。而食人之人亦不数日面目赤肿,内发燥热而死矣。于是,死者枕藉,臭气熏天。县城外掘数坑,每坑可容数百人,用以掩其遗骸。臣来之时,已满三坑有余,而数里以外不及掩者又不知几起矣。小县如此,大县可知;一处如此,他处可知。

第四,民变。人民没有饭吃,再加官员逼迫,最后只有一条道路,就是"官逼民反"。史载:

　　国初,每十户编为一甲,十甲编为一里。今之里甲寥落,户口萧条,已不复如其初矣。况当九死一生之际,即不蠲不免,民亦有呼之而不应者。官司束于功令之严,不得不严为催科。如一户止有一二人,势必令此一二人而赔一户之钱粮;一里只有一二户,势必令此一二户而赔一甲之钱粮。等而上之,一里一县,无不皆然。则见在之民,止有抱恨而逃,漂流异地,栖泊无依,恒产既亡,怀资易尽,梦断乡关之路,魂消沟壑之填,又安得不相率而为盗者乎! 此处逃亡于彼,彼处复逃之于此,转相逃则转相为盗。此盗之所以遍秦中也。(吴应箕《楼山堂集》卷二)

他们为什么要铤而走险? 有史书记载曰:"死于饥与死于盗等耳,与其坐而饥死,何若为盗而死,犹得为饱鬼也!"就是说:饥饿而死,为饿死鬼;抢盗而死,为饱死鬼! 于是,饿民强者,群起为盗!

如此民不聊生,官府又不赈济,官员逼交钱粮,安有不反之理!

李自成政权的"金乡县契"印　　　　李自成政权的"辽州之契"印

天启七年(1627 年),农民起义在陕西澄城县拉开序幕。到崇祯十七年(1644 年),农民军大致上经历了初起、发展、低潮、再起、高潮等几个发展阶段,先后转战于陕西、山西、河南、安徽、四川、湖北、湖南、江西等省。先后涌现出李自成、张献忠等著名的义军首领。崇祯十六年(1643 年)十月十一日,李自成军占领西安。崇祯十七年(1644 年)正月初一日,李自成在西安建立政权,国号大顺,年号永昌。正月初八日,李自成率大顺军,从西安出发,进军北京。

此时,崇祯帝采取什么对策呢?

二、崇祯五招

崇祯帝当时面临两个军事—政治集团的巨大压力:一个是后金—清政权,皇太极的八旗军五入中原,还进行了松锦大战;另一个是农民军。崇祯帝要在内线与外线,两面作战。他的外线作战,我在前面已经讲过,特别是松锦大战,明军原先同李自成作战的统帅洪承畴,13 万军队全军覆没,洪承畴自己也投降清朝;他的内线作战主要是阻挡李自成大顺军对北京的军事威胁。

得知大顺军进军北京的消息,崇祯帝先后采取了五招:

第一，派官"代朕亲征"。崇祯帝派大学士李建泰代表自己亲征。李建泰并不是驭将之才，但他的老家是山西曲沃，有万贯家财。崇祯帝是想利用他的家产来解决兵饷。正月二十六日，崇祯为李建泰举行遣将礼，命他为督师辅臣。

李建泰取道保定南下。"李至一县，县人漫视不为礼。李从者饥，求食。县人曰：汝官为大明乎？为大顺乎？诡对曰：大顺。乃为设食甚丰，饱餐而去"（刘尚友《定思小记》）。李建泰到邯郸时，得知大顺军左营刘芳亮部即将前来，吓得向北撤退，兵遂溃，所过之处恣意劫杀。"至定兴，城门闭不纳。留三日，攻破之，笞其长吏"（《明史·李建泰传》），将县城抢劫后继续北逃。最后，只剩下数百名亲军跟随李建泰进了保定，不久就在保定投降大顺将领刘芳亮。这次"代朕亲征"至此结束。

第二，抽调官兵勤王。正月十九日，崇祯帝召对大臣，提出抽调5000精兵随宁远总兵吴三桂前往山西助剿。但是，崇祯帝不愿意承担放弃关外的责任，大臣们当然也不愿意承担，于是开始扯皮。直到三月初六日明廷才正式下令放弃宁远，命蓟辽总督王永吉、宁远总兵吴三桂统兵入卫京师。同时调蓟镇总兵唐通、山东总兵刘泽清率部勤王。吴三桂接到诏令后，动作缓慢，直到北京已经被大顺军攻占，也还没到达。刘泽清谎称自己坠马负伤，不能行动。倒是唐通率领8000士卒到达北京，朱由检赐宴、赏银。但是他为了控制这支队伍，派太监杜之秩监军，惹恼了唐通。唐通说：我不敌一奴才也！接着就借口要到居庸关设险以待，离开了京城。调部勤王之举宣告流产。

第三，南迁首都之议。崇祯帝的本意是自己逃到南京，但又要顾全面子，要大臣襄赞。但是朝臣也是各有各的想法。当年好多提正确建议的大臣，一个一个都被杀了，所以这个时候谁也不敢说真话，就等崇祯帝自己说，然后再附和。"帝欲大臣一言主之，大臣畏帝不敢言，虑驾行属其留守，或驾行后京师不能守，帝必罪主之者。遂无人决策"（李长祥《天问阁集》卷上《甲申廷臣传》）。甚至有人提出皇上守社稷,让太子到南京去监国。南迁之议就这样拖了下来。后来,崇祯帝得知大顺军是分三路,分别从北、东南、西南三个方向包围京师,也就知道自己是无法逃到南京了。

第四,诏令百官助饷。崇祯帝既不舍得拿出内帑补充军饷,又要解决军饷困难,便下诏命勋戚、百官、太监捐银助饷。崇祯帝派太监密谕周皇后的父亲周奎,让他纳银 12 万两,带个头。周奎表示只能纳 1 万两,朱由检让他至少拿出 2 万两。周奎就向女儿周皇后求援。周皇后悄悄送去 5000 两,周奎扣下 2000 两,只纳了 3000两。朱由检干脆搞起摊派,先按照衙门摊派,又按照官员的籍贯摊派,还让大臣推举各省"堪输者",勒逼捐银。太监也被逼着纳银。这样一共弄到 20 万两银子。后来,大顺军仅从周奎家搜出现银就达 53 万两。这反映了当时明朝皇亲贵戚、官僚贵族对崇祯帝、对明朝政权的"忠诚"态度。

第五,派遣太监监军。由于各地官将多有投靠大顺政权的,崇祯帝对各地文武官员不信任,便派出亲信太监到各镇监督。兵部认为这样事权无法统一,请求收回成命,但遭到崇祯帝拒绝。最后,派太监王承恩提督北京城的守卫,结果无济于事。后来这批亲信太监大部分随同所监督的文官武将一起投降了大顺。居庸关监督太监杜之秩投降就是一例。北京城门也是被太监曹化淳等打开迎降的(下面讲)。

在危机关头,崇祯的五招,招招落空,民变烽火,愈燃愈烈,终于烧到北京,崇祯帝逃脱不了亡国之君的命运。

三、闯王进京

崇祯十七年即顺治元年(1644 年),是中国历史大变动的一年。这一年,明朝、清朝、大顺三方,三个代表人物——李自成 38 岁,朱由检 35 岁,多尔衮 33 岁,都是正当盛年,在政治场上三个人激烈搏斗。

崇祯十七年（1644 年）三月十五日，大顺军进抵京城西北的居庸关。防守居庸关的总兵唐通和监军太监杜之秩投降。

三月十六日，昌平陷，明皇陵享殿被焚，当晚大顺军先头部队到达京城北侧的土城。

三月十七日，大顺军开始攻城。分别进攻平则门（阜成门）、彰义门（今广安门）、西直门。京营官兵，不战溃散。

三月十八日，北京外城陷落。守城太监曹化淳等按事先拟定的

起义军攻占北京图(17 世纪法国绘画)

"开门迎贼"公约，首先打开广宁门。外攻内应，北京城陷。

三月十九日，崇祯帝看到外城已经陷落，就召集大臣商量怎么保卫内城，但是没有一个文武大臣到他身边来。于是他到后宫先逼皇后自杀，然后用宝剑砍伤自己亲生的女儿。最后，孤家寡人到了煤山自缢而死，年 35 岁。明朝灭亡。史书记载，崇祯帝死之前"自去冠冕，以发披面"，就是他上吊之前把帽子、皇冠等都统统去掉，用头发把脸蒙起来。为什么呢？他没有脸面去见列祖列宗，也没有脸面对京城的民众。旁边陪伴他的只有太监王承恩，可以说此时的崇祯皇帝真正是四面楚歌，孤家寡人。

李自成进京后，住紫禁城，故明妃嫔、宫女自尽者、被掠者有之。为了补充经费，令其部下拷勒在京官员，规定每人交银子：内阁 10 万两，京卿、锦衣卫官 7 万两或 5 万两，给事中、御史、吏部、翰林等 1～5 万两，勋戚没有定数。大学士魏藻德缴纳 1 万两，嫌少，"酷刑五日夜，脑裂而死"。又逮其子追征，诉说：家里已经罄尽。父亲在，犹可以请求诸门生朋友。今已死，怎么去借贷？于是，"贼挥刃斩之"《明史·魏藻德传》）。这同当年明军攻占大都（今北京）情景

《崇祯皇帝自缢图》(17 世纪法国绘画)

崇祯皇帝自缢处(传)

相反:"封府库,籍图书宝物,令指挥张胜以兵千人守宫殿门,使宦者护视诸宫人、妃(嫔)、(公)主,禁士卒勿所侵暴。吏民安居,市不易肆。"(《明史·徐达传》)

大顺军杀的不是大学士魏藻德一个人,他是明朝官员的代表,拷掠、抢夺搞得人心惶惶,这和多尔衮宣布"官仍其职、民复其业"恰恰相反。李自成最后失败,这也是原因之一。

闯王李自成在北京共 41 天。四月十三日,李自成率军奔向山海关,进行山海关大战(后面讲)。二十六日,李自成败回到北京。二十九日,李自成在武英殿举行即皇帝位典礼。典礼草草结束。放火焚毁部分宫殿和部分城楼,撤离北京。多尔衮到皇宫后,在武英殿办公。顺治元年(1644 年)十月初一日,顺治皇帝在北京举行登极大典,没有在皇极殿(太和殿),而是在皇极门(太和门)设御座。一种解释是皇极殿(太和殿)不存在了! 这使人们想起当年项羽攻下咸阳,"烧秦宫室,火三月不灭"(《史记·项羽本纪》)!

李自成进京后,部下军纪很差,特别是大将刘宗敏掠取吴三桂的爱妾陈圆圆,成为后来吴三桂降清的一个口实。

第四十五讲

三桂降清

　　崇祯十七年即顺治元年（1644 年），是中国历史上具有划时代意义的一年。历史的长河在这里急速拐弯，上演了富有戏剧性的一幕。大明、大清、大顺三方的角斗白热化，各方的目光不约而同聚焦于一个人物，就是吴三桂。这个吴三桂为何许人？我先从他的身世讲起。

一、将门虎子

　　吴三桂，字长伯，原籍江南高邮（今江苏高邮），出身将门，寄籍辽东。万历四十年（1612 年）生，比袁崇焕小 30 岁，比崇祯皇帝小 3 岁，比李自成小 6 岁，与多尔衮同岁。吴三桂出身于辽东将门望族。他的父亲吴襄，自幼习武，善于骑射，在辽军中任参将、副将。明崇祯初，吴襄在辽东任总兵。吴襄耳闻目睹了明朝在天启二年即天命七年

吴三桂像

（1622年）如何丢失广宁，辽东经略熊廷弼如何被传首九边，辽东巡抚王化贞如何被下狱而死，这些刻骨铭心的事件。崇祯十七年（1644年）正月，吴襄奉调进京，担当提督御营的要职。吴三桂10岁这年，是吴襄人生的一个转折点，他娶了祖大寿的妹妹为妻——吴祖氏。这位吴祖氏的哥哥祖大寿官至明平辽将军、先锋总兵，而祖家是世居辽东的望族。吴襄成为祖大寿的妹夫，吴三桂成了祖大寿的外甥。祖、吴两家联姻，使吴襄、吴三桂父子找到了坚强的靠山，也使祖氏家族的势力更加壮大。

吴三桂在父亲吴襄和舅舅祖大寿等教诲和影响下，从小既学文，颇通音律；又习武，娴熟骑射，不到20岁就考中武举。从此跟随父亲吴襄和舅舅祖大寿，开始他的军旅生涯。

崇祯四年即天聪五年（1631年）大凌河之战中，团练总兵吴襄、山海总兵宋伟，率马步兵4万余，由锦州城出，往援大凌河城，欲解祖大寿之围。结果吴襄临阵先逃，被削职。第二年六月，为平息山东登州参将孔有德等兵变，吴襄随副将祖大弼等出征山东。这次援山东之战，持续了将近一年，孔有德从登州乘船渡海，投奔后金，崇德元年（1636年）成为清初"三顺王"（孔有德为恭顺王、耿仲明为怀顺王、尚可喜为智顺王）之一。而吴三桂的父亲吴襄则恢复了总兵官职务。

随着吴襄官复原职，吴三桂也在当年任游击，时年20岁。崇祯八年即天聪九年（1635年），吴三桂被擢为前锋右营参将，时年23岁；崇祯十一年即崇德三年（1638年）九月，任前锋右营副将，相当于副总兵，时年26岁。

崇祯十二年即崇德四年（1639年）蓟辽总督洪承畴、辽东巡抚方一藻、总督关宁两镇御马监太监高起潜，报请朝廷批准，吴三桂被擢为宁远团练总兵，时年27岁。

吴三桂从游击、参将到副将，再到总兵，升迁之快，超乎常规。为什么呢？这当然和他懂文习武，能说会道有关，也和他父亲吴襄及舅舅祖大寿是总兵有关，还有一个关键因素就是吴三桂拜御马监太监高起潜为义父。

蓟辽总督洪承畴于年初调到辽东，他发现辽军缺乏训练，影响战斗力，用吴三桂为署练兵总兵官，负责练兵。后来吴三桂率兵参加过几次战斗：

杏山战斗。崇祯十三年即崇德五年（1640年）五月，明清双方在杏山附近遭遇。总兵吴三桂、刘肇基奉命赴援，"三桂受围，肇基救出之"（《崇祯实录》卷十三）。然而，总兵吴三桂却奏报："与贼血战，大获全胜。"（"明档"）

松山战斗。崇祯十四年（1641年）四月，吴三桂在洪承畴指挥的松山外围乳峰山的战斗中，表现突出。洪承畴上奏说："吴三桂英略独擅，两年来，以廉勇振饬辽兵，战气倍尝，此番斩获功多。"请求给予加升一级。

松锦大战。崇祯十四年八月，督师洪承畴统八总兵、13万大军，增援锦州，吴三桂为其一。结果明军反被清军截断饷道，陷入困境。洪承畴二十一日召集会议决定，于二十二日初更，分两路突围。但是当夜还没到预定时间，大同总兵王朴先率人马突围而逃，吴三桂随即率部乘夜逃跑，先逃到杏山，又从杏山逃回宁远。一路上，官兵死的死，伤的伤，散的散，所部人马损失殆尽，吴三桂"仅以身免"，官印也被夺（《清太宗实录》卷六十），几乎是只身逃回宁远。明军阵乱，八镇总兵，只有曹变蛟、王廷臣两位突围不成，退到松山城，与洪承畴共同守城。后来，松山破，承畴降，曹、王两位总兵被杀。

松山败后，临阵脱逃的六位总兵，只有王朴以"首逃"之罪被捕下狱（《明史·王朴传》），其余五人仅被降级。吴三桂坐罪，仅降三级，仍守宁远。

从以上履历可以看出，吴三桂既表现出智慧勇敢的品格，又暴露出怕死投机的秉性。这种性格的两面性后来影响并决定了吴三桂的命运。

崇祯十五年即崇德七年（1642年）三月，祖大寿在锦州降清。这时，明朝在山海关外只剩下宁远、前屯、中前、中后四城。四月，原兵部左侍郎范志完赶往宁远，任总督辽东宁锦军务兼巡抚。招兵买马，储备粮草，以宁远为最重。

时间很快到了崇祯十六年即崇德八年（1643年），在这明亡清兴关键的一年，吴三桂遇到了四件大事：

第一件事。正月，已经投降清朝的祖大寿在沈阳突然接到吴三桂的来信。原来，早在祖大寿刚刚降清时，皇太极便决心招降吴三桂，先后多次写信给吴三桂，并让吴三桂的亲属和朋友也给吴三桂写信，劝降。这时，吴三桂所依靠的祖家，祖大寿等三位舅舅、十多位表兄弟，还有姨夫裴国珍、姨表兄胡弘先等，都已经投降清朝，而且受到礼遇。现在，祖大寿突然接到吴三桂的回信，立即转交给皇太极。皇太极回信道："尔遣使遗尔舅祖总兵书，朕已洞悉。将军之心，犹豫未决。朕恐将军失此机会，殊可惜耳。"（《清太宗实录》卷六十四）可以看出，吴三桂正在动摇之中，虽然没有降清，但是给自己留出了降清的后路。

第二件事。春天，吴三桂奉命入关，驰援京师，抵御第五次迁道入塞的清军。因行军迟缓，到了北京后，清军已撤退，但是崇祯皇帝还是很器重他，也感激他来北京勤王。五月十五日，崇祯帝在皇宫武英殿宴请前来勤王的吴三桂等，还赐吴三桂尚方剑。吴三桂"慷慨受命，以忠贞自诩也"（《国榷》卷九十九）。这是吴三桂惟一一次进入紫禁城内，觐见崇祯帝。就是这次进京，吴三桂意外地得到一次艳遇。

第三件事。觐见崇祯帝后不久，吴三桂应邀到国丈田弘遇家做客。田弘遇有一位养女，是崇祯帝的田贵妃，很受宠爱。田弘遇因此被封为右都督，所以他是皇亲，也是富翁。这时，田贵妃已经病逝，田弘

陈圆圆像

遇感到无助。他见吴三桂年轻有为,受到皇上重用,便想巴结吴三桂,于是就邀请他来家做客。就在这一次,吴三桂在田宅见到了陈圆圆(后面讲)。

第四件事。九月,清军绕过宁远,先打中后所;十月,再打前屯卫,又打中前所。前后不过七八天,三座城池,全部失陷,明朝损失总兵、游击以下官兵1.5万人,以及大量粮秣武器。这样,吴三桂的宁远,成为山海关外一座孤城。这时的宁远,已经失去了战略意义,只是明朝在关外的一种象征而已。

此时已到了崇祯十六年底,第二年明朝即告灭亡,吴三桂正陷于大明、大清、大顺的夹缝之中,徘徊不定。

二、三面徘徊

崇祯十七年即顺治元年(1644年),大明、大清、大顺三者的关系发生戏剧性的变化。吴三桂在复杂的政局面前,徘徊不定。

第一,入关勤王。崇祯十七年即顺治元年(1644年)初,李自成自西安东进,三路大军,直指京师。崇祯帝感到大明江山危在旦夕,于是诏征天下兵勤王,命府部大臣各条陈战守事宜。先是,吏科给事中吴麟征奏请:"弃山海关外宁远、前屯二城,徙吴三桂入关,屯宿近郊,以卫京师。"(《明史纪事本末》卷七九)三月初四日,明廷封吴三桂为平西伯,随后命他火速领兵入卫北京。吴三桂"被命,迁延不即发,简阅步骑,携挈人民,徙五十万众,日行数十里"(《四王全传·平西王吴三桂传》)。自宁远至山海关200里路程,正常行军日行100里,二日便可到达。可是吴三桂六日启程,十六日才到达山海关,整整走了11天。

三月十五日,李自成在居庸关收明降将唐通。李自成以唐通与吴三桂为旧部同僚,于是命令他带着4万两白银、财物前去招抚吴三桂。唐通"遗书三桂,盛夸新主礼贤,唉以父子封侯"。但是,

"三桂不答"（彭孙贻《流寇志》卷十一）。

十九日，崇祯帝盼望的辽军刚刚离开山海关，北京就被李自成率领农民军攻下，崇祯帝自缢。在京居住的吴三桂的父亲吴襄、爱妾陈圆圆等全家30多口，都落入闯王之手。

二十日，吴三桂率军至丰润一带，犹豫观望，停止不进，待机而动。当吴三桂得知京师陷落、帝后殉难的消息时，何去何从，犹豫不定。

第二，归降大顺。李自成率领农民军攻入北京后，京畿各镇将领，大多投降。但李自成认为吴三桂是一员骁将，应当招之投降。他的部将顾君恩指出：南方立藩王皆不足有为，惟山海关外不可不虑。于是，李自成加紧招抚吴三桂，以利用吴三桂遏制清军入关。李自成为了招降吴三桂，采取多种办法：一是令诸降将分别发书招三桂；二是命吴三桂的父亲吴襄写信劝子投降；三是派遣巡抚李甲、兵备道陈乙等，持檄招降吴三桂，条件是："尔来不失封侯之位"，并犒赏吴军官兵白银4万两。吴三桂的态度是："大喜，忻然受命。"（《甲申传信录》卷八）

吴三桂立即召开秘密军事会议。吴三桂说："都城失守，先帝宾天，三桂受国厚恩，宜以死报国。然非藉将士力，不能以破敌，进将若之何？"

众将态度，"皆默然，三问不敢应"。因为不知吴三桂的意图，不敢表态，只有默然。

吴三桂接着说："闯王势大，唐通、姜瓖皆降，我孤军不能自立。今闯王使至，其斩之乎？抑迎之乎？"

众将答道："今日死生，唯将军命！"众将领知道他的意图，表示愿意听命。

于是，"三桂乃报使于自成，卷甲入朝"，归降大顺（彭孙贻《流寇志》卷十一）。吴三桂将山海关交给已经投降大顺的原明密云总兵唐通所部驻守，亲率所部，向北京进发，要入京朝见李自成。沿途大张告示：本镇率所部朝见新主，所过秋毫无犯，尔民不必惊恐（《吴三桂纪略》）。

　　四月初五日，吴三桂行进到永平西沙河驿，见到从北京逃出来的家人，得知其父吴襄为闯王部下刑掠，三桂愤怒，但考虑到自己与清军结下深仇，归北很难，而"李害父陷于不知，不必仇"（《吴三桂纪略》），待到北京后再辩明。接着，吴三桂又听说自

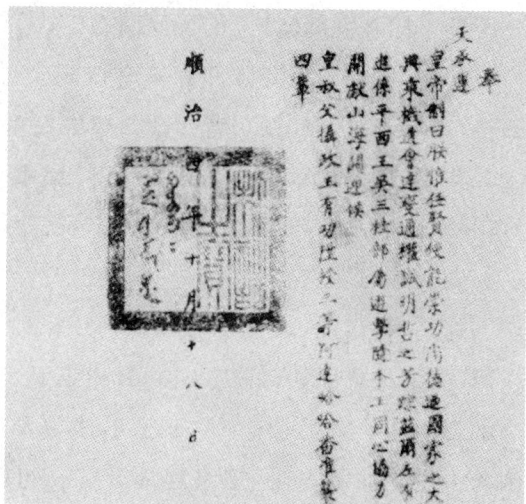

顺治皇帝封吴三桂部将告敕

己的爱妾陈圆圆被刘宗敏抢占，"冲冠一怒为红颜"（吴伟业《圆圆曲》）。由是，吴三桂改变投降李自成的初衷，而寻找新的主子。

　　第三，剃发降清。吴三桂为什么又投降清朝呢？这同"冲冠一怒为红颜"有关吗？

三、冲冠一怒

　　明末清初著名诗人吴伟业说吴三桂"冲冠一怒为红颜"。这句出自《圆圆曲》，其诗句为：

　　　　鼎湖当日弃人间，破敌收京下玉关。
　　　　痛哭六军皆缟素，冲冠一怒为红颜。

　　上文的"鼎湖"典故，出自《史记·封禅书》，原意是皇帝升天的地方，后世指为帝王死亡。上诗说的是吴三桂为了爱妾陈圆圆，而剃发降清。

吴三桂剃发降清，人们说原因有二：

其一，吴三桂爱妾陈圆圆被李自成大将刘宗敏霸占。所以，吴三桂"冲冠一怒为红颜"，背叛李自成农民军，投降多尔衮。

其二，李自成军在北京开始大肆"编拿百官，拘系追赃，酷刑拷打，呼号遍地"(张岱《石匮书后集》卷六三)。吴三桂的父亲也未能免。

先说陈圆圆。

陈圆圆，名沅(或元)，字畹芬，江苏武进县金牛里(今奔牛镇)人，其父亲是货郎，喜好唱小曲，日夜讴歌。陈圆圆受父亲影响，从小就会唱歌。父死家贫，落寞苏州，隶籍梨园。陈圆圆"蕙心纨质，澹秀天然"，独冠一时，艳名远播。有一句话形容她："声甲天下之声，色甲天下之色。"(《虞初新志·圆圆传》卷十一)国丈田弘遇在苏州用重金将陈圆圆买下，带到北京，养在府里，成为歌伎。原来，田贵妃死后，崇祯帝很悲伤。此时，田弘遇想女儿死后肯定会影响皇帝对他的信任，他想继续讨好皇上，于是花重金买了陈圆圆，打算献给崇祯帝。之所以没有成功，一说是崇祯帝看了陈圆圆后不太喜欢，还有一种说法就是田弘遇先探了探崇祯帝的口风，因皇上不太喜欢就没有送。

吴三桂到田府见到陈圆圆，一见钟情。田弘遇便将陈圆圆送给吴三桂，"吴欲之，而故却也"，互相推来让去，最后田弘遇"强而可"。因吴三桂在辽东已经娶妻，生有儿子应熊，还惧内；同时崇祯帝也催促吴三桂出关。因此，吴三桂没有来得及迎娶，留下千两银子为聘礼，急忙返回宁远，便把陈圆圆暂时留在田家。第二年正月，吴襄奉命进京任职，便把陈圆圆接到府中。三月，闯王进京，大将刘宗敏住进田府。刘宗敏"系襄索沅，拷掠酷甚"。"遍索绿珠围内第，强呼绛树出雕栏"，陈圆圆终于落到刘宗敏手中。

听说爱妾被霸占，吴三桂大怒道："不灭李贼，不杀权将军(刘宗敏)，此仇不可忘，此恨亦不可释。"(《吴三桂纪略》)并拔剑断案，拂袖而起，说："大丈夫不能保一女子，何面目见人耶！"(刘健《庭闻录》卷一)

四月初八日，吴三桂率军返回，进攻山海关。守将唐通所部大败,溃逃。李自成得知吴三桂降而复叛,立即派明降将白广恩等率军增援唐通,也被吴三桂全歼。

吴三桂重占山海关后,立即杀掉李自成的使臣李甲,并用李甲的头颅祭旗;还割去陈乙的双耳,然后纵之。吴三桂远近传檄,发表文告,号召士民,讨伐李自成农民军。吴三桂招兵买马,兵力扩充到五六万人。

十一日,李自成派遣使臣携带吴襄手书和大量金银前往山海关,劝降吴三桂。十三日,李自成统领 6 万大军,号称 10 万或 20万,宋献策、刘宗敏、李过等将领从之,并带着吴襄、明朝太子朱慈烺等,出齐化门(今朝阳门),直指山海关。李自成打算对吴三桂先劝降,如果不成就以武力消灭之,以控制山海关,阻断清军南下的通道。

李自成大军压境,吴三桂将何去何从? 清朝的摄政睿亲王多尔衮又有怎样的行动?

先是,四月初四日,清内秘书院大学士范文程,向摄政睿亲王多尔衮进谏:

> 盖明之劲敌,惟在我国,而流寇复蹂躏中原,正为秦失其鹿,楚汉逐之。我国虽与明争天下,实与流寇角也。为今日计,我当任贤以抚众,使近悦远来,蠢滋流孽,亦将进而臣属于我。彼明之君,知我规模非复往昔,言归于好,亦未可知。倘不此之务,是徒劳我国之力,反为流寇驱民也。夫举已成之局而置之,后乃与流寇争,非长策也。(《清世祖实录》卷四)

多尔衮接受了范文程的建议,于四月初九日统领 10 余万大军,拟破边墙而入,与李自成争占北京。

四月十五日,多尔衮率师抵翁后(今辽宁阜新境内),遇见吴三桂派遣的使臣杨珅、郭云龙二人,带来吴三桂的求援信。吴三桂在信中写道:

　　　王以盖世英雄,值此摧枯拉朽之会,诚难再得之时也,乞
　　念亡国孤臣忠义之言,速选精兵,直入中协、西协,三桂自率所
　　部,合兵以抵都门,灭流寇于宫廷,示大义于中国。则我朝之
　　报北朝者,岂惟财帛,将裂地以酬。《清世祖实录》卷四)

真是喜从天降,多尔衮立即召见范文程等人商讨对策。范文
程说:

　　　自闯寇猖狂,中原涂炭,近且倾覆京师,戕厥君后,此必讨
　　之贼也! 我国家上下同心,兵甲选练,诚声罪以临之。恤其士
　　夫,拯厥黎庶,兵以义动,何功不成乎? ……好生者,天之德
　　也。兵者,圣人不得已而用之。自古未有嗜杀而得天下者。
　　国家欲统一区夏,非义安百姓不可。《钦定八旗通志·范文程传》)

多尔衮对吴三桂的信有三条不同意:

其一,吴三桂"泣血求助",而不是归降;

其二,吴三桂要清军"直入中协、西协",就是从长城其他隘口
进入,而未许清军从山海关进京。

其三,将"裂地以酬",就是割一块土地相酬谢。

多尔衮是一位有帝王韬略的摄政王,怎肯这样答应吴三桂呢!
他采取了几项行动:一是复信给吴三桂,同意出兵;二是提出条件,
要吴三桂投降,许诺如率众来归,将封土晋王;三是派降清汉将
一人往山海关,送去给吴三桂的回信;四是立即改变原来的路线,直
趋山海关,迫使吴三桂投降,以控制山海关。

十六日,多尔衮复书道:"今伯(明平西伯吴三桂)若率众来归,
必封以故土,晋为藩王,一则国仇得报,一则身家得保,世世子孙,
常享富贵,如河山之永也!"《清世祖实录》卷四)

吴三桂则两面忙活:送走了前往大清请兵的使臣,又对李自成

行缓兵之计。当李自成使臣来劝降时，吴三桂表示"愿一见东宫而即降"，以麻痹李自成，争取时间，等待援兵。很快，吴三桂接到了多尔衮的回信，积极进行战前准备。十九日，他在演武堂"合关辽两镇诸将并绅衿，誓师拒寇"（光绪《临榆县志》卷九）。二十日，他在较场与诸将歃血同盟，祭旗兴兵，进行布防。

就在这一天，多尔衮率军进至连山（今辽宁葫芦岛市连山区），会见吴三桂派出的使臣郭云龙和孙文焕。吴三桂在信中明确表示请多尔衮"直入山海"，与自己首尾夹攻大顺军。并就归降一事含糊地表示"民心服而财土亦得，何事不成哉"（《清世祖实录》卷四）！

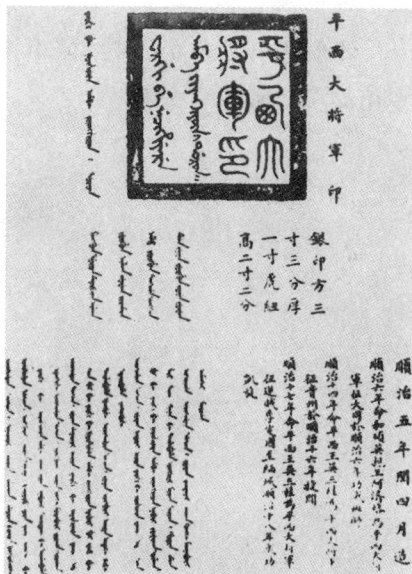
吴三桂"平西大将军印"印文

李自成行军速度很慢，从北京到山海关 700 里，如果急行军三四天就可到达，但是大顺军整整走了 8 天。二十一日晨，大顺军在石河西岸与吴三桂军对阵。

同日晨，多尔衮率领清军也从连山到了山海关外。连山至山海关 200 里。多尔衮命大军日夜疾驰，"黄埃涨天，夜色如漆，人莫开眼，咫尺不辨。……经过中后所、前屯卫、中前所，至关外十五里许，日已昏黑，屯兵不进，一昼夜之间行二百里矣"（《沈馆录》卷七）！

大顺和大清双方此时争夺的焦点就是吴三桂，吴三桂最终的选择是弃顺降清。

有人问：吴三桂降清是真降，还是假降？清史界有不同的看法。一种意见是，吴三桂是真降，从顺治元年（1644 年）到康熙十二年（1673 年）长达 30 年的时间，一直死心塌地效忠清朝。另一种意见是，吴三桂是假降，证据是"我朝之报北朝者，岂惟财帛，将裂地以酬"，后来反清说明他是韬晦、是假降。

又有人问：吴三桂的历史地位怎样评价？ 清史界也有不同的看法。一种意见是，肯定吴三桂的历史贡献，主要是为明末清初中国重新统一做出了贡献。另一种意见是，吴三桂官于明而叛明，叛明而降李自成，再叛李而降清，最后到老年又反清叛乱，是一个丧失大节的人。

不管怎样评价吴三桂，他引清兵入关，直接的一个后果是：爆发山海关大战。

第四十六讲

山海关大战

山海关大战前,在山海关内外,主要有三股军事势力——李自成的农民军、多尔衮的八旗军和吴三桂的关宁军。三股势力的分合、激战、胜败、谋略,直接影响当时中国局势的走向,也影响或决定大顺、大明、大清的命运。

一、三股势力

第一股势力:吴三桂的关宁军。前面讲过,吴三桂已经投降李自成。但是,当他知道父亲吴襄被拷掠、爱妾陈圆圆被强占的时候,则对李自成采取了两面策略——明着不同李自成决裂,暗着却另找新主子。吴三桂于崇祯十七年(1644年)三月二十九日收到其父吴襄的劝降信后,这种同李自成决裂的态度变得明朗而坚决,他复信说:"父既不能为忠臣,儿亦安能为孝子乎?儿与父诀,请自今日。父不早图,贼虽置父鼎俎旁以诱,三桂不顾也。"(顾公燮《丹午笔记·三桂绝父书》)李自成得知吴三桂坚决不降,令白广恩、王则尧带着犒师银两,星夜赴永平(今河北卢龙),增援唐通并继续招降吴三桂,结果反被吴三桂击溃。吴三桂纵兵大掠而东,顿兵山海关,并观望局势,以图再举。当时,吴三桂约有关宁5万之众(一说8万)。

第二股势力:李自成的农民军。崇祯十七年即顺治元年(1644年)四月十三日,李自成亲率刘宗敏等将士6万人,号称10万或20万,开始东征。李自成派明降官去山海关招降吴三桂,但使者被扣留。李自成分析形势,认为成败决于一战,于是令大军连营并进,

山海关关门旧影

直逼山海关。700 里路,慢慢吞吞,行军 8 天,方才到达。这就给吴三桂与多尔衮的联合提供了时间。

第三股势力:多尔衮的八旗军。四月初九日,睿亲王多尔衮率军 10 万向山海关挺进。原想绕过榆关,破墙而入,争夺北京。四月十五日,清军师抵翁后,吴三桂派出的使者副将杨珅、游击郭云龙持吴三桂书前来乞师。吴三桂乞师信称:"欲兴师问罪,以慰人心。奈京东地小,兵力未集,特泣血求助。"(《清世祖实录》卷四)多尔衮遣官持复书到山海关,一则探听虚实,二则要吴三桂降清。多尔衮本想进一步观察吴三桂的真实动机,恰在此时,得报李自成所率大军已离永平,急驰山海关。为防贻误战机,多尔衮遂命清军星夜前进,从连山到山海关,200 里路,急行一昼夜,屯兵到山海关外 15 里,观察形势。

这样,李自成的大顺军、多尔衮的八旗军、吴三桂的关宁军就在山海关交汇,由此引发了一场大战,就是山海关大战。这个大战的战场集中在山海关关门。

二、关门大战

　　山海关以关城为中心,四面有四座辅城——东罗城、西罗城、南翼城、北翼城,加上长城、关隘、敌楼、台堡等,形成相互连结、彼此相依的防卫体系。南翼城面向大海,敌军无从通过。西罗城面向关内,前有石河,成为关城的天然屏障,而河西则为开阔地,成为山海关大战的一个重要战场。

山海关上的明代铁炮

　　清摄政王多尔衮采纳洪承畴、祖大寿等人的建议,对入关作了如下部署:以英郡王阿济格率万骑为左翼,入西水关;以豫郡王多铎率万骑为右翼,入东水关;自将3万骑为主力,从正面主攻,余为预备队。但是,清军于二十一日进至欢喜岭后,并未立即投入战斗,而是观变待机,仅于当天派兵击败一片石之唐通部,使李自成从关外打击吴三桂并切断吴军与清军联络的计划未能实现。李自成四月二十一日清晨到山海关后,也进行紧急部署:李自成除南翼城面向大海无法布阵外,在东罗城、西罗城、北翼城,分别攻城;其次,李自成命唐通率兵由离关城西北30多里的一片石(今辽宁绥中县九门口)北出到关外,以防止吴三桂退往辽东,与清军会合。九门口这个地方非常险要,山之间一条河,河上九个拱门,有水的时候放水,没有水的时候九门的门闸同时放下来,就进不去城了;其三,在西罗城外,从北山到大海,沿石河布成"一"字形战线,与吴三桂军对阵。从李自成部署来看,是要把吴三桂围而歼之。虽李自成志在必胜,却在攻城与野战上分散了兵力。

李自成军先攻西罗城,复集中兵力攻打北翼城。双方交战,十分激烈。石河一线,极为惨烈。大顺军"鳞次相搏,前者死,后者复进"。吴三桂军东驰西突,企图突围,屡次遭堵,未能成功。至下午,李自成军奋勇攻城,北翼城、西罗城危急。

二十二日,晨,吴三桂形势危急,而清军屡请不至。睿亲王多尔衮率军来到离关城 2 里的威远台,"高张旗帜,休息士卒,遣使往三桂营觇之。三桂复遣使往请,九王(多尔衮)犹未信。请之者三,九王始信,而兵犹未即行。三桂遣使者相望于道,凡往返八次,而全军始至"(计六奇《明季北略·吴三桂请兵始末》)。吴三桂派人"往返八次"请多尔衮,但多尔衮不相信。吴三桂只好带领 5 名缙绅和 200 名亲兵,在炮火掩护下,突围出城,到威远台,往见多尔衮。当时的情景,据记载:

多尔衮问:汝约我来,我来,为何用炮击?

吴三桂答:非也,闯兵围关三面,甚固,又以万骑逾边墙东遏归路,故用炮击之使开,可得间道东出也。

多尔衮说:是也,然无誓盟,不可信。且闯兵重众,关内兵几与闯同,必若兵亦薙发殊异之,则我兵与若俱无惮矣。就是说,不剃发如何区分? 不盟誓如何相信?

吴三桂说:然我固非怯也,徒以兵少止数千。使我有万骑,则内不患寇,外犹可以东制辽沈,我何用借兵于若为? 今兵少固然,薙发亦决胜之道也。

于是,吴三桂与多尔衮"共歃血,三桂即髡其首,以从"(《甲申传信录》卷八)。

多尔衮与吴三桂在欢喜岭威远台,歃血盟誓,吴三桂剃发称臣,双方决定合攻李自成军。

《山海关志》记载:"多尔衮对吴三桂说:'汝等欲为故主复仇,大义可嘉,予领兵来成全其美。先帝时事在今日不必言,亦不忍言,但昔为敌国，今为一家。我兵进关若动人一株草、一颗粒，定以军法处死。汝等分谕大小居民，勿得惊慌。'"（余一元《山海关志·兵警》）

这时，忽然得到探报，北翼城部分吴军哗变，投奔李自成军。多尔衮命吴三桂先行，并对他说："尔回可令尔兵以白布系肩为号，不然同系汉人，以何为辨，恐致误杀。"（《清世祖实录》卷四）三桂立即返回关城，令全体官兵剃发，来不及剃发的，就用白布系肩，以示区别。然后，在关门上竖白旗，率诸将十数员，甲数百骑，出城迎降。清军三路分别从南水门、北水门、关中门，进入山海关城。多尔衮受拜于军阵中，进兵城中（《沈馆录》卷七）。

李自成知道山海关易守难攻，想诱吴三桂军出关城野战。令沿石河列阵，自北山横亘至海，成"一"字形阵，包围吴三桂军。吴军则布列于右翼边缘，准备集中兵力，向李自成军突击。时值大风扬尘，咫尺不见，清军隐蔽在关城之下。多尔衮告诫众贝勒大臣说："吾尝三围彼都，不能克。自成一举破之，其智勇必有大过人者。"（计六奇《明季北略》卷二十）因此"尔等毋得越伍躁进，此兵不可轻击，须各努力，破此，则大业可成"（《清世祖实录》卷四）！

多尔衮不肯先同李自成军轻战，而是命吴三桂为前锋，其目的是：一则观察吴三桂投降的真伪；二则观察李自成的强弱；三则吴、李交战，两败俱伤，坐收渔人之利。

中午，吴三桂首先出动全部精锐与李自成军交战，陷入包围之中，处境十分困难。吴三桂军与李自成军"死战，自辰至酉，连杀数十余阵"，就是从在上午八点到下午六点，历十小时，战数十合，互相冲突，异常激烈。据彭孙贻记载："自成、宗敏知边兵劲，成败决一战，驱众死斗。三桂悉锐鏖战，无不一当百。自成益驱群贼连营进，大呼，伐鼓，震百里。三桂兵左右奋击，杀贼数千。贼鳞次相搏，前者死，后者复进。贼众兵寡，三面围之。自成挟太子登庙观战，关宁兵东西驰突，贼以其旗左萦而右拂之，阵数十交，围开复合。"（《流寇志》卷十二）吴军拼命突围，围开复合，死伤惨重。清军按兵不动，静观事态发展。李自成军英勇陷阵，肉搏厮杀。双方死伤惨重,已经精疲力竭。吴三桂已陷入重围,曾多次突围未成,面临全军覆灭的危险。

多尔衮见时机已到,决定集中兵力,突破李自成自北山至大海的沿石河"一"字形阵线。他说:我军可向海击彼阵尾,鳞次布列,逐层推进;三桂兵可分列右翼之末(《清世祖实录》卷四)。多尔衮选择关城以南石河口一带为突破口,这里离李自成中军大帐最远,最薄弱,而且这里东南临海,又是开阔地,便于清军发挥骑兵的优势。多尔衮令阿济格、多铎率正白旗、镶白旗两万骑兵为先锋,突袭李自成的阵尾;同时,吴三桂军从阵右(北山附近)切入。李自成军反而陷于清军和吴三桂军的首尾夹击当中。战局立即发生重大变化。八旗军直冲李自成军主力,"白旗所至,风卷潮涌,皆披靡莫能当"。

当时,李自成骑马立于高冈之上,"见白旗一军,绕出三桂右,万马奔腾,不可止。自成麾后军,益进"(《流寇志》卷十二),准备火速驰援。但是,据说他身边一僧人告诉他:"此非吴兵,必为东兵也,宜急避之。"就是说,这不是吴三桂的兵,而是满洲兵也!李自成从未同八旗兵交过锋,惊诧道:"此满洲兵也!"策马下冈走,自成兵夺气,奔溃(《清史稿·吴三桂传》)。李自成既没有预先做防备清军的准备,也没有料到吴三桂可能降清,所以面对清、吴联军的进攻,慌了手脚。

多尔衮与吴三桂联军,把李自成军压向海边,"一食之顷,战场空虚,积尸相枕,弥满大野,骑贼之奔北者,追逐二十里,至城东海口,尽为斩杀之,投水溺死者,亦不知其几矣"(《沈馆录》卷七)。有的书记载:"是日,战初合,满兵蓄锐不发,苦战至日昳,三桂军几不支,满兵乃分左右翼,鼓勇而前,以逸击劳,遂大克捷。"(刘健《庭闻录》卷一)李自成军以分对合,刘宗敏"亦中流矢,负重伤而回"(冯梦龙《燕都日记》)。李自成见败局已定,率精骑数千,急促撤退。

当日,多尔衮晋吴三桂爵为平西王,分马步兵一万隶属,并令吴三桂前进,追击李自成军。

二十三日,李自成退到永平。命将吴三桂的父亲吴襄斩首示众,然后带领大顺军残部向北京撤退。

二十六日,李自成回到北京,下令屠吴襄家。

这时,北京还有农民军40万,李自成没有组织军队对抗吴清联军,而是急着操办即位典礼。

二十九日,李自成在北京紫禁城武英殿举行即皇帝位典礼。

三十日,李自成仓促弃京西走(《清世祖实录》卷四)。

实际上,在李自成此次征讨吴三桂时,大顺军已经表现出士气不足。当时就有人私下里占卜算卦,问李闯王是否有可能成功,问出师会不会被吴三桂打败,等等。结果:"得卜不吉,多泣涕。"(《平寇志》卷十)有的"马厮、炊丁亦人怀重宝,皆有归志"(《甲申纪事》)。当李自成军临阵突然发现清军时,便惊慌失措,咸惊呼"虏至矣! 虏至矣!拉然崩溃"(谈迁《国榷》卷一〇一)。

山海关大战,既是李自成、多尔衮、吴三桂三方军事与政治实力的较量,也是李自成、多尔衮、吴三桂三人智慧与谋略的较量。

——李自成的军队,既有豪气(攻占北京),又有骄气;既有勇气,又有惰气(因胜而懒惰);既有锐气,又有怨气(人怀重略,各思西归)。李自成的指挥,关内与关外、四面围城、石河列阵,分散兵力,以分对合。这是他犯的一个致命错误。同时,对清军估计不足,没有想到多尔衮会率领军队到山海关,并且和吴三桂联合,共同对付他。

——吴三桂当时可有三种选择:闭门死守,如宁远例,但崇祯帝已死,社稷无主;出城迎战,以弱对强,以寡击众,必然失败;联合清军,以合对分,可能胜利。

——多尔衮也有三种选择:孤军深入,攻打北京;两拳并出,双打李、吴;联吴击李,以合对分——显然,后者是上策。

最后,山海关大战就三方指挥来说,多尔衮和吴三桂对李自成,合者胜,分者败。这也是历史的经验。

三、清军进京

清摄政睿亲王多尔衮率军取得山海关大战的胜利。接着,清军进入山海关内,势如雷霆,乘胜追击,"自山海以西各城堡文武将吏,皆争先率表迎降"(朝鲜《沈馆录》卷七)。

二十五日,进抵抚宁。

二十六日,师次昌黎。

二十七日,到达滦州。

二十八日,师至开平。

二十九日,进抵玉田。

五月初一日,抵达通州。

五月初二日,到达北京。睿亲王多尔衮率领清军到达北京,"京内官民,开门迎降"(《明清史料》甲编第一本),"都民处处屯聚以迎军兵,或持名帖来呈者有之,或门外瓶花焚香以迎者亦有之矣"(《沈馆录》卷七)。

这种情形和李自成进北京后大不一样,原因很多。其中一个原因就是李自成在北京四十几天,拷掠太严重了。我看了查继佐的《罪惟录》,说拷掠的人是数以千计,这数字也可能夸大。点名大学士、六部尚书、侍郎等等官员,包括太监,每人要交多少钱,不然就拷打;交了说你没交彻底,还要打;一些人被活活打死了。多尔衮比李自成聪明的一点就是,八个字——官仍其职,民复其业。"官仍其职"即所有做官的官复原职,吏部尚书做吏部尚书,户部尚书做户部尚书,各衙门照常办公;"民复其业"即老百姓你该做什么还做什么。这样一下就把北京城秩序基本稳定下来了。

山海关大战的中心人物吴三桂,并没有随着多尔衮进入北京,而是奉命跟随阿济格,逐自成至庆都,屡战皆胜。

顺治帝定鼎京师,授吴三桂平西王册印,赐银万两、马三匹。

这时,南明福王朱由崧在南京称帝,也遣使封吴三桂为蓟国公,又遣沈廷扬自海道运米 10 万、银 5 万犒师,吴三桂不受。这表明吴三桂决心追随清朝。

吴三桂先后率部征战于西北和西南地区,为清朝统一立下汗马功劳。而他本人也被封为王,镇守云南,成为藩王。他的儿子吴应熊尚公主,为和硕额驸。康熙十二年(1673 年),吴三桂又上演了一出"三藩之乱"的闹剧,经过八年,叛乱平息。此是后话。

清军入关,是富有戏剧性的历史一幕。

当农民军风起云涌之时,皇太极曾经积极联络农民军,试图共同对付明朝,但是没有得到李自成及其他农民军首领的响应。直到当年的正月二十七日,多尔衮还曾经派人给李自成送过一封信:"兹者致书,欲与诸公协谋同力,并取中原,倘混一区宇,富贵共之矣。不知尊意何如耳?惟速驰书使,倾怀以告,是诚至愿也。"(《明清史料》丙编第一本)这封信辗转送到大顺军榆林守将王良智手上,此时李自成已经率领大军进军北京了。当李自成得知信的内容后,他对清政权的建议采取了不予理睬的态度。

很快,多尔衮就见到了吴三桂的使者,并在吴三桂的引领下进入山海关。而在此之前,后金—清军即使打到北京城下,都从来没有走进山海关城。

当李自成攻下北京之后,他只看到降而复叛的吴三桂,而对吴三桂身后的大清却视而不见,根本没有采取任何防范措施。

大顺军利用明清对峙,顺利攻占京城,推翻明朝统治。清军则利用吴三桂与李自成的矛盾,顺利入关,夺占大顺果实。在这场三方角逐中,清朝是赢家。

山海关大战,是一场决定中国命运的决战,它改变了当时中国政治力量的格局,影响中华历史的进程。清朝势力终于通过山海关,定鼎北京。可谓"定鼎燕都,一统之基,实始于石河一战"(乾隆《临榆县志·原序》)。

大顺先覆灭大明,大清又覆灭大顺,最后政权落到了清朝的手里。有人问,这是必然的还是偶然的?我认为是偶然中有必然,必然中也有偶然。说必然就是明朝气数已尽,这是历史必然;但是也有偶然,吴三桂若投降了李自成,山海关一战怎么个打法,则是另外一种情况。吴三桂和多尔衮联合起来共同对付李自成,战争又是一种结果。所以,历史发展有其偶然性也有其必然性,它就是在偶然必然之间来发展。

此后,睿亲王多尔衮辅佐顺治皇帝迁都北京,入主中原,统一华夏。从此,开启了268年的清朝历史。

第四十七讲
顺治迁都

清朝定都北京,无论在中华历史上,还是在世界历史上,都是一件大事。本讲分作三个小题目:一、定都之争,二、都城三迁,三、文化融合。

一、定都之争

清顺治元年即崇祯十七年(1644 年)五月,睿亲王多尔衮率清军占领北京。于是,定都问题成了一件大事。多尔衮建议迁都北京,但他的胞兄英亲王阿济格表示反对:

> 初得辽东,不行杀戮,故清人多为辽民所杀。今宜乘此兵威,大肆屠戮,留置诸王,以镇燕都。而大兵则或还守沈阳,或退保山海,可无后患。

上述建议如被采纳,那么,燕京宫殿必遭残毁,北京皇家园林无从谈起。然而,多尔衮主张迁都北京。他给顺治皇帝奏言:

> 燕京势踞形胜,乃自古兴王之地,有明建都之所。今既蒙天畀(bì),皇上迁都于此,以定天下。则宅中图治,宇内朝宗,无不通达。可以慰天下仰望之心,可以锡四方和恒之福。(《清世祖实录》卷五)

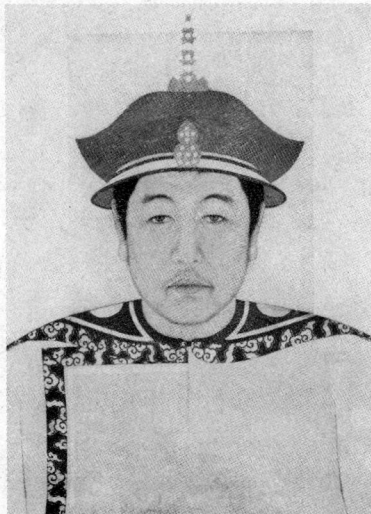

顺治皇帝像

在这个奏折里,多尔衮说了九个意思:

第一,"燕京势踞形胜",就是说燕京右拥太行,左居沧海,南襟中原,北连朔漠,势踞形胜。

第二,历朝在这里建都,如辽、金、元等。

第三,"有明建都之所",即明朝在这里建都,有宫殿。

第四,"今既蒙天畀",即上天把燕京——北京赐给了大清,应该接纳。

第五,在燕京定都,可以定天下。

第六,"则宅中图治"。这个"中"很重要,国都要居中,特别在古代交通不发达的时候更要居中,在南北来说,从黑龙江到珠江,北京居中。这样一来,"宇内朝宗"。

第七,"无不通达",即四通八达。

第八,"可以慰天下仰望之心",天下人都希望把都城设在北京,阿济格等少数人的意见,要服从天下人的意见。

第九,"可以锡四方和恒之福"。"锡"在古代和"赐"可以通用。这句话是说,这样一来,四面八方和平、安定的幸福局面就可以得到保障。

多尔衮的意见得到大部分八旗诸王、贝勒的赞成,正式奏报顺治皇帝。年方7岁的顺治帝,自然采纳多尔衮迁都的奏请。同年十月初一日,顺治帝因皇极殿(今太和殿)被李自成焚毁,便在皇极门(今太和门)举行大典,颁诏天下,定鼎燕京。

清朝迁都燕京是一项重大决策。中国从秦始皇到宣统,2000年间,政治中心前1000年主要在西安,后1000年主要在北京。都城变迁呈"十"字形,前1000年,都城变化东西移动,后1000年则南北移动。但是,中国大一统王朝的新政权都要抛弃旧王朝都城与宫殿:周武王灭纣未都朝歌而仍回镐京,秦始皇统一六国后仍都咸阳,西汉定都长安,东汉奠都洛阳,隋朝都大兴,唐朝都长安,北宋东京迁汴梁(今开封),蒙古成吉思汗焚毁金中都使"可怜一片繁华地,空见春风长绿蒿",元朝先在上都、后迁大都,明初定都金陵(今南京)、永乐时才迁都北京。纵观中国历史上大一统王朝——商、周、秦、汉、隋、唐、宋、元、明,清朝之前,所有大一统王朝兴国之君,宸居前朝宫殿,史册盖无一例。然而,清摄政睿亲王多尔衮却一反历代大一统王朝对前朝宫殿焚、毁、拆、弃的做法,对故明燕京紫禁城宫殿下令加以保护、修缮和利用。经过清代兴建、修葺的文物,保存至今的故宫、天坛、颐和园、避暑山庄暨外八庙、沈阳故宫、清朝五陵(永陵、福陵、昭陵、清东陵、清西陵)等如今都被列为世界文化遗产。因此,清朝迁都北京既对文物保护起着重大的作用,也对满汉文化融合起着积极的作用。

清朝迁都北京,北京成为中国多民族国家的政治和文化中心。而北京大体位置居中,这有利于中国的国家统一、民族协和,特别是对北部、西北、东北版图的确定和巩固起了重大的作用。

从明万历十一年(1583 年)清太祖努尔哈赤起兵,到清顺治元年(1644 年)定鼎北京,其间整整 60 年。这 60 年的特点是:天崩地解、山谷陵替、战争频仍、社会动荡。由于长时间的社会动荡,中原地区,荒野千里,村无狗吠,家无鸡鸣。中国各族人民渴求和平与安定。

清顺治元年(1644 年),顺治帝迁都北京,以明朝都城作为清朝都城,以明朝宫殿作为清朝宫殿。作为新王朝的统治者,他们的国策应当是:和平与安定。

清军入关前,北京的明朝皇宫,特别是皇极殿、中极殿、建极殿遭到破坏。清顺治帝入主紫禁城后,对故明三大殿进行修缮。顺治二年(1645 年),将修建后的皇极殿、中极殿、建极殿,依次改名为太和殿、中和殿、保和殿,突出一个"和"字。北京明清皇宫三大殿

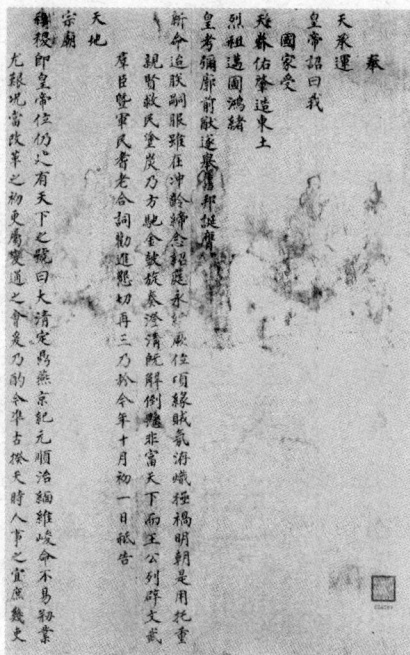

顺治帝登极诏书（局部）

的名称，先后有三：永乐皇帝建三大殿之初，命名为奉天殿、华盖殿、谨身殿。特别是奉天殿，突出"天"，就是突出神权。嘉靖重建三大殿后，改名为皇极殿、中极殿、建极殿，又突出"极"，就是突出皇权。而顺治重修三大殿后，再改名为太和殿、中和殿、保和殿，突出"和"，就是突出国家与民族的和谐。这是殿，还有门。

明代皇城的城门，正门为承天门，后门为地载门。顺治八年（1651年），承天门重修竣工，改其名为"天安门"，突出一个"安"字。第二年，皇城北门重修竣工，改其名为"地安门"，也突出一个"安"字。再加上皇城的东安门、西安门、长安左门、长安右门。这样，皇城的城门都突出"安"字。

清代北京皇城城门的名称突出"安"，皇宫三大殿突出"和"，从一个侧面反映出清朝的执政者力求国家安定，民族和谐。

"安"，《说文解字》："安，静也，从女在宀下。"《康熙字典》："安……《益稷》：'安，汝止。'"注："谓止于至善也。又宁也，定也。"

"和"，今《新华字典》、《现代汉语词典》、《辞海》等都是"禾"为偏旁。但它本来是"口"为偏旁。《说文解字·和》："和，相应也，从口，禾声。"本意是众口、众音和谐。《尚书·尧典》所说"协和万邦"就是这个意思。

总之，清初迁都北京，执政者力求社会安定、民族和谐。

但北京是后金—清的第四个都城。那么，它的前三个都城在哪里？他们又是怎样迁都的呢？

二、清都三迁

清朝最初的都城是赫图阿拉。赫图阿拉在今辽宁省抚顺市新宾满族自治县永陵镇老城村。

早在明万历三十一年（1603 年），努尔哈赤由佛阿拉迁到赫图阿拉。佛阿拉又作费阿拉，是满语 feala 的译音。"fe"满语的意思是"旧"或"老"，"ala"满语的意思是"冈"，合起来就是"旧冈"或"老冈"的意思。汉译作"旧城"或"老城"。因为努尔哈赤由佛阿拉搬到赫图阿拉，所以佛阿拉就成为旧城或老城。佛阿拉建在山上，"女真多山城"，这主要是为了军事防御。

佛阿拉城现在当然已经毁了，汉文文献没有记载，朝鲜申忠一《建州纪程图记》留下唯一的记载：

佛阿拉城分为三重城。第一重为栅城，以木栅围筑城垣，略呈圆形。它比金太祖阿骨打栽柳禁围的"皇帝寨"有所进步。栅城内为努尔哈赤行使权力和住居的地方。栅城内分为东西两区。西区主要有六组建筑，包括鼓楼、客厅、行廊等。鼓楼建在 20 余尺的高台上，为一层楼式建筑，楼顶覆盖丹青瓦。客厅五间，厅顶盖草。东区主要有九组建筑，除一间便房盖草外，其余八组都是瓦房。努尔哈赤的居室比较居中，为三间楼房，房顶覆丹青瓦，外面围筑高墙。其南有楼一座，建在 10 余尺的高台上；其北也有楼一座，三间，盖瓦。在东区与西区之间，有墙隔开，中开一门。栅内的楼宇、房舍，墙抹石灰，柱椽彩绘。第二重为内城，周围 2 里余，城墙以木石杂筑，有雉堞、望楼。内城中居民百余户，由努尔哈赤"亲近族类居之"。舒尔哈齐房屋的大门上贴着对联："迹处青山，身居绿林。"在东区与西区之间，有墙隔开，中开一门。在城东设有堂子。第三重为外城，周约 10 里，城墙先以石筑，次布椽木，又经石筑，又布椽木，高约 10 余尺，内外涂粘泥。没有雉堞、射台、濠沟。城门为木板，没有锁，门闭以后，以木横张。外城门上设敌楼，上面盖草。外城中居民 300 多户,由努尔哈赤诸将及其族属居住。城中泉井仅四五处,水不够用,城里人冬季要伐河冰,运到城内,朝夕不绝。早晚击鼓三通,没有巡更。书中还记载:努尔哈赤长得"不肥不瘦,躯干壮健,鼻直而大,面铁而长"。他头戴貂皮帽,脖子护着貂皮围巾。身穿貂皮缘饰的五彩龙纹衣。腰系金丝带,佩刀子、砺石,脚穿鹿皮靴。

外国一些学者认为佛阿拉是清朝的第一个都城。但是,那个时候努尔哈赤还没有建立政权,至少没有建立年号,所以,只能说佛阿拉是建州卫的一个卫城。

清朝第一个都城是赫图阿拉。万历三十一年(1603 年),建州政治中心迁到赫图阿拉。赫图阿拉是满语 hetuala 的译音,"hetu"满语是"横"的意思,"ala"满语是"冈"的意思。"赫图阿拉"就是横冈的意思。明朝称其为"蛮子城",朝鲜称其为"奴酋城",就是努尔哈赤城。赫图阿拉城建在苏克素浒河与加哈河之间开阔小平原中的冈阜上,是中国古代最后一座建在山上的都城。赫图阿拉位置优越,气候宜农,河水丰沛,势踞形胜:"群山拱护,河水萦流。"真是一块风水宝地。正如古籍所载:"凡立国都,非于大山之下,必于广川之上,高毋近旱而水用足,下毋近水而沟防省。因天材,就地利,故城郭不必中规矩,道路不必中准绳。"(《管子·乘马》)就是过低怕遭水患,过高用水不便。赫图阿拉经过三次大建,已经具备都城规模,成为后金—清朝的第一个都城。天命元年即万历四十四年(1616 年)正月,聪睿贝勒努尔哈赤在赫图阿拉黄衣称朕,建立金国。年号天命,国号大金(后金)。从此,赫图阿拉就成为后金—清朝的第一个都城,后尊称为兴京,意思是清朝兴起的京城。赫图阿拉作为后金—清朝都城六年,后迁都到辽阳。

清朝第二个都城是辽阳。天启元年即天命六年(1621 年),后金占领沈阳、辽阳。三月二十一日,天命汗努尔哈赤在攻克辽阳的当天,即决定迁都辽阳。辽阳,又称东京。辽太宗天显三年(928 年),升为南京。会同元年(938 年),改南京为东京,府曰辽阳。金仍为东京。元改东京为辽阳路。明设辽东都指挥使司，所辖："东至鸭绿江，西至山海关，南至旅顺海口，北至开原。"后在辽阳设辽东经略衙门。后金迁都辽阳，遂筑辽阳新城。努尔哈赤命筑城于辽阳城东五里太子河边，建宫室，迁居之。努尔哈赤建东京新城，目的有四：一是凭河为障，防明军东扑；二是驻足不稳，另建新城；三是满洲聚居，防汉人反抗；四是旗民分住，防满人汉化。辽阳原有南、北两城，南城驻辽东都司军政机构，北城住平民百姓。后金官兵及其眷属迁入辽阳后，先是"移辽阳官民于北城，南城诸王臣民居之"。要不要建新城，天命汗同诸贝勒有争论。天命汗据理说服众贝勒大臣。贝勒大臣皆曰："善。"遂定议迁都辽阳（《满洲实录》卷七）。这是在山区与平原结合部建立的都城。

清朝第三个都城是盛京。天命十年即天启五年（1625 年）三月初一日，天命汗努尔哈赤决定从辽阳迁都沈阳。迁都定鼎，社稷大事，历史上每次定都与迁都，总要伴随着激烈的论争。昔刘邦都洛阳或关中，犹疑不能定夺，君臣各有所重。张良曰："夫关中，左殽、函，右陇、蜀，沃野千里，南有巴蜀之饶，北有胡苑之利，阻三面而守，独以一面东制诸侯。诸侯安定，河渭漕挽天下，西给京师；诸侯有变，顺流而下，足以委输。此所谓金城千里，天府之国也。"（《史记·留侯世家》）最后刘邦采纳了张良的意见。但在庙堂议争都城的问题上，清太祖与汉高祖不同：汉为臣谏君，清（后金）则为君谕臣。努尔哈赤第二次迁都沈阳，同上次迁都辽阳一样，又发生一场君臣之争。

《清太祖实录》记载："帝聚诸王臣议，欲迁都沈阳。"但是，努尔哈赤的意见遭到诸王贝勒的阻谏。诸王大臣谏曰："迩者筑城东京，宫室既建，而民之庐舍，尚未完善。今复迁移，岁荒食匮，又兴大役，恐烦苦我国！"也就是说，修建东京（辽阳）官民的宫室庐舍还没有完工，已经耗费了大量民力，再次迁都，劳民伤财，得不偿失。努尔哈赤不许。他为了说服诸王贝勒，阐述迁都沈阳的理由：

> 沈阳形胜之地。西征明，由都尔鼻渡辽河，路直且近。北征蒙古，二三日可至。南征朝鲜，可由清河路以进。且于浑河、苏克苏浒河之上流，伐木顺流下，以之治宫室，为薪不可胜用也。时而出猎，山近兽多。河中水族，亦可捕而取之。朕筹此熟矣，汝等宁不计及耶！（《清太祖高皇帝实录》卷九）

天命汗迁都沈阳的《汗谕》，长达99字，概述其都城选址沈阳的道理。但努尔哈赤没有能说服他的诸王大臣。天命汗最后断言："吾筹虑已定，故欲迁都，汝等何故不从！"

努尔哈赤不徇众见，决然迁都，乃于天命十年即天启五年（1625年）三月初三日，出东京城，驻虎皮驿；初四日，至沈阳。从此，沈阳发展成为东北政治、经济、文化、军事和交通的中心。今沈阳故宫，主要是当年努尔哈赤、皇太极时期的宫殿（后加修建和扩建），现被列为世界文化遗产。

清朝第四个都城是北京。清迁都北京后，中华文化发生了新的融合。

三、文化融合

顺治帝迁都北京，在有清一代，各民族文化既有冲突，也有融合。中华文化在民族文化交汇过程中丰富、发展和繁荣。

第一，宫殿满洲特色。清初对故明宫殿，既加以利用，又进行改造。如坤宁宫仿照沈阳清宁宫，宫前设索罗竿子，就是满洲祭神、祭天的竿子。现在这个竿子没有了，沈阳清宁宫前面还有，这是满洲文化一个重要的标志和象征。索罗竿子上有个锡斗，搁上米、骨头等，来祭祀乌鸦。满洲崇拜乌雀，说乌鸦是神鸟，还传说乌雀当年救了努尔哈赤，实际上乌鸦是满洲祭祀的一个图腾。这个习俗一直延续到清朝末年。还将正门东移，建起围炕，宫内砌起萨满教祭祀煮肉的大锅、大案，为祭祀杀牲用。皇宫内设箭亭、文渊阁前碑亭为盔顶。这都是满洲牧猎文化在宫廷建筑上的表现。雨华阁则体现满、藏、蒙、汉文化的特色。

明朝人建的皇宫，体现汉族农耕文化的需要。少数民族到北京建立政权，也要把文化带到北京。譬如说，元大都在北京，宫殿是品字型的，东面大内位置大体相当于现在故宫，西面隆福宫和兴盛宫在现在的北海公园前后，元大都的中心是太液池，就是现在的中南海、北海。所以，我说元大都北京的建筑是太液为主，宫殿为客。到明朝就变了，主是紫禁城，西苑、中南海、北海是皇帝玩儿的地方。为什么有这个变化？就是因为蒙古是草原文化，以水为主。汉族是农耕文化，以宫殿为主，太液为客。大家知道满洲有一个人叫苏麻喇姑，她照顾过康熙皇帝。苏麻喇姑是蒙古人，她有一个习惯，每年腊月三十的洗脚水不倒掉，澄清之后倒出一小碗喝了，说可以消灾。从文化学、民俗学来看，这个习俗体现的就是蒙古对水的重视，因为牛羊要依靠草，草要依靠水，水是草原文化的生命。元大都还"移沙漠莎草于丹墀"，阑干也护以青草。这表明蒙古大汗要在紫禁城黄瓦、红墙、青砖、白石之中，抹上草原文化的绿彩。忽必烈兴苑囿太宁宫（今北海公园），其万寿山（万岁山）不仅有绿树、绿水、绿草，而且殿顶覆绿瓦，山石换绿石，从而形成山绿、水绿、树绿、草绿、殿绿、石绿，成为一片绿色世界。这是蒙古草原绿色文化在大都苑林的鲜丽展现。

第二，旗民分城居住。八旗官兵及其眷属到北京后，安排住在内城，汉人等住在外城。内城：两黄旗居北，两白旗居东，两红旗居西，两蓝旗居南。在八旗驻防地如成都、杭州、广州、福州、荆州、绥远、西安、青州等，也都有满城。其实，早在辽阳，就满汉分城居住："移辽阳官民于北城，其南城则帝与诸王臣军民居之。"《清太祖武皇帝实录》卷三）建辽阳新城后，旧城居汉民，新城则居旗人。这是清朝满汉分城居住之始。更早则契丹人得辽阳，居住内城，汉人则居住外城，"外城谓之汉城"（《辽史·地理志二》）。这是少数民族居于统治民族

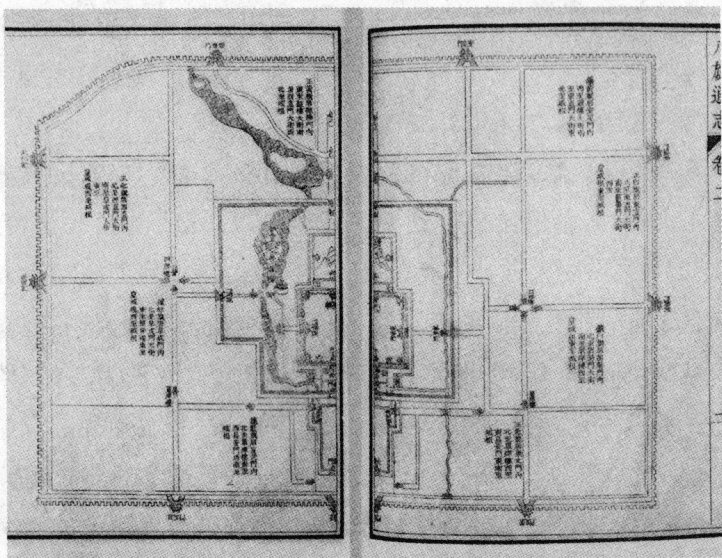

清《八旗通志》之"北京城驻防图"

时,其族人住居在以汉人为主体居民城市中的一种文化隔离政策。但两种文化间的交融是任何城墙所阻隔不了的。

第三,兴建皇家园林。满族的先人女真人的文化为牧猎文化。顺治帝迁都北京后,满洲贵族为了避暑与狩猎,在北京及其附近地区大建皇家园林。如北京的"三山五园"——万寿山的颐和园(清漪园)、香山的静宜园、玉泉山的静明园和畅春园、圆明园,以及热河的避暑山庄暨外八庙、木兰围场等。清代北京皇家园林,兼取南北、中外园林之长,将中国古典园林艺术推向新的高峰。其中颐和园、避暑山庄暨外八庙等现在被列为世界文化遗产。

有人说,康雍乾等皇帝用人民的血汗修了皇家园林,是历史的罪恶。这也有道理;但是有一条,清朝的皇家园林是科学技术人员和人民共同劳动的结晶,我们应该珍视的不是康雍乾他们个人的事情,是珍视我们国家亿万劳动人民辛勤血汗和聪明智慧的结晶。天坛原来不是蓝瓦,乾隆时候改成蓝瓦,蓝是天的象征,更漂亮了,更具有对上天敬畏的含义。

第四,中华文化融合。应当承认,清军进入北京之后,汉族文化和满族文化有冲突。有材料记载,有人把孔庙打个洞,来回出入;天安门门前放上炮,晾上衣服,八旗妇女在那里看着玩儿。科举考试的时候秩序也不好,有人把砚台、笔给抢跑了。但是,总的历史趋势是满汉各族文化之间的融合。比如,满族的子弟书、岔曲、太平鼓等,成为中华文化的一部分。

清崇儒重教,满洲人、蒙古人等参加科举考试,满洲麻勒吉、蒙古崇绮成为殿试的状元。皇宫殿额、门额满汉文合璧书写。《清实录》用满、汉、蒙三种文字缮写。雍和宫的满、汉、蒙、藏四体文碑,用满、汉、蒙、藏、维五种文字编修的《五体清文鉴》,用满、汉文编修的《清本纪》、《满洲实录》、《玉牒》、《八旗通志》、《皇舆全览图》、《满洲源流考》、《八旗满洲氏族通谱》、《钦定满洲祭神祭天典礼》等,用蒙、满、汉三种文体合缮的《蒙古王公表传》,敕编的《回部王公表传》,都是农耕文化与牧猎文化在北京交汇的明显例证。虽然他们各自经历痛苦磨难、付出巨大代价,但塞外牧猎文化在北京给中原农耕文化输入了新血液,中原农耕文化又在北京给塞外牧猎文化补充了新营养。

乾隆帝的时候,他做了一些错事,比如修《四库全书》毁了一些书。但《四库全书》的历史功绩也是很大的。当时把《四库全书》抄成七份,好多书在民间早就找不到了,我们今天从《四库全书》可以查出来。清朝修书那个认真劲儿真是不得了。我查过一本清朝的档案,叫无圈点档,是老满文档案,乾隆帝说要把

乾隆皇帝写字像

它裱糊起来,重新再抄一部,免得散失了,非常严格。每天早上,从满本堂把它调出来,都有借书条;每天抄几页有定额,领几页纸也有定额,抄错了要把抄废的纸交回来,换一张新纸;每天抄错几张也有定额,多了要罚俸;晚上要把书退回库,第二天再借出来抄。每晚都有检查,抄完一卷后送给乾隆帝亲阅,直到把这个书修成,最后审阅人签名。每一件事情都有严格的档案记载,非常完整。

　　清朝入关之后,定都北京,完成了满汉文化的融合、对西方文化的吸收,这样,北京才成为全国的政治和文化中心。这不仅影响到清代,也不仅影响到民国,而且影响到当今,也将影响到后世。

第四十八讲
兴亡之鉴

明朝自洪武元年（1368年），到崇祯十七年（1644年），历16帝，276年。明朝为什么灭亡？

清朝从万历十一年（1583年）努尔哈赤起兵，到顺治元年（1644年）清军入关、定都北京，中间60年。清朝为什么兴起？

明亡清兴的历史，有些什么基本的经验与教训，值得后人思考和借鉴？

清初一些学者探讨了明朝灭亡的原因。如黄宗羲在《明夷待访录》一书中说："为天下之大害者，君而已矣！"（黄宗羲《明夷待访录·原君》）明朝君主集权固然是其灭亡的重要原因，但明太祖朱元璋、明成祖朱棣时也是君主高度集权啊！

有学者从明朝制度缺失分析其灭亡的原因。他们认为"由于缺乏宰相制，君主的无能和派系的争执这两大古老的难题，在明代越发难解了"（司徒琳《南明史·引言》）。就是说，"洪武十三年罢丞相"（《明史·职官志一》），大学士的品级很

明思宗殉国三百年纪念之碑
（1943年立，2004年复立）

低,正五品,侍左右,备顾问。然而,崇祯时大学士官品提升,同样不能挽救明朝灭亡的命运。所以,这也没有触及问题的本质。

还有学者从吏治腐败去探究其原因。而吏治腐败,各代都有。

看来,明朝灭亡原因,仍需进行研究。

明朝覆亡,原因复杂。从历史序列来说,有长、中、短三个层面——长者,要从朱元璋说起,明太祖朱元璋制定的制度、政策仿佛双刃剑,它一面巩固了明朝社会秩序,另一面埋下了后世没落的祸根;中者,要从万历说起,万历帝的怠政、泰昌帝的短命、天启帝的阉乱,加速了明朝的灭亡;短者,要从崇祯说起,崇祯帝想做"中兴"之主,却成为"亡国"之君。

作为历史明鉴来说,可以从政治、经济、文化、军事、外交、民族、制度等多方面、多角度、多层次分析,每个问题都可以写专题论文,合起来可以写一部百万字的大书。要把复杂问题简明化,找出其中最基本的教训是什么。

我从一个角度、一个侧面、一个切入点分析明朝覆亡的原因,将其简括为一个"分"字。具体说来,就是民族分、官民分、君臣分;而清朝兴起的原因,我简括为一个"合"字,具体说来,就是民族合、官民合、君臣合。

一、民族分

明朝灭亡的一个直接、也是基本的原因,就是"民族分"。大家知道,明太祖朱元璋推翻蒙古孛儿只斤氏(博尔济吉特氏)贵族的统治,建立明朝。明朝以"驱除鞑虏"起家,却最终又被"鞑虏"取代。所以,首先值得检讨的是,明朝的民族关系出了问题,特别是北方的民族关系出了问题。

明朝北方的民族问题,前期主要是蒙古,后期主要是满洲。

先说满洲。明朝对女真—满洲的政策是"分",就是使女真诸部——"各相雄长,不相归一"(《明经世文编·杨宗伯奏疏》)。具体说来,就是:"分其枝,离其势,互令争长仇杀,以贻中国之安。"(《神庙留中奏疏汇要》卷一)明朝对女真各部,支持一部,打击另一部,拉此打彼,分而治之。

满洲先人女真原来是明朝民族大家庭中的一个成员。努尔哈赤先人是明朝建州卫的朝廷命官,努尔哈赤也是朝廷的命官,曾经受到明朝的信任。他曾先后 8 次骑着马到北京,每次往返跋涉4000 里,向万历皇帝朝贡。他说自己是为大明"忠顺勘边",就是为明朝看守边疆。那么努尔哈赤怎么会变成明朝的敌人呢?又怎么会成为明朝帝国大厦的纵火者呢?直接原因是明朝对女真政策出了问题。万历皇帝、李成梁总兵在古勒寨之战中,误杀了一个人,这个人就是努尔哈赤的父亲塔克世。结果呢?努尔哈赤以此为借口,以"十三副遗甲"起兵,随后发布"七大恨"誓师,攻打抚顺,挑战明朝,从而引发了一系列的后果。

明朝民族政策的一个特点是"分"字,结果真的就把北方有的民族给分出去了。满洲的先人女真人分出去了,谚语云:"女真满万,天下无敌!"后来,女真—满洲不仅满万,而且组成八旗满洲,这就是一股很强大的力量。

明朝要是只分满洲,不分蒙古,和蒙古联合起来共同对抗努尔哈赤,那么满洲的难题也可能有解决的方法;但明朝又把蒙古分了,蒙古又变成了自己的敌人。

次说蒙古。明太祖朱元璋推翻元朝,但他没有消灭蒙古贵族的军事力量。为防止北元蒙古贵族复辟,明朝采取的措施:一是修长城,二是设九边,三是北征——洪武年间,五次北征;永乐年间,七次北征。永乐皇帝甚至死在北征蒙古的榆木川地方。到明朝中期,蒙古瓦剌部首领也先入塞,正统十四年(1449 年),在土木堡之役俘虏明英宗皇帝。嘉靖年间,蒙古俺达部兵薄京师,为此北京修建外城。"正统后,边备废弛,声灵不振。诸部长多以雄杰之姿,迭出与中夏抗。边境之祸,遂与明终始云"(《明史·鞑靼传》)。后来明廷对蒙古实行"抚赏"政策。明以"西靖而东自宁,虎(林丹汗)不款,而东西并急,因定岁予插(察哈尔林丹汗)金八万一千两,以示羁縻"(《明史·鞑靼传》)。但是,林丹汗"恃抚金为命,两年不得,资用已竭,食尽马乏,暴骨成莽"(《明史·鞑靼传》)。漠南蒙古闹灾,袁崇焕主张以粮食换马匹,明朝却不准"市米","市米资盗"甚至成为袁崇焕被处死的一大罪状。可见,明廷对蒙古始终是敌视的,"抚赏"交结等等实在是不得已而为之。结果,正如《明史·鞑靼传》所说:"明未亡,而插(林丹汗)先毙,诸部皆折入于大清。国计愈困,边事愈棘,朝议愈纷,明亦遂不可为矣!"

清则与明相反,皇太极对受灾蒙古进行救济。又采取联姻、编旗、重教、封赏等一系列措施,最后同蒙古结盟,共同对付明朝。

在对待蒙古与满洲的关系上,明朝先是以"东夷制北虏",后又以"北虏制东夷"。结果则是"东夷"与"北虏"联合,出现满蒙联盟的局面。

我们再回顾一下满洲的历史。我讲过,清朝兴起与强盛的一个重要原因就是"合"。首先是建州女真合,接着是海西女真合,再是东海女真合、黑龙江女真合,合成满洲。而且,满洲同蒙古联盟,同汉军联盟,同东北达斡尔、锡伯、赫哲、鄂温克等少数民族合,组成八旗满洲、八旗蒙古、八旗汉军。这样,八旗满洲、八旗蒙古、八旗汉军三只拳头合起来打明朝;显然,明朝就对付不过了。

二、官民分

明朝灭亡的直接原因是明末农民起义。崇祯十七年(1644年),李自成率领大顺军攻入北京,崇祯自缢,明朝灭亡。

崇祯皇帝既受到中原农民军队的打击,又受到东北满洲八旗军队的打击。可以说,明朝是在清军和农民军双重打击下灭亡的。中原的民变,重要原因在于官民的矛盾,而严重自然灾害加深与激化了官民的矛盾。举几个例子。

花钱买官。吏部尚书周应秋，公然按官职大小，秤官索价，卖官鬻爵。他"每日勒足万金，都门有'周日万'之号"（文秉《先拨志始》卷下）。官员花钱买官，做了官之后，就搜刮百姓。吏、兵二部，弊窦最多："未用一官，先行贿赂，文武俱是一般。近闻选官动借京债若干，一到任所，便要还债。

崇祯皇帝的思陵

这债出在何人身上，定是剥民了。这样怎的有好官，肯爱百姓？"（孙承泽《春明梦余录》卷四八）这话出自崇祯皇帝之口，可见问题的普遍和严重。

两极分化。官员贪，百姓呢？老百姓的土地被占了，有的地方："王府有者什七，军屯什二，民间仅什一而已。"（《明神宗实录》卷四二一）简直就是"惟余芳草王孙路，不入朱门帝子家"（汪价《中州杂俎》卷一），于是出现这样一副图画："富者动连阡陌，贫者地鲜立锥。饥寒切身，乱之生也。"（《明清史料》甲编第一〇本）这样，贫富两极分化，社会矛盾尖锐。

灾荒严重。赤地千里，危机加剧。"亢旱四载，颗粒无收，饥馑荐臻，胁从弥众"（杨嗣昌《杨文弱先生集》卷一〇）。社会危机，至为严重。饥民吃泥土、吃雁粪，甚至易子而食，析骨而爨（cuàn）。鬻人肉于市，腌人肉于家，人刚死而被割，儿刚死而被食。史料记载：

> 臣乡延安府，自去岁一年无雨，草木枯焦。八九月间，民争采山间蓬草而食，其粒类糠皮，其味苦而涩，食之仅可延以

不死。至十月以后而蓬尽矣,则剥树皮而食。诸树惟榆树差善,杂他树皮以为食,亦可稍缓其死。迨年终而树皮又尽矣,则又掘山中石块而食。石性冷而味腥,少食辄饱,不数日则腹胀下坠而死。民有不甘于食石而死者,始相聚为盗,而一二稍有积贮之民遂为所劫,而抢掠无遗矣。有司亦不能禁治。间有获者亦恬不知怪,曰:"死于饥与死于盗等耳,与其坐而饥死,何若为盗而死,犹得为饱死鬼也。"(《马懋才备疏大饥》,载《明季北略》卷五)

官逼民反。民不聊生,官逼钱粮。财政紧缺,加紧搜刮。这里有一个生动的故事。

明大学士、首辅刘宇亮自请往前线督察,抵抗李自成为首的农民军。他率军队过安平,得报清军将到,吓得面无人色,急往晋州躲避。知州陈宏绪闭门不纳,士民也歃血宣誓不让刘宇亮军进城。刘宇亮大怒,传令开城门,否则军法从事。陈宏绪也传话给大学士刘宇亮说:"督师之来,以御敌也!今敌且至,奈何避之?刍粮不继,责有司;欲入城,不敢闻命!"(《明史·刘宇亮传》)知州陈宏绪将避敌逃生的大学士、宰相刘宇亮拒之城外。刘宇亮恼羞成怒,上疏弹劾陈宏绪。"州民诣阙讼冤,愿以身代者千计"(《明史·刘宇亮传》)。

李清路过山东恩县,亲见官吏"催比钱粮,血流盈阶,可叹"(李清《三垣笔记》卷上)!到崇祯帝即位之年(1627年),"秦中大饥,赤地千里"(《鹿樵纪闻》卷下)。饥民被迫鸠众墨面,闯入澄城,杀死知县张斗耀,揭开明末农民大起义的帷幕。有官必有民,有民必有官。官与民,既有利益矛盾,又有利益相同。但是,官民矛盾主要在官。

《孟子》说:"仰足以事父母,俯足以畜妻子。"(《孟子·梁惠王上》)反之,假如上不能养父母、中不能养自己、下不能养妻子,这样的社会必然动荡不安。

官民分最突出的表现是,百姓被逼,铤而走险。老百姓实在活不下去了,就出现"官逼民反"现象。崇祯皇帝在大灾之年,没有采取有效措施缓解官民矛盾,而是加以激化。

民族矛盾加深官民矛盾,官民矛盾又加深民族矛盾。它们的背后,则是君臣的矛盾。

三、君臣分

甲申之变,明朝灭亡,农民起义与满洲兴起是外在的两个因素,执政集团内部的君臣分,则是其内在的因素。

明朝宦官专权,朋党相争,到王朝末期越演越烈,即便是在国家危难之际,朝廷上依然不停地争吵,致使徒然浪费了许多大好机会。

虽然崇祯帝一上台就惩治以魏忠贤为首的阉党,但仅作为个案处理,而没有涉及宦官制度。他后来又信任太监,派太监监军,使万历、天启宦官问题重演。党争问题,宦官问题,在明王朝的历史上几乎总是或隐或显、或急或缓地存在着,由于执政集团内部的君与臣离心离德,从很大程度上消耗了明皇朝的整体实力,慢慢地腐蚀了支撑朱明江山的基础。因此,与其说是崇祯帝刚愎暴戾导致了甲申之变、朱明覆亡,毋宁说这场鼎革之变是明朝从朱元璋开国以来各种弊端累积的总结果。

明亡清兴的 60 年间,在明朝的政坛上,主要有三位君主——万历帝长期怠政,二十几年不上朝;天启帝日夜贪玩,委政于魏阉忠贤;崇祯帝虽然勤政,却刚愎暴戾滥杀。这就使得如张文衡所言:"在事的好官,也作不的事;未任事的好人,又不肯出头。上下里外,通同扯谎,事事俱坏极了。"(《张文衡请勿失时机奏》,《天聪朝臣工奏议》卷下)崇祯帝的好杀、滥杀是出了名的。明朝也有能臣,辽东如熊廷弼、孙承宗、袁崇焕,但他们都没有好下场。

明亡清兴的 60 年间,在清的政坛上,主要有三位君主——天命汗开创基业,兢兢业业地做事;崇德帝长于谋略,文治武功取得成效;睿亲王(实际居君主地位)抓住历史机遇,入关定鼎北京。

仅就个人因素而言,万历帝、天启帝、崇祯帝都不是天命汗、崇德帝、睿亲王的对手。

在万历朝。明君臣阻隔,彼此不协。万历帝二十几年不上朝,大臣跪在宫门外,几个时辰得不到接见。后金呢?清郑亲王济尔哈朗说:"太祖创业之初,日与四大贝勒、五大臣讨论政事得失,咨访士民疾苦,上下交孚,鲜有壅蔽,故能扫清群雄,肇兴大业。"(《清史稿·济尔哈朗传》)

在天启朝。明大学士、兵部尚书兼蓟辽督师孙承宗想借给天启帝过生日的机会谏言,却不能相见。努尔哈赤呢?我举一个例子。后金开国五大臣之一的额亦都,作战时"夜薄其城,率骁卒先登,城中兵猝惊起拒,跨堞而战,飞矢贯股,著于堞,挥刀断矢,战益力,被五十余创,不退,卒拔其城而还"(《清史列传·额亦都》)。额亦都次子达启,养育宫中,长为额驸,怙宠而骄。一日,额亦都"集诸子宴别墅,酒行,忽起,命执达启,众皆愕。额亦都抽刃而言曰:'天下安有父杀子者? 顾此子傲慢,及今不治,他日必负国败门户,不从者血此刃!'众乃惧,引达启入室,以被覆杀之。额亦都诣太祖谢,太祖惊愕久之,乃嗟叹,谓额亦都为国深虑,不可及也"(《清史稿·额亦都传》)。

在崇祯朝。崇祯朝,17 年间共有 50 名大学士,被称为"崇祯五十相"。在 50 位大学士中,被罢、免、戍、死(非正常死)者 27 位,占其总数的 54%。没有一位大学士陪伴他始终。共 80 位九卿(六部尚书加都御史),13 位兵部尚书中王洽、陈新甲、袁崇焕、傅宗龙或被下狱、或被杀。陈新甲,长寿人。万历举人,官做到兵部尚书。兵部尚书陈新甲受崇祯帝命,遣使与清秘密议和。崇祯帝手诏往返者数十。一日,所遣职方司郎中马绍愉以密语报,新甲看完后放在书案上。他的家僮误以为是塘报,就拿出去抄传。于是官员哗然。崇祯帝很生气,将新甲下狱。新甲从狱中上书乞宥,不许,遂弃新甲于市(《明史·陈新甲传》)。8 位户部尚书中有 4 位下狱,或削职、或殉职。被他杀死的总督、巡抚，有人统计为 19 人。而崇祯后期的将领，总兵巢丕昌剃发投降、兵部尚书张凤翼日服大黄、总督梁廷栋尾随清军而不击。

清朝皇太极呢？范文程掌管军政机密事，每入对，必漏下数十刻始出；或未及吃饭和休息，又被召入。一次，皇太极请范文程吃饭，有珍味佳肴，文程想念父亲所未尝，逡巡不下箸。皇太极察其意，即命撤馔以赐他的父亲（《清史稿·范文程传》）。

王承恩墓碑

崇祯帝在民族分、官民分、君臣分之后，只剩下孤家寡人。何以见得？有三条史料，可以说明问题。

其一，《明史·庄烈帝本纪》记载：崇祯帝后来对文武大臣全不信任，而派亲信宫奴、太监去监军，去守北京的城门，守居庸关等重要关口，最后派太监王承恩提督北京城的守卫。

其二，《明史·后妃传》记载："帝令后自裁。后入室阖户，宫人出奏，犹云'皇后领旨'。后遂先帝崩。帝又命袁贵妃自缢，系绝，久之苏。帝拔剑斫（zhuó）其肩，又斫所御妃嫔数人，袁妃卒不殊。"（《明史·后妃传》）

其三，《明史·公主传》记载："长平公主，年十六，帝选周显尚主，将婚，以寇警暂停。城陷，帝入寿宁宫，主牵帝衣哭。帝曰：'汝何故生我家！'以剑挥斫之，断左臂；又斫昭仁公主于昭仁殿。越五日，长平公主复苏。"（《明史·公主传》）

崇祯皇帝最后杀老婆、杀女儿，只剩下孤家寡人，面对崛起的大清和强势的大顺，走上穷途末路。

　　明末的社会危机，主要是民族分、官民分、君臣分所直接造成的。民族分是外层因素，官民分是内层因素，君臣分则是核心因素。如果没有君臣分，而是君臣一体，同心筹谋，那么，民族分的矛盾可以缓和、化解、消除，官民分的矛盾也可以缓和、化解、消除。在民族分、官民分的严重局势面前，再君臣分，那就面临江山易主、社稷倾覆的严重局面。明朝就是在民族分、官民分和君臣分这三种分的局势下覆亡的。

　　我要说明一点：我讲《明亡清兴六十年》，是以明亡与清兴放在一个历史平台上，自然于明着重讲衰亡，于清着重讲兴起；后来，清亡同明亡走着一条相似的路径；而且，明亡也好，清兴也好，都不是皇帝个人，也都不是满族或汉族的民族事情，而是中华民族的事情，要有正确历史观，而不要有狭隘的民族观。

　　总之，明亡清兴的历史启示：中华民族历史的漫长演变过程，是汉族和各少数民族在融合中发展，官民在矛盾中协和，君臣在矛盾中统合，不断发展壮大的一部历史。当中华民族合时，我们就强大；当中华民族分时，我们就衰弱；当中华民族合时，我们就统一；当中华民族分时，我们就分裂。总之，明末的民族分、官民分、君臣分，清初的民族合、官民合、君臣合——双方矛盾与斗争所造成的一个结果，就是明亡清兴。

　　综上，中华民族历史发展的启示是：中华民族合则盛，分则衰；合则强，分则弱；合则荣，分则辱；合则治，分则乱。明亡清兴的历史，充分证明这一点。

跋

《明亡清兴六十年》(上)已于 2006 年 9 月由中国中央电视台"科学·教育"频道(CCTV—10)《百家讲坛》播出,讲稿同时由中华书局出版。在《明亡清兴六十年》(下)《百家讲坛》谢幕、中华书局出书之际,对读者、观众、记者的几个问题,我在这里交待一下。

有读者、观众问:您是怎样处理学术化与大众化的关系?历史学的发展经过为神服务、为君服务、为民服务三个时期。现在已经进入 21 世纪,史学的"神本主义"、"君本主义"都应当走下殿堂,史学应当为民服务,迈步走向民众广场。史学为民众服务,仍有多种功能——如学术、文化、资治、教化、传承,其中最重要的是学术研究功能与大众传承功能。前者,主要是学术研究;后者,主要是大众传播。

关于学术与大众的关系,王光先生概括为三种形态:向大众讲学术,向大众讲大众,向学术讲学术。这里我想起《论语》里的一句话:"为君难,为臣不易。"套用这句话,我认为:"为学术难,为通俗不易,为电视通俗更不易。"其原因之一是,自己必须具有渊博的学识。给受众一杯水,自己需要准备一桶水。自己明白十分,能使受众接纳五分就算不错。向学者讲学术难,向大众讲学术更难。因为:第一,必须把学术搞清楚,不能以己之昏昏而使人之昭昭。第二,观点、史料引文向学界同仁讲述,直接引述即可;而对其翻译、解读、诠释能使大众听懂,当然比直接引用更困难。第三,由学术到学术是一种文化升华,由学术到大众也是一种文化升华。所以,《礼记·学记》曰:"教然后知困。"又曰:"教学相长也。"在普及历史知识过程中,特别是我在中央电视台主讲《清十二帝疑案》和《明亡清兴六十年》两个大型系列节目,讲了之后才知道其难;教了之后才彼此长进。

所谓"学术—大众—学术",就是说以学术研究为出发点,向大众普及历史知识,最后达到学术之效果。历史知识的普及,过去主要是纸质媒介,要求文字简明、准确、通俗、生动等;现在电视媒体对主讲者除上述文字要求外,还应当具有声音、形象、画面等多项内涵。因此,科学知识普及传播,电视媒体比纸质媒体要求更高。制片人万卫先生概括《百家讲坛》的主讲人,要具有学术涵养、电视能力和人格魅力三大因素。这是《百家讲坛》六年来,学者们主讲经验与教训的一个总结。

史学的学术化当前没有争议,有争议的是:史学要不要民众化?史学的学术化与民众化应是怎样的关系?所谓"时尚史学"、"通俗史学"、"摇滚史学"、"娱乐史学"等都是值得商榷的论点。史学是一种科学,摇滚是一种艺术,史学何以摇滚?在探讨史学的学术化与大众化的关系时,不应把高雅与通俗分隔,也不应把精英与大众分隔,高雅与通俗、精英与大众是互相联系的,而不要把两者对立起来。那种认为只有精英的东西是高雅的,大众的东西是低俗的,这种观点是没有历史根据的。历史本来是通俗的。《诗经》中的"风",包括民歌民谣等,后来由俗化为雅,成为儒家经典。《论语》是孔子讲课学生的笔记加以整理而成。《论语》在当时是很通俗的,后来才成为儒家经典。至于说"时尚史学",史学从来都被时尚,孔子修《春秋》,使乱臣贼子惧,不就是一种时尚吗!一些时尚的名词,后来成了典故。在中国历史上,"学术化"与"大众化"没有不可逾越的鸿沟。于是出现"注"、"疏"、"论"、"解"、"考"、"传"、"案"、"释"等学术表述形式。同样,现代"又红又专"、"上山下乡"等名词,若干年之后都要考据、要诠释,否则人们看了不懂,这不就成为一种学问了吗!所以,不要把高雅与通俗、精英与大众两者绝对化、对立化。那种轻蔑史学大众化的学术贵族态度是不可取的。

史学学术化与史学大众化,其思维与表述的路径不同:史学的学术化主要是提出问题、搜集史料、审慎考据、分析论证、科学表述、做出新论,是一个求真求是的逻辑过程。而史学的大众化主要考虑对象的十个不同——不同年龄、不同性别、不同职业、不同阶层、不同文化、不同时间、不同地域、不同民族、不同宗教、不同国籍,其关注热点,其知识需求,应尽量既有引人入胜的故事,又有深厚扎实的史实,以通俗语言,深入浅出,雅俗共赏,准确表述,从而满足广大受众的愿望与要求。

有读者、观众问:学者应当在书斋里,您为什么要出现在荧屏上? 我认为:"学者"的形态是多元的——有学术型学者,如长期在书斋里从事学术的开拓与研究;有教育型学者,如孔子说的"述而不作",长期以教书为主,而不以研究与著述为主;有编辑型学者,一些从事书、报、刊、影视、网络等媒体的编审、编导等高级职务者;还有活动型学者等等。其实,我从学历史至今50年,从研究清史至今44年。在这漫长的寒窗孤寂生活中,2004年和2006年,我出来两年晒晒太阳,难道不可以吗? 况且,我也在国内外多所大学讲学,在大学兼课。我在北京大学开《清朝开国史》课,进行"传道、授业、解惑",听课的学生限定50人。我在"百家讲坛"主讲"清十二帝疑案"、"明亡清兴六十年",据统计每一讲观众多达千万人,也是在"传道、授业、解惑"。二者相同之处都是在"课堂"或"讲坛"讲课;不同之处仅是"课堂"或"讲坛"的空间大小而已。电视是当代最为强势的媒体,学者应当与时俱进,加以利用,传承历史,以尽天职。试想,在雕版印刷、活字印刷的时代,去埋怨人们为什么不用甲骨、竹简做文字载体而用线装书呢! 这岂不是堂·吉诃德式的见解吗?

学术的研究与普及是否有矛盾呢? 应当说既有矛盾、也有统一。史学在大众传播过程中,教学相长,相得益彰。学术力求通俗,通俗中有学术。以明清萨尔浒大战为例,其胜其败,就是一个"分合观"的问题。战争指挥者其智慧的精华在于:尽最大的努力,将敌人的力量分,而将自己的力量合——以合对分者胜,以分对合者败。因此，要感悟"分合观"的智慧：在军事上，将敌人的力量分，而将自己的力量合，以合胜分；在政治上，将对立的力量分解、分化，壮大自己，以多胜少，以强胜弱；在工作上，将复杂的问题分解开，集中力量，分别解决；在学习上，将难点分开，逐个化解，分步解决。这样，在普及中有提高，在提高中又普及。史学的学术化与大众化，相辅相成，相得益彰。

有读者、观众问：您在《明亡清兴六十年》里，是否有"抑明扬清"之嫌？我回答说："没有！"我是按照明亡清兴六十年历史原貌进行讲述的，尽量求真求是，力求公允客观，把握历史天平，不带民族偏见。讨论明亡清兴的历史时，我选定"明亡与清兴"这个历史平台。如果选择"明兴与清亡"做平台，可能不会引起上述个别人的误解。其实，在讲明史时，我曾充分肯定于谦、戚继光、袁崇焕等人的德言事功，颂扬他们的历史业绩。我既批评太监魏忠贤专权乱政，也襄扬太监郑和下西洋壮举。而在讲《明亡清兴六十年》时，我自然要探讨明朝灭亡的原因，探寻其演化，分析其矛盾，揭露其弊端，鞭挞其罪恶；我也自然探索清朝兴盛的原因，分析其条件，探求其动因，总结其经验，感悟其智慧。同样，我在讲清朝衰亡的过程中，必然要批评其签订不平等条约，割地、赔款、丧权、辱国的罪孽！

这里需要指出：应当敬畏历史，明朝衰亡的悲剧，不仅仅是汉族的，也是中华各民族的；同样，清朝兴盛的活剧，不仅仅是满族的，也是中华各民族的。中华各民族发展的历史，其经验，其教训，都是中华民族的共同文化财富。

最后，《礼记》的"大道不器"，应为励志向学之本，而同读者分享，并作本文结语。

阎崇年

2006 年 12 月 25 日

感谢辞

在本书写作和同名讲座录播的过程中,承蒙诸多领导、同仁、朋友、观众、读者、听众等指导和关切,并经常提出修改意见。我对给予关切、支持诸君深致谢意:

中央电视台社教节目中心张宁主任,王进友、冯存礼、魏斌副主任,教育专题部魏淑青副主任,"百家讲坛"制片人万卫先生,总导演高虹先生、主编马琳女士、编导那尔苏先生;

中国国际电视总公司总裁助理马润生先生,发行事业部副主任程春丽女士;

中华书局李岩总编辑,徐俊、顾青副总编,沈致金副总经理,宋志军编辑室副主任,李洪超编辑,资深编审沈锡麟先生,以及王军、胡大庆、翁向红、徐卫东等诸先生;

中国紫禁城学会郑欣淼会长暨学会同仁;

北京社会科学院朱明德前院长、刘牧雨院长暨本院同仁;

北京市社会科学界联合会宋贵伦、张文启副主席,陆奇、张兆民先生,王彦京主任暨同仁;

提供图片的左远波先生;

我的夫人解立红女士;

在此,一并致谢。

广大观众、听众与读者的支持与鼓励——举两个例子:

江苏南通陈嘉鑫先生,90 高龄,重病卧床,写来热情洋溢的赞扬信说:"卓然大家,博雅精深,平生所未见,亦闻所未闻,老眼生明，茅塞顿开，自冬而春，入夏而秋，我是常看不懈，一期不落，可算是忠实的老观众、老读者。"

重庆市合龄为 150 岁的长者熊志彬（炬）和徐乾英夫妇，冒着酷热 42℃高温，收看《明亡清兴六十年》的电视讲座，"每讲必听，重播也听"。他们过奖地说："你讲得好：第一，语言精炼，口才好，不重复，干净利落。第二，风度好，从容不迫，不温不火，亲切诚恳，像与听众促膝谈心。第三，有真才实学，治学严谨，不像时下某些人戏说、乱说、胡说，随心所欲，玩历史；你是字必有据，字斟句酌，语言准确，鲜明生动，忠于客观历史。第四，讲史为主，自然也评史。你有深厚的文化基础，锐利的洞察力，善于提纲挈领，高度概括，非常清晰地表述你的观点。第五，你不是干巴巴地说教，你善于讲历史故事，生动有趣，引人入胜。听的人不感到疲乏，总觉得听你演讲是一种艺术享受，既增加了历史知识，又从故事中获益，不知不觉中受到祖国优良传统文化的教育。"

以上两函，谆谆长者，过誉之言，受之有愧，摘要引录，作为鞭策。

我借此机会介绍一下北京满学会。北京满学会是满学研究专家、教授组成的学术团体，1993 年成立，隶属于北京市社会科学界联合会。它是我国至今唯一的研究满族历史、语言、文化的满学的群众性学术团体，也是至今国际唯一的满学的学术团体。北京满学会成立 14 年来，先后举行五届国际满学研讨会，并每年举行一届学术年会，出版《满学研究》第一至第七辑，编辑出版《20 世纪世界满学著作提要》及《满学资料丛书》等。北京满学会成立以来，陈丽华终身荣誉会长给予热情支持。满文创立四百周年国际满学研讨会、国际八旗满学研讨会等大型重要的国际满学学术会议，陈丽华终身荣誉会长邀请在长安俱乐部和中国紫檀博物馆丽华宫举行，热情关心，支持巨大。北京满学会的万依、王思治、周远廉、胡增益、王天有、屈六生副会长暨学会同仁，团结一致，切磋学术。在此，我对学会的全体同仁，多年合作，相互支持，深致敬意！

阎崇年

2006 年 12 月 31 日